WINE
ALL THE TIME
와인 올 더 타임

WINE. All THE TIME.
copyright ⓒ 2017 by Marissa A. Ross
This Korean translation published by arrangement with Marissa A. Ross in care of Waxman Leavell Literary agency through Milkwood Agency.

이 책의 한국어판 저작권은 밀크우드 에이전시를 통해서 Waxman Leavell Literary Agency 사와 독점계약한 문예춘추사에 있습니다. 저작권법에 의하여 한국 내에서 보호를 받는 저작물이므로 무단전재와 복제를 금합니다.

WINE
ALL THE TIME

와인 올 더 타임

재미있고
섹시하고
똑똑한
미친 와인
입문서

마리사 A. 로스 지음 | 이보미 옮김

티나

내 남편 벤저민에게 이 책을 바칩니다.

---- 들어가는 말 ----

시작하기 전에 분명히 짚고 넘어가지만, 나는 소믈리에가 아니다. 내가 와인 칼럼니스트라고 밝히면 다들 소믈리에라고 지레짐작하는데, 왜 그러는지 이해는 간다. A 하면 B, 네이트 독(Nate Dogg)[1] 하면 워렌 지(Warren G)[2]가 떠오르듯, 둘 사이의 연결고리가 명확하기 때문이다. 와인 칼럼니스트라는 소개를 듣고 "대박! 그럼 대학을 중퇴한 유머리스트겠네요!"라고 반응할 사람은 없을 거다. '대학을 중퇴한 유머리스트 출신 와인 칼럼니스트'를 소믈리에와 똑같다고 보기는 힘들지만, 나는 시험도 안 치르고 이런 타이틀을 얻은 셈이고 사람들은 '소믈리에'를 제대로 발음할 줄 아는 교양을 갖췄으니, 좋은 게 좋은 것 아니겠는가? 여기서 중요한 사실은 이거다. 내가 이 분야의 정규교육을 받지 않고도 와인 책을 출판했으며, 지금 당신 손에 그 책이 들려 있다는 사실 말이다. 부디 이 책이 자유분방하고 친근한 가이드로서 당신이 자신감 넘치고 모험심 강한 와인 애호가로 거듭나는 데 도움이 되길 바란다.

---

1 가수 겸 래퍼.
2 래퍼 겸 프로듀서. 초창기에 네이트 독과 '213'이라는 그룹으로 활동.

와인을 알기 위해 소믈리에가 될 필요는 없다. 이는 영화를 즐기려면 영화학을 전공하라는 정신 나간 소리와 똑같다. 훗날 마틴 스코세이지 감독처럼 트래킹 숏(tracking shot)³을 촬영하고 싶다면 영화학과에 진학하는 게 쓸모 있겠지만, 이런 경우가 아니라면 〈좋은 친구들〉 영화를 즐기려고 뉴욕 대학의 영화학과 수석이 될 필요도, 영화감독처럼 신상 베레모를 쓸 필요도 없다. 그래도 와인을 꾸준히 마시다 보면 이와 비슷한 압박감을 마주하는 순간이 다가온다. 와인숍에서 숨 막히는 분위기 속에 와인을 고를 때, 디너파티에서 소비뇽 블랑에 얼음을 넣었다가 따가운 시선을 받을 때, 고집불통인 친척이 와인에 대해 일장 연설을 늘어놓을 때 말이다.

와인은 만인을 위한 음료다. 누구나 와인을 배울 수 있다. 두꺼운 아로마 색인을 들고 접근해야 하는 어려운 영역이 아니다. 세미용을 마시면서 프랑스 어딘가의 골짜기를 찾는다면 모를까, 보통 사람은 합리적인 가격에 피노 누아를 마시고 싶을 뿐이

---

3 움직이는 연기자를 따라가면서 일정한 숏의 크기를 그대로 유지하는 촬영 장면.

다. 그러기 위해 '모든 것'을 알 필요는 없다. 와인 테이스팅의 기본을 알고, 어떤 점이 좋았는지 표현할 정도면 된다. 와인이 어떻게 만들어지는지, 지역별로 어떻게 다른지 기초 지식을 쌓고, 좋아하는 와인들의 공통점을 알아차릴 정도면 충분하다. 와인을 구매할 때 필요한 기초 지식을 배워서 마음을 졸이지 않고 좋아하는 와인을 고를 줄 알면 된다. 지금 단계에서는 이것도 벅차겠지만, 당신은 충분히 해낼 수 있다. 나도 그랬기에, 더더욱 확신을 갖고 말할 수 있다.

처음 작가로서 커리어를 시작했을 당시 나는 공공장소 음주금지법을 경시하고 비판하는 성향의 자유분방한 애주가라고 평판받는 블로거였다. 작가인 몰리 매커리어(Molly McAleer)는 2011년에 '헬로기글스(HelloGiggles)'라는 웹사이트를 개설했다. 그리고 내게 그동안 마셨던 싸구려 와인을 리뷰하는 영상을 시리즈로 제작하면 어떻겠냐고 제안했다. 그렇게 '와인 타임'이 탄생했다. '와인을 매일 마신다는 점을 제외하곤 와인을 리뷰할 자격이 전혀 없는 여성이 와인을 리뷰한다'는 내용이었다. 나는 유령의 집에서 가져온 듯한 먼지 쌓인 2달러짜리 와인을 마치 200달러짜리 유니콘 와인[4]을 대하듯 성심껏 테이스팅 단계를 밟아갔다. 색상과 투명도를 관찰하고, 잔을 돌려서 부케(냄새)를 확인하고, 세 모금을 홀짝였다. 그리고 마지막으로 내가 '로스 테스트(Ross Test)'라고 명명한, 원샷하는 것으로 마무리했다.

---

4 전설의 동물 유니콘처럼 구하기 힘든 진귀한 와인.

그렇게 10달러 미만의 와인을 열 개째 리뷰하다 보니, 10달러 미만짜리는 결국 10달러 미만짜리 맛을 벗어나지 못한다는 결론에 도달했다. 싫증과 동시에 그 이상의 것을 갈망하는 갈증이 밀려왔다. '와인 타임'을 찍기 전에는 안중에도 없던 테이스팅 생각으로 머릿속이 가득 찼다. 단순히 취하기 위해 와인을 들이켜는 대신, 와인 한 병 한 병마다 여름 향기인지 겨울 향기인지 고민하는 나 자신을 발견했다. 파티에서도, 식사 자리에서도, 글을 쓸 때도 테이스팅 제스처를 취했다. 그러다가 불현듯 깨달았다. 리뷰 영상은 매일 찍기 힘들지만, 글 쓰는 일은 가능했다.

2012년, 나는 '와인. 올 더 타임'이라는 블로그를 시작했고, 내 안의 무언가가 확고해졌다. 마치 오랫동안 은밀하게 갈망했던 일을 드디어 허락받은 기분이랄까! 와인 잔을 들고 편히 앉아서, 냄새를 맡고 맛을 음미하며, 느낌에 젖어서 공상에 잠기는 일이라니. 나는 시간 가는 줄도 모르고 와인을 마시며 책을 읽고 자료를 찾고, 버라이어털과 생산지와 양조법을 독학하고, 리뷰를 작성했다. 특별한 목적 없이 그저 그 일이 즐겁다는 이유 하나만으로 말이다. 몇 년째 구독자는 없었지만, 전혀 신경 쓰이지 않았다. 평화로운 순간, 어디론가 떠난 느낌을 주는 이 블로그는 나를 위한 것이었다.

2015년 2월, 〈뉴욕 매거진〉으로부터 이메일을 한 통 받았다. 〈뉴욕 매거진〉이 운영하는 푸드 블로그인 '그럽 스트리트(Grub Street)'에서 '와인 타임'에 대해 인터뷰하고 싶다는 내용이었다. 인터뷰 요청을 받고 기분도 들뜨고 우쭐했지만, 사실 대수롭지 않게 생각했다. 그 시절의 나는 아무런 꿈도 희망도 없는 상태였다. 작가이자 영화배우인 민디 캘링(Mindy Kaling)의 어시스턴트로 일한 지 4년 차였고, 대본도 충분히 써보고, 미팅도 신물나게 해봤고, UCB극단(Upright Citizens Brigade)[5]의 스토리텔링쇼 무대에도 수차례 서봤다. 심지어 "오, 정말 좋은 기회인걸! 아냐, 괜한 기대는 하지 말자"라는 생각조차 스쳐가지 않았다. 그냥 희망 자체가 없었다. 한마디로 제로 상태였다. 내 와인 글과 영상을 취재하려는 이번 인터뷰가 꿈에 그리던 직업으로 가는 문이었음을 미처 몰랐다.

인터뷰를 하고 일주일 만에 나는 작가 에이전시와 계약을 맺고 출간제안서를 준비했다. 그해 6월쯤 직장을 그만두고 요리 잡지 〈먼치스(Munchies)〉에 글을 기고하기 시작했다. 〈사부어(Saveur)〉에서 주최하는 블로그 시상식에서 최고의 와인 기사로 '에디터의 선택상'과 '독자의 선택상'을 받았다. 이 책도 출간했다. 그리고 그해 10월, 내가 가장 사랑하는 잡지사로부터 와인 칼럼니스트 자리를 제안받았다.

이 이야기의 교훈인즉슨, 2달러짜리 카베르네를 들이켜는 영상이나 찍던 내가 잡지 〈본 아페티(Bon Appétit)〉에 전문적인 와인 기사를 쓸 정도로 발전했다면, 까짓것 당신도 카베르네 프랑에서 얼마든지 피망 냄새를 감지할 수 있다는 말이다. 당장 블로그를 시작하거나 5년간 독학하라는 말이 아니다. 나와 함께 해

---

5 미국 뉴욕의 즉흥 코미디(Improvisational Comedy)와 스케치 코미디 극장 및 극단.

보자는 거다. 내가 와인 발효 과정과 스파클링 와인 제조법을 알려주고, 와인 라벨 읽는 법도 가르쳐주겠다. 새 신발에 와인을 흘리지 않고 잔을 돌리는 법도 알려줄 것이다. 나만의 비법도 아낌없이 공개할 예정이다. 예를 들어서 와인을 구매하는 팁, 가족 행사에서 살아남는 법, 샤르도네를 좋아하게 된 과정 등 당신이 와인을 즐기는 데 필요한 모든 것을 공유할 생각이다.

이 책이 끝날 무렵 당신은 자신감 넘치는 와인 애호가로 변모해 있을 것이다. 와인이 어떻게 만들어지는지 알고, 붉은 과일향을 감지하고, 대중문화를 논하듯 편하게 와인을 논할 것이다. 와인숍에 당당하게 입장하고, 레스토랑에서 주저 없이 와인 리스트를 집고, 시어머니/장모님이 만든 파스타에 어울릴 와인을 자진해서 사갈 것이다. 그렇다고 무슨 배지가 주어지거나 와인에 대한 모든 지식을 얻는 건 아니다. 나도 그런 건 없다. 하지만 그런 것 없이도 멋지게, 좋은 와인을 마시게 될 거다. 약속한다!

고지사항

독자에게

이 책은 와인을 잘 알고 싶을 때 가볍게 읽기 좋은 와인 입문서다. 여기서는 'pH 수치가 낮아서 와인이 힘없다(flabby)'라는 식의 이야기는 하지 않는다(아직 이르다). 혹시 소믈리에이거나 와인 자격증반 수강자라면 이 책의 내용을 대부분 알 것이다. 얼마 전에 소믈리에 영화를 봤거나, 와인 영화광인 경우도 마찬가지다. 이 책이 충분히 재

믿고 읽을 가치가 있다고 자부하면서도 이 말을 꺼내는 이유는 '내용이 뻔하다'는 후기는 사절하기 때문이다. 절대 사절이다! 만약 당신이 진짜 소믈리에라면, 진심으로 축하한다. 실로 대단한 성과가 아닐 수 없다. 다만 이 책은 독일 라인가우[6] 와인 학교의 심화 수업이 아니다. 이 책은 와인에 입문하는 데 도움이 절실히 필요한, 5년 전의 나 같은 사람을 위해 썼다. 이런 스타일의 입문서를 찾는 모든 이를 위해서 말이다.

당신이 누구든 상관없이 이 책을 읽고 와인을 훨씬 더 즐기게 되었으면 좋겠다. 달달 암기하는 와인 공부는 안녕!

건배!

마리사 A. 로스

여가 시간 마니아이자 작가 겸 <본 아페티> 와인 칼럼니스트

---

[6] 세계 최고의 와인 생산지로, 독일 와인 중에 가장 고급 와인이 생산된다.

차례

들어가는 말   006

와린이를 위한 와인 입문 용어
중요하지만 중요하지 않은 단어, 문구, 정의   017

Chapter 1
와인은 수학이 아니다
2달러짜리 와인을 마시던 나도 전문가가 됐으니, 당신도 할 수 있다.   045

Chapter 2
와인은 포도가 전부가 아니다
와인은 어떻게 만들어지는가?   073

Chapter 3
건강을 생각한다면 와인의 성분에도 신경쓰자

바이오다이내믹, 유기농, 내추럴 와인은 도대체 무엇인가?   095

Chapter 4
보고, 맡고, 맛을 느껴라!

와인 테이스팅   115

Chapter 5
나만의 와인 테이스팅 노트 공개

당신을 위한 맞춤형 와인 가이드   139

Chapter 6
와인 한잔 하면서 세계일주

알아두면 유용한 와인 산지   171

Chapter 7
이케아 조립설명서보다 쉬운 와인 라벨 읽기

와인 라벨 해독하기   209

Chapter 8
와인 리스트를 정복하는 법

와인 사기 & 주문하기   229

Chapter 9
와인의 진정한 즐거움

모임 주최 & 손님 접대   269

Chapter 10
와인 잔을 들고 인생을 항해하는 법

실제 세계에서 와인 마시기   305

끝맺는 말   338
감사의 말   340
옮긴이의 말   344
색인   347

와린이를 위한 와인 입문 용어

중요하지만
중요하지 않은
단어, 문구, 정의

— WINE. ALL THE TIME. —

 미리 밝히지만, 와인은 이렇게 묘사하라는 식의 이야기는 절대 하지 않을 것이다. 그건 가벼운 마음으로 미술관을 찾은 사람한테 다짜고짜 다가가서 이 작품은 이런 느낌이라고 말하라고 시키는 것과 다름없다. "아니, 그게 아니에요. 바스키아 작품에 대해서는 이렇게 말해야지요!"라고 말이다. 이러면 경험에서 우러나오는 자연스럽고, 솔직하고, 창의적인 모든 것이 사라진다. 그런데 와인 세계에도 여느 산업과 분야처럼 전문용어가 존재한다. 일상에서는 쓰잘데없지만, 어느 정도 익숙해질 필요는 있다고 본다. 물론 츠바이겔트 레드 와인을 마시고 "대박!"이라고 표현해도 전혀 문제없다고 생각하지만, 비속어는 와인 숍과 레스토랑에서 와인을 주문할 때나 미래의 시아버지/장인 어른에게 잘 보이고 싶은 식사 자리에서는 별 도움이 되지 않는다. 결국 와인 용어를 배우지 않고서는 와인을 논하기 힘들다는 말이다.
 무엇보다 지식이 없다면 자신을 보호할 수 없다. 첫째, 이 세상은 잘못된 정보로 가득하다. 사람들은 파티에서 흘려들은 소문을 무슨 진리인 것처럼 신봉한다. 주말에 토스카나[7]에 다녀온 조지라는 남자가 돌연 이 분야의 권위자로 등극한다. 제발 정신 차려라. 조지는 개뿔도 모른다. 다른 사람도 마찬가지로 잘 모르기 때문에 이런 소문을 그대로 믿고 퍼뜨리는 것이다. 마찬가지로 개뿔도 모르는 사람이 그 소문을 듣고 또 퍼뜨리는 식이다. 그래서 갑자기 주변에 '이산화황 무첨가' 와인을 마셨다고 주장하는 사람들이 생겨나는 것이다. 물리적으로 불가능한 일인지도 모르고 말이다. 둘째, 와인 용어를 모르면, 이를 무기처럼 사용하는 머저리에게 반박할 수 없다. 내가 너무 부정적이라고? 나도 안다. 제발 내가 틀렸다고 누군가 밝혀줬으면 좋겠다. 당신이 이런 상황을 마주하지 않길 바라지만, 내 경험상 언젠가 반드시 겪게 된다. 와인 이야기만 나오면 재수 없게 구는 사람이 꼭 있다. 이럴 때는 그냥 피하는 게 상책이지만, 당신을 당황시키려고 일부러 필록세라[8] 이야기를 꺼내는 얼간이에게 가운데 손가락을 날려줄 수 있다면 얼마나 속 시원하겠는가?

'괜한 허세 부리지 마. 오늘은 날을 잘못 잡았어.'

일반적으로 용어는 책 뒤편에 나오지만, 앞으로 나올 내용에 대비하는 차원에서 미리 알려주겠다. 귀찮게 나중에 여러 번 들춰보지 말고, 지금 시간을 들여 찬찬히 살펴보고 용어를 익히자.

---

7 이탈리아 와인의 본고장.
8 포도 재배에 치명적인 해충

와린이를 위한 와인 입문 용어
중요하지만 중요하지 않은 단어, 문구, 정의

A

산미/산도 Acid/Acidity 와인의 신맛. 신맛은 포도 자체에서 나거나 발효 과정에서 생성된다.

에어레이션Aeration 사람도 시간이 지나야 마음을 여는 타입이 있지 않은가? 와인도 그렇다. 에어레이션은 와인을 개봉한 뒤 일부러 공기와 접촉시켜서 산미와 타닌을 부드럽게 만드는 작업이다. 와인제조자가 양조하는 과정에서 에어레이션을 하는 경우도 많지만, 디캔터나 크리스마스 선물로 받은 비싼 에어레이터를 이용해서 당신이 직접 할 수도 있다. 아니면 그냥 잔에 따라놓고 잠깐 기다려보라. 짜잔! 방금 당신이 에어레이션을 했다!

숙성Aging 와인을 두고 잠시 떠났다가 다시 돌아와 보니 와인이 농익을 대로 농익어서 깊은 관계를 맺을 준비가 되었더라는 이야기는 농담이지만, 어느 정도 사실이다. 숙성이란 와인을 미개봉 상태로 장기간 묵혀두는 것을 말한다. 와인 속의 성분들이 시간에 걸쳐 혼합되면서 한층 부드럽고 복합적인 풍미를 발현시킨다. 그러니까 농익는다는 말은 사실이다! 와인을 숙성시키려면 서늘한 장소에 보관해야 한다. 가장 이상적인 온도는 '저장실 온도(cellar temperature)'인 12℃다. 그러나 집에 와인저장실이 있는 경우는 드물기 때문에 대신 소형 와인냉장고나 옷장에서 가장 어둡고 서늘한 장소에 보관하면 된다. 만약 방의 온도가 별로 높지 않다면, 침대 밑도 괜찮다. 숙성 방법은 와인마다 달라서 공부를 좀 해야 한다. 무턱대고 매트리스 아래에 넣어두었다가는 식초로 변해버릴 테니 말이다.

알코올Alcohol 우리가 사랑하는 동시에 증오하는 바로 그것이다! 알코올은 발효 과정에서 효모가 천연 포도당을 먹고 만들어내는 화합물이다. 영화배우 데이브 샤펠이 사무엘 L. 잭슨을 연기하며 외쳤던 악명 높은 대사가 떠오른다. "취하게 만들어버릴 테다!(It'll get you drunk!)"

부피당 알코올 함량 Alcohol By Volume, ABV ABV는 와인에 알코올이 얼마나 들어 있는지 나타내는 표시로 와인 라벨에서 가장 중요한 정보 중 하나다. ABV는 와인에 따라 천차만별이다. 알코올 함량이 9%인 와인이 있는가 하면, 묵직한 레드 와인처럼 15%에 달하기도 한다. ABV를 제대로 확인하지 않고 14.5%짜리 프티트 시라(Petite Sirah) 한 병을 비웠다가는 개망신당할 수도 있다.

외관Appearance 와인의 색상, 투명도 등 눈으로 확인할 수 있는 부분을 가리킨다.

아펠라시옹(명칭)Appellation 샹파뉴, 나파 등 법적으로 지정된 포도 재배 및 와인양조 지역이다. 와인제조자가 특정한 법과 규정

와린이를 위한 와인 입문 용어
중요하지만 중요하지 않은 단어, 문구, 정의

을 충족시켜야 와인 라벨에 아펠라시옹 표기를 허가하는 경우도 있다. 잠깐만 기다려보라. 바로 다음에 아펠라시옹의 예가 등장한다.

아펠라시옹 도리진 콩트롤레(원산지 통제 명칭)Appellation d'Origine Contrôlée 프랑스가 지정하고 승인하는 아펠라시옹이다. 줄여서 AOC라고 한다. AOC는 와인을 만들 때 특정한 규정을 반드시 준수해야 한다. 버라이어털부터 재배량, 양조 방식에 이르기까지 모든 부분을 통제하며, 재배 지역의 지리적 영역을 보호하고, 와인 제조 기준을 보장한다.

아로마틱Aromatic 와인에서 강렬한 냄새가 난다거나 중학교 남자 탈의실보다 심한 냄새가 난다는 말을 우아하게 표현한 것이다.

아스트린젠트Astringent 타닌이 지나치게 많이 함유되어 있어서 무겁게 느껴질 때 사용하는 표현이다. 입안이 까슬하고 수축되는 느낌이 들며, 언니 방에서 발견한 물담뱃대로 마리화나를 폈을 때보다 입안이 더 마르는 느낌이 든다.

AVAAmerican Viticultural Area 미국 포도 재배 지역을 뜻하며, 미국판 AOC라고 생각하면 된다. 하지만 AOC와 같은 규정은 없다. 예를 들어서 '나파'도 AVA지만, 포도 재배지임을 나타낼 뿐, 준수할 규정 같은 건 전혀 없다. 그냥 '여기는 포도밭이 있는 지역이다'라는 뜻일 뿐이다.

B

밸런스Balance 당도, 산도, 타닌, 알코올 등 와인의 모든 요소가 잘 어우러진 상태를 말한다. 혀 위에서 한 치의 어긋남 없이 조화로운 맛을 자아낸다.

무게 있는 Big 강렬한 풍미가 입안을 가득 채우는 느낌을 말한다. "우와, 나 진짜 크게 한 모금 마셨어"라는 의미가 아니다.

쓴맛Bitter 톡 쏘는 쌉쌀한 맛을 가리킨다. 설익은 포도, 타닌, 개인적인 미각 등에 따라 쓴맛이 느껴진다.

블렌드Blend 여러 버라이어털을 조합해서 와인을 만드는 것이다. 한 양조장에서 여러 포도 품종을 섞어서 만든 '필드 블렌드(Field Blend)'도 있고, 단일 품종 와인이라고 표기했지만 밸런스와 복합미를 높이기 위해서 블렌드한 와인도 있다. 후자의 경우, 예를 들어서 라벨에 카베르네라고 적고 뒷면에 메를로(Merlot) 10%라고 표기한다. 왜 이렇게 헷갈리게 만들었냐고? "카베르네라며 왜 카베르네 말고 다른 것도 들어 있지?"라는 의문이 들 것이다. 그런데 규정상 그런 게 가능하다.

와린이를 위한 와인 입문 용어
중요하지만 중요하지 않은 단어, 문구, 정의

바디Body 입안에서 느껴지는 와인의 무게감이다. 말 그대로 와인을 마셨을 때 얼마나 무겁게 느껴지는지를 말한다.

보트리티스 시네레아 Botrytis Cinerea '귀부병'이라고도 알려져 있다. 보트리티스는 포도의 산도와 당분을 응축시켜서 와인의 풍미와 당도를 높이는 착한 회색 곰팡이다. 주로 서늘하고 습도가 높은 포도밭에서 자연적으로 생성된다. 포도 품종에 따라 와인 제조자가 곰팡이가 생기지 않도록 방제작업을 하기도 한다. 반면 리슬링, 토카이(Tokaji)처럼 달콤한 와인용 포도 품종은 곰팡이가 생긴다면 대환영이다.

병 숙성 Bottle Aged 매우 오랜 기간 병 속에서 숙성시킨 와인이다. '숙성'과 같은 개념이지만, 병 숙성은 일반 소비자에게 판매되기 전 단계에 이뤄진다는 점이 다르다.

부케Bouquet 와인의 향기를 말한다. '노즈(코)'라고도 한다.

밝은Brilliant 통상적으로 와인이 수정같이 맑다는 의미로 사용되지만, 와인이 월등하게 맛있다고 느껴지는 경우에도 사용한다.

브릭스Brix 와인을 만들 때 들어가는 당분의 양을 나타내는 단위다. 알코올 도수를 예측하는 데 사용된다.

브뤼Brut 발효 후 남아 있는 당분이 1.5% 이하로 매우 드라이한 샴페인이다.

BTBBy The Bottle 와인을 '병째 서빙한다'는 의미의 약자다. 주로 잘나가는 레스토랑에서 젊은 감성을 티 내려고 와인 리스트에 표기하는 경우가 많다.

BTGBy The Glass 와인을 '글라스로 서빙한다'는 의미의 약자다. 이 역시 btw(by the way: 그런데), tbh(to be honest: 솔직히 말해서), TL;DR(too long; didn't read: 너무 길어서 읽지 않음) 등 약자를 사랑하는 젊은 층을 의식한 용어다.

벌크 와인 Bulk Wine 와인을 병이 아닌 대용량으로 판매하는 경우를 말한다. 주로 회사에서 벌크 와인을 구입해서 직접 병에 담은 후에 당사 라벨을 붙여서 판매한다. 소비자 입장에서 자주 접하지 않는 용어지만 알아두면 좋다. 벌크 와인 출신 와인을 접했을 때, 라벨에 적힌 제조시가 직접 와인을 만들지 않았다는 사실을 알아챌 수 있기 때문이다.

와인통 마개 Bung 와인 제조 과정에서 와인을 배럴에 넣고 빼는 둥근 입구를 막는 코르크 마개다.

버터리Buttery 와인에서 버터 맛이나 버터 냄새가 나는 것을 말한

와린이를 위한 와인 입문 용어
중요하지만 중요하지 않은 단어, 문구, 정의

다. 주로 유산 발효 때문이다.

C

캡Cap 레드 와인 발효 과정에서 표면층에 떠오르는 포도 껍질, 줄기, 씨앗 등의 껍질층이다.

이산화탄소Carbon Dioxide 와인 발효 과정에서 거품과 함께 생성되는 가스다.

탄산 침용Carbonic Maceration 포도송이를 으깨지 않고 줄기째 탱크에 넣고 발효시키면 탄산 침용이 일어난다. 각각의 포도송이가 발효되면서 포도 무게에 의해 자연스럽게 으깨진다. 그러면 보졸레처럼 유난히 가벼운 레드 와인이 탄생한다.

가당Chaptalization 알코올 도수를 높이기 위해 발효 과정에 설탕을 첨가하는 작업이다. 내추럴 와인 업계에서는 더럽고 수상한 작업이라고 비난한다.

샤르마 방식Charmat Method 스파클링 와인의 기포를 생성하기 위해 거대한 탱크에 넣고 2차 발효를 시키기 때문에 '탱크 방식'이라고도 한다.

씹히는 듯한Chewy 젤리곰 한 봉지를 무자비하게 씹어 먹는 듯한 질감과 풀바디감을 말한다.

닫힌Closed 닫힌 와인은 공기와 접촉시킬 필요가 있거나 추가로 숙성시켜야 하는 어린 와인을 말한다. 닫힌 와인을 개봉하면 '흥분을 참지 못하고 성급하게 열었다'는 후회가 밀려든다.

탁한Cloudy 안개가 낀 듯한 외관을 가진 와인을 말한다. 여과 및 정제 과정을 거치지 않은 경우에 흔히 나타난다.

거친Coarse 문자 그대로 와인의 질감이 사포를 핥을 때처럼 거친 경우를 말한다. 보통 타닌 함유량이 높을 때 나타난다.

저온 발효Cold Fermentation 발효 용기(주로 스테인리스 스틸 탱크)의 온도를 낮춰서 발효를 느리게 진행시키면, 와인의 아로마와 풍미를 보존하는 데 도움이 된다.

복합미Complex 와인을 마실 때마다 풍미가 변하거나, 어디서부터 시작할지 모를 정도로 다양한 느낌이 복합적으로 발생하는 것을 표현하는 용어다.

코르크 냄새Corked 와인이 트리클로로아니솔(TCA)에 오염된 상태를 말한다. 코르크 마개가 아니라 와인 자체에서 젖은 개 또는

와린이를 위한 와인 입문 용어
중요하지만 중요하지 않은 단어, 문구, 정의

퀴퀴한 신문 냄새가 난다. '코르크 오염'이라고도 한다.

분쇄Crush 발효 전에 포도를 압착하는 작업을 말한다.

D

디캔트Decant 와인을 공기에 접촉시켜서 짧은 시간(한 시간) 안에 맛이 좋아지길 기대하는 작업이다.

드미 세크 Demi-Sec 프랑스어로 '적당히 달다'라는 뜻이다.

깊이Depth 와인 풍미의 강도를 말한다.

줄기 제거기 Destemmer 포도를 분쇄하기 전에 가지를 제거하는 기계다.

더러운Dirty 주로 열악한 조건에서 잘못 만든 와인을 일컬어 부정적으로 표현할 때 쓰인다. 하지만 내 경우에는 내추럴 와인의 먼지 같은 질감을 긍정적으로 표현할 때 사용한다. "진짜 먼지 맛이잖아!"라는 말이 절로 튀어나오는 경우를 제외하고 말이다. 그런데 먼지 맛마저 좋게 느껴질 때가 있다!

디스고르징/데고르주멍 Disgorging/Dégorgement 스파클링 와인을 2차 발효시킨 후에 남은 효모 찌꺼기나 기타 침전물을 제거하는 공정이다.

드라이Dry 발효 후 남아 있는 당분이 0.2그램 미만으로 매우 적어서 달지 않은 와인을 말한다. 타닌감을 표현할 때도 사용하지만, 남녀가 동석한 자리에서는 구체적으로 표현하는 편이 좋다.

E

흙냄새Earthy 와인에서 흙, 흙먼지, 식물 등 토지와 관련된 모든 것을 아우르는 표현이다. 넓게는 버섯을 비롯한 몇몇 채소도 포함된다. 땅에서 난 것과 같은 맛은 모두 흙냄새라고 표현하면 된다.

우아한Elegant 재클린 케네디 영부인처럼 품격 있고 부드러운 와인을 표현하는 말이다. '마가리타를 퍼마시고 커버밴드가 연주하는 지미 버펫(James Buffett)의 음악에 몸을 흔들어대는 엄마'와는 전혀 다른 분위기다.

와인양조학Enology, Oenology 와인양조를 연구하는 학문이다. 포도재배학과 혼동하지 말자.

에스테이트 보틀드 Estate Bottled 포도 재배지에서 병입했다는 뜻이다. 포도를 재배한 포도원이 아닌 외부시설에서 병입한 와인과 대비되는 개념이다.

에스테르Esters 효모와 박테리아가 와인을 발효시킬 때 발생하는 향의 주성분이다. 와인을 스월링해서 냄새를 맡으면 포도 이외의 향기가 나는 이유도 에스테르 때문이다.

엑스트라 드라이 Extra Dry 발효 후 남아 있는 잔당이 1.2~2.0그램으로 '드라이'보다 단맛이 강하다. 단어만 보면 완전히 반대의 의미일 것 같은데 왜 이렇게 헷갈리게 지었는지 모르겠다.

F

육중한Fat '풀바디'를 묘사하는 또 다른 표현이다. 개인적으로 좀 무례한 표현이라고 생각한다.

발효Fermentation 마치 팩맨 게임처럼 효모가 당분을 먹고 알코올과 이산화탄소로 변환되는 자연현상이다. 와인은 이렇게 만들어지는 것이다!

여과Filtering 와인에서 침전물을 제거하는 공정이다.

정제Fining 와인의 외관을 투명하게 만들기 위해 정화제를 첨가하는 것이다.

피니시Finish 와인을 삼킨 후에 입안에 여운이 남는 것을 가리킨다.

평평한Flat 산도가 부족해서 와인 맛이 밋밋하고 지루한 느낌을 말한다.

꽃향기Flowery 얼굴을 꽃다발(또는 한두 송이)에 파묻은 듯한 맛이나 향기가 느껴지는 것을 말한다.

주정강화 와인Fortified 셰리 와인, 포트 와인, 베르무트 와인 등 주정을 첨가한 와인이다.

프리런Free Run 포도를 수확해서 쌓아두면 자체 무게에 의해서 포도즙이 흘러나온다. 이 즙을 '프리런'이라고 한다. 프리런 즙으로만 만든 와인도 있고, 압착주스에 프리런 즙을 침기하기도 한다.

과일향Fruity 와인에서 과일 냄새가 짙게 풍기는 것을 말한다. 레드 와인에서는 검붉은 베리류 향이 나고, 화이트 와인에서는 시트러스나 열대과일 향이 난다.

와린이를 위한 와인 입문 용어
중요하지만 중요하지 않은 단어, 문구, 정의

풀바디Full-Bodied 묵직한 느낌을 남기는 무거운 와인을 가리킨다.

G

글루 글루 Glou-Glou 와인을 물 마시듯 목구멍으로 꿀꺽꿀꺽 넘길 수 있다는 의미의 프랑스 속어다.

풀냄새Grassy 와인에서 풀 냄새나 맛이 느껴지는 것을 말한다. 스탠드업 코미디 듀오인 치치와 총이 말하는 마리화나(grass) 말고 진짜 풀(grass) 말이다. 주로 소비뇽 블랑과 같은 화이트 와인에서 풀내음을 느낄 수 있다. 풀내음이 느껴지는 이유는 와인에 실제 풀과 동일한 성분이 들어 있기 때문이다.

풋풋한Green 와인에서 식물 또는 채소를 연상시키는 아로마나 풍미가 느껴지는 것을 말한다.

H

풀잎향Herbaceous 와인에서 허브의 향이나 맛이 나는 것을 말한다. 마리화나⁹ 같은 게 아니다. 뭐, 비슷할지도 모르겠다.

화끈거리는Hot 와인에 알코올 함량이 너무 많은 것을 말한다.

I

부레풀Isinglass 물고기 부레로 만든 청징제다. 양조 과정에서 와인을 맑게 만드는 데 사용한다(우웩).

J

잼 같은 Jammy 와인에서 진득한 베리류 잼 맛이 나는 것을 말한다.

L

리스Lees 발효 후에 남은 효모 세포와 기타 입자들이다.

레그Legs 와인 잔에 와인이 눈물처럼 흘러내린 자국을 말한다.

---

9 허브는 은어로 마리화나라는 의미로도 사용된다.

와린이를 위한 와인 입문 용어
중요하지만 중요하지 않은 단어, 문구, 정의

레그를 보면 와인의 퀄리티를 알 수 있다는 말도 있지만, 사실이 아니다. 레그 자국이 두터울수록 알코올 함량이 높을 뿐이다. 어차피 와인병에 ABV가 표기되어 있으니, 굳이 좋은 와인을 선별하는 열쇠인 것처럼 레그를 점검하는 수고를 할 필요가 없다.

라이트 바디 Light-Bodied 와인의 농도가 연해서 말 그대로 입안에 가벼운 느낌을 준다.

M

유산 발효 Malolactic Fermentation 톡 쏘는 강산을 좀 더 연한 유산으로 변환시키는 화학작용이다. 샤르도네와 같은 와인에 버터리한 풍미를 만들어낸다.

마우스필Mouthfeel 입안에서 실제로 느껴지는 와인의 질감이다. 예를 들어서 실크같이 부드럽다, 과즙이 풍부하다, 거칠다 또는 혀가 비포장도로를 달리는 느낌 등을 말한다.

머스트Must 포도를 분쇄하면 껍질, 씨, 줄기에서 생성되는 과즙과 과육을 말한다.

곰팡이 냄새 Musty 와인에서 더럽고 눅눅한 다락방 냄새가 나는 것을 말한다.

N

뉴월드 New World 15세기 이후에 와인을 생산하기 시작한 나라의 와인을 말한다. 프랑스, 이탈리아, 독일, 기타 유럽 국가가 이미 한바탕 와인 경쟁을 벌인 이후의 시기를 말한다.

논 빈티지 Nonvintage 각기 다른 해에 만들어진 와인을 섞어서 만든 샴페인을 말한다. 대부분의 샴페인이 이렇게 만들어지므로 논 빈티지에 대해 왈가왈부할 필요가 전혀 없다.

노즈 Nose 와인의 냄새. '부케'와 같다.

O

오크향 Oaky 와인에 남아 있는 오크의 향기를 말한다. 사람에 따라 오크향이 희미할 수도, 매우 강하게 도드라질 수도 있다.

오프 드라이 Off-Dry 아주 미세한 단맛을 가진 와인이다(그러나 스위트 와인에 민감한 편이라면, 오프 드라이 와인도 달다고 느껴질 수 있다).

올드월드Old World '태초'부터 와인을 생산하던 나라의 와인을 가리킨다. 와인계의 '태초'란 프랑스, 이탈리아, 스페인, 독일, 포르투갈, 그리스 등 와인이 탄생한 올드월드 국가에서 와인을 최초로 만들기 시작한 시기를 말한다.

산화Oxidation 와인이 산소에 노출되는 것을 말한다. 와인에 단풍나무 풍미를 더하기 위해서 발효 과정에서 일부러 산소에 노출시키기도 한다. 그러나 병입한 이후에 산소에 노출되면 와인이 산화되므로 결함으로 취급된다.

P

필록세라Phylloxera 포도나무의 흑사병이다. 필록세라는 해충이다. 정원에서 장미나 거름에 붙어 있는 쪼끄만 검은 해충을 본 적이 있을 것이다. 필록세라는 포도나무 뿌리에 침투한 뒤 수액과 영양분을 흡수해서 결국 죽음에 이르게 한다. 수억 평방미터에 이르는 포도밭을 초토화시킬 수 있으며, 포도나무를 베어내는 것만이 유일한 해결책이다. 그리고 필록세라에 저항력이 있는 미국 자생종 대목을 심고, 그 위에 새로운 포도나무를 접붙여야 한다.

압착Press 줄기를 제거하고 분쇄한 포도를 압착해서 남은 과즙을 마저 짜내는 과정이다.

프라이빗 리저브Private Reserve 와인양조장이나 양조장 회원에게만 사적으로 판매하는 와인을 의미한다. 또는 와인제조자가 소비자에게 이 와인은 스페셜 에디션이라는 특별한 인상을 주기 위해 라벨에 '프라이빗 리저브'라고 표기하는 경우도 있다. 아직 이와 관련된 명확한 규정이 없으므로 재량껏 판단하자.

생산자Producer 포도재배에 관여한 와인제조자를 말한다.

과육Pulp 부드럽고 도톰한 포도 껍질 안쪽의 살을 가리킨다.

펌프 오버Pump-Over 발효 탱크 아래쪽에 호스를 연결해서 와인을 뽑아낸 뒤 탱크 위쪽에 다시 부어서 포도 껍질과 과즙을 골고루 섞어주는 작업이다.

펀치 다운Punch-Down 발효 탱크 위쪽에 떠오른 포도 껍질을 아래로 밀어서 껍질과 과즙을 골고루 섞어주는 작업이다.

R

래킹Racking 배럴에서 발효시키는 단계에서 침전물은 배럴 아래쪽에 가라앉고, 과즙은 사이펀을 통해서 침전물이 없는 깨끗한 배럴로 빨려 들어가는 과정이다.

리저브 와인Reserve Wine 와인양조장에서 생산한 최고급 와인을 의미하는데, 딱히 이 용어를 법적 규제하지 않기 때문에 아무나 갖다 쓰는 실정이다. 단, 워싱턴주만 예외이다. 워싱턴주에서는 한 와인제조자가 생산한 전체 와인의 10% 미만의 제품에만 이 용어를 사용하도록 규제하고 있다. 따라서 가격이 가장 높은 와인에만 '리저브'라는 단어가 붙는다.

잔당Residual Sugar 발효 후에 알코올로 변환하지 않은 천연당을 말하며, 'RS'라고도 한다. 잔당은 와인에 단맛을 더하지도, 첨가당처럼 니글거리는 사카린 단맛을 풍기지도 않는다.

리들링Riddling/르뮈아주Remuage 침전물 제거(Disgorging) 공정 전에 스파클링 와인의 목 부분을 아래로 향하게 기울여놓고 정기적으로 돌려서 리스(효모 찌꺼기)를 병 입구에 모이게 하는 작업이다.

S

2차 발효Secondary Fermentation 2차 발효에는 두 가지 타입이 있

다. 첫째, 2차 발효 단계를 제대로 거쳐서 스파클링 와인이 탄생하는 올바른 타입이다. 둘째는 잘못된 타입이다. 2차 발효를 거쳤지만 뚜껑을 열기 전까지 제대로 스파클링 와인이 됐는지 알 수 없다. 실제 개봉해보면 맛도 끔찍하다. 기포도 거의 없고, 햄스터 우리 같은 맛이 난다.

침전물Sediment 효모, 포도 껍질, 포도씨 등 와인을 만들고 남은 모든 물질을 지칭한다.

감정Sentiment 내 컴퓨터는 언제나 '침전물(sediment)'이라는 단어를 오류로 인식하고 '감정(sentiment)'으로 자동 고침한다. 컴퓨터도 내가 감정적이라는 사실을 아는 것이다.

세틀링Settling 연인 관계에도 세틀링(안정화)이 반드시 필요하다! 농담이다. 숙성시킨 와인을 개봉하면 타닌과 분자가 여러 해 동안 결합해서 생긴 침전물이 있다.

스킨 콘택트 Skin Contact 포도를 으깬 뒤 껍질을 제거하지 않고 한동안 그대로 놓아두는 작업이다. 와인제조자가 원하는 풍미의 강도에 따라 몇 시간에서 수일까지 기다린다. 레드 와인도 껍질째 발효시키지만, 스킨 콘택트는 주로 화이트 와인과 관련된 용어다.

스모키Smoky 와인에서 그릴이나 담배에 불을 붙인 듯한 냄새나

와린이를 위한 와인 입문 용어
중요하지만 중요하지 않은 단어, 문구, 정의

맛이 나는 것을 말한다.

소믈리에Sommelier 교육 과정을 거쳐 자격증을 취득한 와인 전문가다. 주로 고급 레스토랑과 관련된 와인에 전문화되어 있다.

신맛Sour 톡 쏘는 산미를 가진 와인을 표현하는 단어다. 와인의 신맛을 나쁘게 생각하는 사람도 있지만, 어릴 때부터 '워헤드' 신맛 사탕으로 단련된 나로서는 아무런 편견 없이 긍정적인 의미로 사용하는 표현이다.

향신료향Spicy 와인에서 향신료 선반에 오래 놓아둔 듯한 냄새와 맛이 나는 것을 말한다.

경쾌한Spritzy 기포가 살짝 자글대는 것을 말한다. 원래 기포가 있는 와인이면 상관없지만, 테이블 와인에서 경쾌함이 느껴지는 것은 좋은 신호가 아니다. 병 속에서 2차 발효가 진행됐다는 의미일 수도 있기 때문이다.

포도 줄기향 Stemmy 와인에서 녹색식물의 줄기 같은 냄새와 맛이 나는 것을 말한다. 만약 아스트린젠트한(23쪽 참조) 느낌이 난다면, 포도 줄기 자체에서 나는 맛일 수도 있다.

유황Sulfur 와인의 발효 과정에서 자연스럽게 생성되는 화학물질이다. 이렇게 자연적으로 생성된 유황은 와인에 유익한 방부제 및 항균제 역할을 한다. 또한 와인이 장기간 숙성할 수 있게 신선도를 유지하고 산화를 방지하기 위해 유황을 첨가하는 방식도 널리 사용되고 있다.

T

테루아르Terroir 얼핏 발음이 '테러'와 비슷하지만, '테루아르'라고 발음한다. 토양, 기후, 주변 식물 등 모든 환경조건을 아우르는 프랑스어 단어다.

V

버라이어털Varietal 포도 품종.

빈트너Vintner 와인제조자라는 의미의 옛말이다.

빈티지Vintage 와인을 만들 목적으로 포도를 수확한 해를 말한다.

비티스 비니페라 Vitis Vinifera 유럽산 포도 품종이다.

와린이를 위한 와인 입문 용어
중요하지만 중요하지 않은 단어, 문구, 정의

W

와인제조자Winemaker 와인을 만드는 사람을 말하며, 포도를 직접 재배하지 않는 경우도 있다. 둘 다 하는 경우도 있지만, 와인양조장에서 와인제조자를 고용해서 양조장에서 재배한 포도로 와인을 만들게 할 수도 있다.

여기에 모든 와인 용어가 있지는 않지만, 입문용으로 부족함이 없을 것이다. 와인 세계로 모험을 떠나는 데 이 정도만 알아도 혼란의 구렁텅이에 빠질 염려는 없다. 와인을 좀 안다는 사람처럼 당당하게 와인을 마시게 될 것이다. 적어도 이전보다 와인을 더 잘 맛보고, 선별하고, 즐길 수 있게 되리라 약속한다.

1
Chapter

와인은
수학이
아니다

2달러짜리
와인을 마시던 나도
전문가가 됐으니,
당신도 할 수 있다

── WINE. ALL THE TIME. ──

진심으로 말하건대 나도 당신과 같은 출발선상에 있었다. 아니, 오히려 지금의 당신보다 뒤처져 있었을지도 모른다. 5년 전만 해도 나는 싸구려 와인이나 들이켜던 가난한 작가였다. 사실 이후로도 돈을 버는 족족 와인에 써버리느라 오래도록 빈털터리 작가 신세를 벗어나지 못했다. 그러나 최악의 와인을 마시던 스물두 살에서 최고의 와인을 마시는 서른이 되고 보니, 지난 시간 자체가 공부였다. 이번 챕터에서는 내가 초기에 마셨던 와인들을 살펴보고, 당시 얻은 교훈과 오늘날까지 적용되는 테이스팅 철학을 알아보겠다.

나의 와인 여정, 프란지아에서 카베르네 프랑에 이르기까지

많은 사람이 소믈리에 지망생처럼 대단한 학구열이 있어야만 와인을 배울 수 있다고 생각한다. 이것도 하나의 방법이지만,

유일무이한 길은 아니다. 나는 이보다 간단한 방식을 선호한다. 일단 무조건 많이 마셔본다. 이때 내가 무얼 마시는지 인지하는 것이 중요하다. 다시 말해서 와인을 마실 때 느껴지는 정신적, 신체적 특징을 적고, 포도 품종, 생산자, 생산지, 라벨에 적힌 낯선 단어를 모조리 공부하는 것이다. 와인을 마시는 그 순간에 메모하는 것이 중요하다. 그래야 내가 기억하는 와인과 기록해둔 정보가 일치하게 된다(격식을 차리는 식사 자리도 아닐 테니 딱히 무례하지도 않을 테고 말이다). 이게 끝이다. 이것이 마리사 A. 로스 와인스쿨의 속성 특강이다. 나는 이제껏 와인 강의를 들어본 적도 없고, 스물한 살에 덜컥 와인 전문가가 된 것도 아니다. 내가 이제껏 터득한 모든 배움은 매년 조금씩 덜 구린 와인을 마셔온 세월이 쌓여서 완성되었다.

첫 시작은 프란지아 화이트 진판델(Franzia White Zinfandel)**이었다.** 이 와인은 곰팡이 핀 오렌지에 콘 시럽[10]을 뿌린 냄새가 나고, 카시트 틈에서 발견한 녹은 '사워 패치 키즈'의 신 젤리 맛이 난다. 우리 할머니가 얼음을 띄워 즐겨 마시던 와인이었던 만큼 최대한 아름답게 추억하고 싶지만, 치어리더였던 그 애가 진을 섞어서 내게 원샷하게 만들었던 끔찍한 기억만 떠오른다. 이미 와인 자체가 술인데 또 무슨 술을 섞었는가 싶겠지만, 진판델에 진을 넣으면 거짓말 하나 안 보태고 진정한 폭탄주가 탄생한다. 말 그대로 한 방에 훅 가버린다. 잊을 수 없는 고2 때의 그날 밤 이

---

10 옥수수 시럽.

후, 나는 절대 프란지아를 입에 대지도, 에리카라는 이름을 가진 사람과 상종하지도 않는다.

첫 만남이 이토록 강렬하기는 했지만 와인에 대한 관심은 완전히 사그라들지 않았다. 훗날 대학생이 되어서 퀘일 오크 카베르네(Quail Oak Cabernet)를 접하게 되었다. "나 수업 간다! 사실 뻥이야. 마리화나 피우려고 수업도 빼먹었지. 당최 내가 여기서 뭘 하고 있는지 모르겠다." 퀘일 오크는 딱 이런 분위기를 풍겼다. 일주일 전에 개봉한 자두 통조림이 지저분한 기숙사방을 굴러다니는 듯한 냄새가 나며, 동아리 파티가 끝난 후 마당에 나뒹구는 싸구려 술 같은 피니시가 길게 남는다. 2달러짜리 찰스 쇼(Charles Shaw)보다 70센트 저렴한 퀘일 오크는 룸메이트가 먹다 남긴 피자와도 기막히게 잘 어울리며, 지난 학기에 두 번인가 출석한 정치학 수업에서 만난 낯선 상대와 영화 한 편을 보면서(주로 손장난을 치면서) 알딸딸하게 취하기에 적절하다. 대학교 2학년 때 학교를 때려치우고 집에 돌아와서 하루가 멀다 하고 마셨던 와인이기도 하다. 필요에 의해 샀고, 수치심 속에서 홀짝이던 퀘일 오크는 마리화나를 피우는 기분이 들게 했다.

2008년에 극작가 겸 배우가 되겠다는 원대한 꿈을 안고 로스앤젤레스로 떠났다. 그때만 해도 어떤 현실이 닥칠지 꿈에도 몰랐다. 일자리 세 군데에서 영혼까지 탈탈 털리게 일했다. 두 명의 룸메이트 중 하나는 크레이그리스트 중고거래사이트에서 마약을 팔았고, 다른 한 명은 크레이그리스트에서 몸을 파는 헤로인 중독자였다. 나는 벽장만 한 방 안에 틀어박혀서(숨어서) 3달러짜리 와인을 마시며 무작정 글을 쓰기 시작했다. 그때는 주머니 사정 때문에 어쩔 수 없었지만, 3달러짜리 와인도 꽤 괜찮았다. 하지만 '3달러짜리도 이렇게 좋은데, 5달러짜리는 얼마나 좋을까?'라는 생각이 머릿속을 떠나지 않았다. 그래서 그런 사치를 감당할 능력도 없으면서 5달러짜리 렉스 골리앗 피노 누아(Rex-Goliath Pinot Noir)를 사기 시작했다. 고작 2달러인데 그 차이가 얼마나 컸는지 모른다. 렉스 골리앗에서는 과일 썩은 냄새가 아닌, 고모가 뿌리던 향수 냄새가 났다. 그리고 서투른 학생과 후회할 만한 섹스를 하기 직전의 맛이 아니라, 이기적인 사진작가나 바리스타와 후회할 만한 섹스를 하기 직전의 맛이었다. 무엇보다 그동안 마시던 3달러짜리 와인과는 전혀 다른 질감이 느껴졌다. 작은 금색 스티커의 문구처럼 '벨벳처럼 부드러운 호화로움'이 느껴질 정도는 아니지만, 단순한 술맛이 아닌 과일과 향신료향이 뚜렷이 느껴졌다.

사회에 나가보니 화이트 와인을 마셔야 진정한 여성이라고 할 수 있다는 사실을 깨닫게 되었다. 그렇게 24세가 되어 화이트 와인을 마시기 시작하면서 비로소 어른의 세계에 발을 들였다. 사실 베린저 소비뇽 블랑(Beringer Sauvignon Blanc)을 맛보기 전까지는 화이트 와인을 그리 좋아하지 않았다. 실로 사치스러운 가격인 6달러를 호가하는 베린저는 우리 엄마가 이제 그만 차고에서 치워버리라고 했던 내 졸업앨범 박스처럼 케케묵은 냄새가 났다. 당시 나는 이렇게 응수했다. "엄마! 내가 여자라고 해서 당연히 집에 앨범을 보관할 장소가 있을 거라고 넘겨짚지 마세

Chapter 1
와인은 수학이 아니다

요! 엄마의 집에는 차고가 있잖아요! 도시에 있는 우리 집은 신발 상자로 넘쳐난다고요! 이걸 둘 공간이 없어요! 됐어요, 내가 가져가면 되잖아요! 이제 나도 어엿한 성인이에요! 소비뇽 블랑을 마시는 여자라고요." 베린저는 깨끗이 청소한 고양이 배변판과 시트러스 껍질을 섞어놓은 맛이었다. 베린저를 마실 때면, 컨버터블을 타고 머리칼을 가르는 시원한 바람을 만끽하며 '성숙'이라는 고속도로를 달리는 기분이었다. 그리고 앞질러버린 찰스 쇼를 백미러로 여유롭게 쳐다보는 기분이랄까. 언젠가부터 레스토랑에서 연어요리를 주문하고, 텔레비전에서 〈탑 셰프〉를 시청하기 시작했다. 이게 어른이 하는 짓이니까.

 이 무렵부터 나보다 나이가 조금 더 많거나 성공한 친구를 사귀기 시작했다. 새로 사귄 친구들은 종종 디너파티를 열었다. 핫도그와 체다치즈를 준비해놓고 홀로 넷플릭스 목록을 뒤지는 디너파티가 아닌, '진짜' 디너파티 말이다. 이런 자리에는 2달러, 6달러짜리 와인을 들고 나타나면 안 되는 거였다. 그래서 좀 무리해서 12달러짜리 코폴라 와인(Coppola Wine)을 세일 기간에 노려서 샀다. 코폴라는 이런 분위기를 풍겼다. "정말 여기에 12달러나 쓰고 싶어? 너 파산했잖아. 이 돈이면 와인을 네 병이나 살 수 있다고." 하지만 맛을 본 순간 '잠깐, 와인이 이렇게 부드러울 수도 있는 거였어?'라는 생각이 머리를 강타한다. 향기로운 과일 향이 입안을 부드럽게 감쌌다. 와인을 마시고 '고급스럽다'는 생각이 든 것은 처음이었다. 다른 사람이 '고급스럽다'고 표현하는 것만 봤지, 이처럼 온몸으로 체감한 적은 처음이었다. 그 맛은 마치 이랬다. "나는 취하고 싶어서가 아니라, 진심으로 이 와인을 좋아해서 마시는 것이다! 무엇보다 '진짜' 직업을 가진 30대들 앞에서 창피하게 굴 수는 없지 않은가!" 그래도 여전히 창피함이 남았지만, 아무도 내가 루이 C.K.[11]식 농담을 던지고 2달러짜리 와인을 샀던 사실을 몰랐기에 안심했다.

　이맘때쯤 내 블로그를 좋아하는 추종자가 조금씩 생기기 시작했다. 당시 나는 초저가 와인에 대한 글을 올렸는데, 온라인상에서는 싸구려 와인을 마시는 가난한 작가라고 스스로 희화화하는 게 마음이 편했다. 하지만 마음속 깊은 곳에는 와인을 맛보고 이해하는 능력과 자신감을 키우고 싶다는 진심이 숨겨져 있었다. 와인 시음회에 가면 새로운 기회가 열릴 거라는 사실을 알았지만, 가장 먼저 두려움이 앞섰다. 시음회에 가면 내가 그동안 마셨던 저렴하고 달달한 와인이 아니라, 와인전문점에서 파는 '진짜' 와인이 기다리고 있을 테니 말이다. 게다가 농담이나 컴퓨터 뒤에 숨지도 못하니 발가벗겨진 기분이 들 것만 같았다. 하지만 15달러만 내면 와인을 세 잔이나 마실 수 있다. 이 정도면 로스앤젤레스에서 가성비가 최고라고 할 수 있다. 나는 있는 용기 없는 용기를 싹싹 끌어모아서 동네에 있는 실버레이크 와인숍의 문을 두드렸다. 배움의 의지는 강했으나, 어쩔 수 없이 긴장이 되었다. 그런데 와인숍에 발을 딛는 순간 긴장을 느낄 새도 없었다. 첫 비행을 시작하자마자 기쁨으로 만취했기 때문이다.

---

11 스탠드업 코미디언.

Chapter 1
와인은 수학이 아니다

와인 한 잔에 이토록 다채로운 감각이 담겨 있다니, 이런 경험은 난생처음이었다. 나는 한 모금 머금을 때마다 느끼는 감각을 정신없이 적어 내려갔다. 다른 건 신경 쓸 겨를도 없었다. 특히 다른 사람의 시선 따윈 안중에도 없었다.

그때 불현듯 깨달았다. 와인은 단순한 '와인'의 맛이 아니었다. 고유하고 독특한 특징이 한데 어우러져 아름다운 풍미의 향연이 펼쳐졌다. 혀의 중간 부위인 중반부 팰럿(mid-palate) 위에서 과일향과 향신료향이 춤을 추었다. 이제껏 미드 팰럿이 이만큼 맛을 제대로 느낄 수 있는 신체 부위인 줄도 모르고 살았다. 나는 눈이 번쩍 뜨이는 경험에 완벽히 매료되었다. 이때의 테이스팅 경험은 내 인생을 송두리째 바꿔놓았다. 나는 와인이 서로 어떻게 다른지, 와인마다 어떤 고유한 감각과 풍미의 진행 과정을 거치는지 알아가는 재미에 푹 빠져버렸다. 더는 매일 밤 똑같은 6달러짜리 와인을 마시던 시절로 돌아갈 수 없었다. 이제 이 세상 모든 와인을 마셔봐야만 했다.

매 순간 새로운 와인을 마셔보고 싶다는 의욕은 나로 하여금 마침내 캘리포니아를 벗어나 낯선 버라이어털(포도 품종)을 찾는 모험을 떠나게 만들었다. 사실 이건 내게 꽤 큰일이었다. 나는 90년대에 남부 캘리포니아에서 자랐기 때문에 아무리 술을 마실 수 없는 나이였어도 와인은 내 인생에 막대한 부분을 차지했다.[12] 아버지는 담보대출 중개인이셨고, 상냥하신 어머니는 컨트

---

12 미국은 세계 4위 와인 생산국이고, 캘리포니아는 미국의 와인 생산량 90%를 담당한다.

리클럽 모임을 즐기고 학교 행사에 열심히 참가하는 학부모셨다. 두 분 모두 집에 손님을 자주 초대하셨다. 아직 어렸던 나는 식사 자리에 함께 앉아서 부모님이 손님과 나누는 대화를 듣고 자랐다. 지난주에 산타 바버라에서 어떤 와인을 마셨는지, 나파의 와인클럽은 어땠는지 얘깃거리가 끊임없이 쏟아졌다. 나는 그 어린 나이에도 화이트 와인이 '흰색' 와인이 아니라, 아버지가 생선요리에 곁들여 내놓는 샤르도네를 가리킨다는 사실을 알았다. 마찬가지로 레드 와인도 '빨간색' 와인이 아니라 생선요리 이외의 모든 음식과 함께 마시는 카베르네라는 것도 알았다. 그 시절의 나에게는 캘리포니아 와인이 성공한 어른의 척도였다.

 이후 나는 와인 인생의 초창기를 (저렴한) 캘리포니아 와인을 마시며 보냈다. 초창기에는 와인을 살 때마다 모르는 외국어가 난무하는 값비싼 물건을 걸고 도박을 하는 기분이 들었다. 꼬부랑글씨로 도배된 병에 17달러나 투자하다니, 충분히 위험한 도박이었다. 마음에 안 들면 어떡하지? 17달러를 버리는 셈인데, 차라리 그 돈으로 시트형 섬유유연제나 개사료 같은 '저위험 고수익' 물건을 사는 게 낫지 않을까?

 하지만 그때는 이미 새로운 와인을 시도하는 데 중독된 상태였다. 그래서 시음회에도 정기적으로 참여하고, 와인에 관한 글을 쓰는 데 재미를 붙였다. 일을 마치고 홀로 앉아서 와인을 개봉하고 음미하며, 와인이 들려주는 이야기에 귀를 기울이고, 다양한 '버라이어털'을 연구했다. 매번 똑같은 와인을 마시는 데

Chapter 1
와인은 수학이 아니다

질렸다. 입맛 같은 단순한 문제가 아니었다. 미각을 넘어선 이유였다. 나는 배움에 목이 말랐다. 똑같은 와인을 아무리 마셔봤자 갈증이 해결되지 않으리란 걸 알았다.

나는 딱히 무슨 전략을 갖고 와인을 고르는 타입은 아니었다. 대충 라벨을 훑어보고 예쁜 걸로 사거나, 좋아하는 버라이어털 위주로 고르는 편이었다. 하지만 이건 제대로 된 방식이 아니었다. 그래서 전문가에게 항상 물어보고 이것저것 따져서 리스크를 줄이기로 했다. 당시에는 몰랐는데 지나고 보니 내 인생에서 가장 현명한 결정이었다. 나보다 와인을 잘 아는 사람들과 이야기를 나눔으로써 전 세계의 수많은 버라이어털을 접하게 되었고, 내가 신뢰하는 와인 무역상을 가이드 삼아서 와인양조법도 폭넓게 경험할 수 있었다. 그렇게 와인을 접하면 접할수록 와인을 도박하듯 고르는 일이 줄어들었다. 대신 새로운 와인을 접하는 매 순간이 와인을 알고, 세계를 알고, 나 자신을 아는 배움의 기회였다. 와인은 절대 도박이 아니라 경험이라는 진리를 깨달았다. 상당히 개인적이고 추상적인 작용인데, 와인은 물리적으로 맛을 탐닉하는 순간을 선사하는 동시에 맛과 감각을 통해 추억을 되살리는 역할을 한다. 와인에는 정해진 규칙이 없다. 와인을 마시고 어릴 때 가본 여름 바다가 생각날 수도 있고, 한 번도 가보지 못한 프랑스 들판이 떠오를 수도 있다.

결론인즉슨, 당신은 생각보다 와인을 잘 알고 있다. 머나먼 나라를 꿈꿔보았고, 낡은 가죽 지갑 냄새도 알고, 신선한 과일향도 맛보았다. 어쩌면 당신에게는 치어리더가 어리숙한 열여섯 살짜리 연극부 애를 꼬드겨서 부모님이 여행 가신 틈을 타서 집에서 파티를 열게 만들고 3개월간 외출 금지를 당하게 만든 기억이 없을지도 모른다. 그래도 누구나 팩와인보다 높은 단계로 발전하고 싶은 이유가 하나쯤은 있을 것이다. 기억과 감각에 대한 의존이 와인을 맛보고, 즐기고, 배우는 토대다.

와인은 습득된 지식이다. 와인을 주유소 매점에서 샀든, 비싼 와인전문점에서 샀든 상관없다. 와인 한잔 한잔이 수업 그 자체이다. 무엇을 마시든 언제나 배움이 뒤따른다. 중요한 것은 와인을 원하는 마음, 그리고 당신이 이곳에 있다는 믿음이다. 당신은 준비가 되었다.

애피타이저를 주문하듯 와인에 접근하라

많은 사람이 음식을 사랑한다. 음식은 얼마나 맛있는가! 하지만 평범한 사람이 음식 메뉴를 손에 쥐자마자 요리계의 에빌 나이벨(Evel Knievel)[13]로 돌변해서 이것저것 먹어보겠다고 덤벼든다면 참으로 당혹스러울 것이다. 에빌 나이벨처럼 모터사이클을 타고 화물트럭을 뛰어넘는 묘기를 보이는 대신, 난생처음 들어보는 애피타이저를 5개에서 10개까지 주문한다. 소염통 타

---

13 미국의 유명한 스턴트맨.

르타르? 메추라기 달걀프라이? 파파야 요거트 분자요리 디저트?(정액을 예쁜 그릇에 담아놓은 것처럼 생겼다) 그래, 먹어보자! 안 될 건 없지!

우리는 음식 앞에서 심리적 안전지대를 쉽게 벗어난다. 내 친구들도 굳이 동네에서 가장 매운 태국식당을 찾아서 가장 매운 음식을 먹는다. 다 먹고 나면 하도 울어서 눈과 코가 퉁퉁 붓고 땀과 콧물 범벅이 된 채로 식당에서 나온다. 사람들은 옆 동네에 유명한 햄버거 가게가 오픈하면 몇 시간이고 줄을 서서 기다린다. 누군가 두 종류의 빵을 '이종교배'[14]시켜서 새로운 빵을 만들면 모두가 여기에 대해서 떠들어댄다. 사람들은 언제나 가장 트렌디하고, 기이하고, 광적이고, 맛있는 것을 추구한다. 그리고 아무거나 쉽게 믿어버린다!(두두둥!)

나 역시 이들과 다를 바 없다(교잡수분(cross pollination)[15]한 페이스트리만 빼고 말이다. 여기엔 일말의 관심도 없었다). 오히려 적극적으로 참여하는 편이다. 나는 새로운 레스토랑도 좋아하고, 실험적인 요리와 혁신적인 셰프를 좋아한다. 조너선 골드(Jonathan Gold)[16]의 리뷰를 참고해서 레스토랑을 고르고, 여가 시간에 〈본 아페티〉 잡지를 뒤적거리고, 앤서니 부르댕(Anthony Bourdain) 셰프를 신처럼 여긴다. 사람들이 음식에 열광하는 건 알겠다. 그런데 왜 와인 앞에만 서면 호기심과 도전 의식이 사라지는 걸

---

14 크루아상+도넛=크로넛.
15 곤충이나 바람, 물 따위의 매개에 의하여 다른 꽃에서 꽃가루를 받아 열매나 씨를 맺는 일.
16 미국의 음식 비평가로서 최초로 퓰리처상을 수상했다.

까? 송아지 뇌 요리는 쉽게 주문하면서, 왜 와인 리스트만 보면 경직되는 걸까? 그러다 결국 유일하게 아는 피노 누아만 주야장천 주문한다.

우리는 평생 새로운 음식을 먹으라는 권유를 받는다. 어릴 때는 극히 평범한 음식도 먹기 싫어서 난리를 친다. 부모는 매시드포테이토처럼 간단하고 누가 먹어도 맛있는 음식을 아이에게 먹이려고 무던히도 애를 쓴다. 일단 먹어야 살 것 아닌가? 어른이 되면 사회생활 속에서 이런 권유를 받게 된다. 데이트 상대와 레스토랑에 가면 꼭 이런 소리를 하지 않던가? "한 입만 먹어봐! 진짜 맛있어!" 그러면 어쩔 수 없이 먹게 된다. 좋아하는 음식인지, 그날 잠자리까지 가고 싶은 상대인지에 따라 다르겠지만 말이다. 우리는 이런 과정을 통해 어떤 음식을 좋아하고 싫어하는지 알게 된다.

예를 한번 들어보자. 남편 생일을 맞아 친구들과 '베스티아' 라는 레스토랑에서 골수 요리를 먹은 적이 있다. 나는 식감에 매우 민감한 편이라서 누군가 음식을 보고 '고기 젤리'라고 말했다면, 그 자리에서 바로 토하고 죽고 싶었을 것이다. 하지만 그날은 왠지 '살면서 골수 요리를 먹는다면 바로 오늘이다'라는 생각이 들었다. 그래서 과연 맛있었을까? 아니! 더럽게 맛없었다! 이건 말 그대로 뼈에 붙은 빌어먹을 고기 젤리였다! 마사 스튜어트가 포도로 만든 눈알 옆에 놓인 핼러윈 요리 같았다. 근데 이건 진짜 골수가 아닌가! 진심으로 역겨웠다. 그래도 난 먹었다. 미식가인 내 친구들도 한입씩 맛보고는 맛없다며 절반이나 남

Chapter 1
와인은 수학이 아니다

기고 두 번 다시 쳐다보지 않았다. 그러나 이 경험은 결코 돈 낭비가 아니었다.

이렇듯 우리 안에는 새로운 것에 도전하는 습관이 내재되어 있지만 와인 앞에만 서면 언제 그랬냐는 듯이 감쪽같이 사라진다. 알코올에 있어서 '새로운 시도'가 좋게 끝난 적이 별로 없기 때문일 것이다. '새로운 시도'는 스쿠비 스낵이라 불리는 휘핑크림을 올린 칵테일을 서른다섯 잔 연거푸 마신 다음 하우스 파티로 쳐들어가서 영화배우 윌 페렐(Will Ferrell)처럼 수영장 다이빙대에서 뛰어내리는 결과로 이어진다. 그래서 '새로운 시도'는 사절이다. 우리의 기호를 충족시키고, 우리를 짐승으로 바꿔버리지 않는다는 확신이 필요하다. 이 범위를 벗어나는 순간 문제가 발생한다. 리스크를 감수할 수는 없다!

와인은 왠지 귀하다는 이미지 때문에 와인을 싫어하거나 한 병을 다 마시지 못하고 남기면 큰 결례를 범하는 기분이다. 새로운 음식을 시도하는 일은 즐겁고 찰나적이지만, 와인 한 병을 사면 식사하는 내내 와인을 마셔야 한다. 미지의 것보다 확실한 것에 투자하는 게 훨씬 더 타당하게 느껴진다. 그러나 '미지의 것'이 얼마나 중요한지 모른다! 첫 해외여행, 첫 섹스, 첫 음악회, 인생을 바꾼 책이 바로 미지의 세계다. 그 대상이 음식이든 아니든, 당신을 들뜨게 만드는 모든 것이 미지의 세계다. 그러므로 미지의 와인을 격렬히 거부하는 것은 기쁨과 영감의 원천을 차단해버리는 것과 같다.

물론 70달러짜리 와인보다 10달러짜리 타파스[17]에 지갑이 더 쉽게 열리는 심정을 모르지 않는다. 그렇다고 레스토랑에 가서 무작정 와인 리스트를 펼치고 가장 이상해 보이는 와인을 고르라는 말이 아니다. 낯선 음식이나 새로운 레시피를 요리할 때처럼 난생처음 보는 와인 앞에서도 도전의식을 발휘하라는 말이다. 피노 누아 말고 새로운 와인만 모험하기에도 인생은 짧다.

와인은
수학이 아니다

와인을 향한 내 열정에 유일하게 견줄 만한 감정이 있다면, 그건 바로 수학에 대한 열렬한 증오다. 내 SAT 점수는 700점대였는데, 그나마도 전부 언어영역에서 따온 점수다. 수학에서 더 높은 점수를 받으려면 답안지에 아나키즘을 상징하는 동그라미 속의 알파벳 'A'를 그리거나, 차라리 불태워버리는 편이 나았을 정도였다.

나는 수학에 답이 한 가지라는 사실이 싫었다. 과학, 논리학처럼 수학이 이러한 데는 정당한 이유가 있었다. 바로 아이들을 고문하기 위해서다! 뭐, 존중은 한다. 그러나 지금 이 순간까지 나는 '그런 쓸데없는 짓은 집어치우자'는 입장이다. 나는 2005년

---

17 스페인 애피타이저.

이후로 수학에서 손을 뗐고, 현재 매우 만족스럽다.

그래서 와인을 처음 접하는 사람들이 교과서의 방정식을 풀 듯 와인을 대하는 모습을 보면 참 괴롭다. 혹여 와인에 대한 생각이라도 물을라치면, 숙제를 못 끝냈는데 교실 앞으로 불려 나온 학생처럼 입을 꾹 다물어버린다. 바쁘게 머리를 굴리는 게 훤히 들여다보인다. '과실류 용어'에 '바디감 용어'를 더하고, '어디선가 들어봤는데 이해하기 어려운 용어'를 두 개 더하면 이 와인을 표현하는 정확한 답이 나온다. 마리사, 내 답이 만점인가요?

애석하게도 만점이 아니다. 와인은 수학이 아니기 때문이다. 와인에는 옳고 그른 답이 없다. 와인에서 '객관성'이란 우스갯소리에 불과하다. 이건 나만의 주관적인 생각이 아니다. 와인을 대하는 마음가짐은 와인의 맛에 지대한 영향을 미친다. 당신은 와인에 대해 남들과 전혀 다른 기대감과 선입관을 무수히 많이 갖고 있는데, 이것이 당신의 전반적인 미각에 영향을 미친다.

편견은 주로 개인적인 경험에서 비롯된다. 우리 집에서 카베르네 소비뇽(Cabernet Sauvignon)은 성스러운 존재이다. 매일 저녁 식탁에 올려야 하고, 충만하게 즐겨야 한다. 우리 아버지와 양복을 차려입은 손님이 자랑스레 허풍을 떨던 대상이기도 하다. 이러한 연유로 나는 카베르네를 생각하면 성공, 어른, 호화로움 등의 단어가 연상된다. 그래서 나도 스물한 살 때부터 저녁 식사 때마다 카베르네 소비뇽을 마셨다. 그러면 나 자신이 성숙하고 성공한 어른처럼 느껴졌다. 그리고 좋은 물건을 지불할 여력이 있었던, 모기지 사태 이전의 우리 집을 떠올리게 했다. 정말 좋았다. 하지만 내가 카베르네 소비뇽을 사랑했던 이유가 맛 자체가 좋아서였는지 아니면 내가 지불할 수 있는 가격대에 친숙함과 풍족함을 느낄 수 있어서였는지는 알 수 없다.

반면 분홍빛 와인은 꽤 오랫동안 입에 대지도 못했다(치어리더 사건을 기억하는가). 그동안 로제 와인을 쳐다보기만 해도 입에 재갈이 물린 것 같았다. 그런데 지금은 로제 와인을 너무나도 사랑한다! 그러나 이렇게 되기까지 장장 9년이라는 세월이 걸렸다. 그전에는 로제 와인을 볼 때마다 〈로 앤 오더: 성범죄 전담반〉 드라마의 연쇄살인범으로부터 겨우 도망쳐 나온 사람처럼 굴었다. 마치 이런 상황처럼 말이다. 지하철에서 로제 와인을 우연히 마주친다. "안 돼애애애애!" 나는 비명을 내지르며 올리비아 벤슨 형사[18]가 있는 반대편으로 뛰기 시작한다. 그런데 벤슨 형사가 구세주처럼 손에 카베르네 소비뇽을 들고 있다.

이외에 문화적 환경도 무시할 수 없다. 어떤 음식을 먹고 자랐는가에 따라 미각이 달라지고 특정한 맛에 대한 한계치가 결정된다. 만약 단 음식을 먹고 자랐다면 신맛이 강한 와인을 싫어할 테고, 나처럼 싱겁게 먹고 자랐다면 달달한 리슬링보다 차라리 물 한 잔을 택하게 된다. 유전적인 요인도 미각에 영향을 미친다. 쓴맛을 잘 감지하는 'TAS2R38'라는 미각 수용기(Taste Recepter) 유전자를 갖고 태어나는 사람이 있다. 여기서는 '쓴맛 수

---

18 드라마에 등장하는 형사.

Chapter 1
와인은 수학이 아니다

용기'라고 하겠다. 이 유전자가 있으면 쓴맛에 민감하다. 그래서 라디치오(적색 치커리)와 자몽을 싫어하고, 타닌감이 강한 레드 와인을 기피하게 된다. 입안이 마르는 아스트린젠트한 감각 때문이다.

모든 사람이 와인을 마시고 똑같은 테이스팅 노트를 작성할 거라고 기대하는 것은 비현실적이다. 그러기에는 사전에 제거해야 할 편견들이 너무나도 많다. 그러면 어떻게 해야 할까? 영화 〈이터널 선샤인〉처럼 프라하에서 보낸 한 학기를 기억 속에서 지워버릴까? 아니다. 굉장히 비실용적이고 비인간적인 방법이다. 분명 즐거웠던 기억도 있을 텐데 그것을 왜 없애버린단 말인가? 설령 당신이 내가 사랑하는 스페인 바이오다이내믹 와인인 카리냥을 하룻밤 불장난 상대 때문에 증오하게 된다고 하더라도 말이다. 나는 와인에 대한 당신의 생각을 알고 싶은 것이다. 당신의 지식과 평가가 버라이어털에 대한 것인지, 인생에 대한 것인지는 상관없다.

쓴맛 수용기의 유무와 상관없이 그냥 싫은 와인도 있다. 내게도 샤르도네, 메를로, 방울양배추, 버겐스탁처럼 다시는 찾고 싶지 않은 대상이 있다. 그리고 유난히 떨쳐내기 힘든 맛이 있다. 나는 와인에 입문한 이래로 모스카토를 거의 마시지 않았다. 동아리 친구들도, 힙합스타들도 사랑하는 모스카토(Moscato)는 캘리포니아, 브라질, 이탈리아를 비롯해 전 세계적으로 생산되는 와인이다. 포도 품종은 뮈스카 블랑(Muscat Blanc)으로 알코올 도수가 낮고, 과일향이 나는 프리잔테(frizzante)(약발포성) 와인이다. 사향 냄새에 꽃향기와 자몽향이 묻어나는 독특한 아로마를 가졌다. 흔히들 미디엄 바디에 복숭아 맛이 난다고는 하지만, 나한테는 냉장고에 4개월 넘게 방치된, 초등학생 때나 먹던 프루트칵테일 맛이다.

무스카토를 싫어해도 아무 문제 없다. 우리에게는 싫어할 자유가 있다. 무책임한 사람이 되기 싫어서 솔직히 고백하건대 2016년 가을에 나는 드디어 마음에 드는 모스카토를 찾았다. 무엇이든 도전할 가치가 있다는 말이다. 그러나 싫어하는데 억지로 마실 필요는 없다. 이럴 때 사용하라고 있는 게 스핏툰(Spittoon)[19]이다. 아니면 대신할 화분이라도 찾아보자. 인생을 살다 보면 남들로부터 무언가를 좋아하라는 강요를 숱하게 받게 된다. 그들은 당신에게 와인 잔을 들이밀며 이 와인을 극찬하라고 강요한다. 그들 자신이 인정받고 싶어서다. 녹은 젤리가 잔뜩 묻어서 축축해진 시트형 섬유유연제 맛이 나지만, 속마음을 감추고 맛있다고 미소를 지으며 고개를 끄덕이는 일은 별로 어렵지 않다. 하지만 그걸 아는가? 그런 쓰레기들은 인정해줄 필요가 없다. **당신에게는 싫어할 권리가 있다.** 마시기 싫은데 압박감 때문에 억지로 마시지 마라.

당신에게 비위를 맞추라고 요구하는 사람은 와인을 함께 마실 가치가 없다. 당신이 나름 와인의 맛을 표현했는데 그 앞에서 퀴즈 프로그램 사회자처럼 "오, 타마라. 안타깝네요. '잼 같은

---

19 시음회에서 와인을 입안에 머금었다가 뱉는 통.

Chapter 1
와인은 수학이 아니다

(Jammy)'은 틀렸습니다. 우리가 찾던 단어는 '다육질(Fleshy)'이었습니다. 다육질! 아쉽지만 참가상은 드릴 테니 너무 실망하지 마세요."라고 말할 사람은 아무도 없다. 만약 누군가 당신에게 이런 기분이 들게 했다면, 그 사람이 머저리인 것이다. 재빨리 참가상만 챙겨서 그 자리를 벗어나는 것이 상책이다.

그러니까 와인을 마시고 원하는 말을 마음껏 하라. 자신의 마음을 자유롭고 명확하게 표현하는 방법이다. 소비뇽 블랑을 마셨는데 봅슬레이를 타고 야생화 밭을 가로질러 내려가는 느낌이라면, 그게 맞는 거다. 봅슬레이를 타본 적은 없지만, 봅슬레이를 타고 야생화 밭을 가로지르는 느낌이 어떤지 잘 안다. 말보로 소비뇽 블랑(Marlborough Sauvignon Blanc)을 충분히 많이 마셔봤기 때문에 그런 맛이라고 내가 결정했다. 와인은 수학이 아니기 때문이다. 와인은 창의적인 글쓰기다. 당신에게 와인을 마시고 마음대로 표현할 수 있는 시적 허용을 허가하는 바이다.

와인에 관심을 갖는 건 허세가 아니다

나는 꽤 오래전부터 '와인 허세녀'라는 말을 들어왔다. 솔직히 한두 번은 그럴 만했다(취해서 건방지게 굴었으니 그런 말을 들어도 싸다). 하지만 평소에는 그런 별명이 붙을 만한 행동은 전혀 하지 않는다. 보통 "이 트루소 와인은 피니시가 좋네요."라는 식으로 간단하게 말할 뿐이다.

그런데 말이다, 와인을 마시는 일도 다른 취미와 똑같다. 즉, 시간을 투자해야 실력이 는다. 와인도 많이 마실수록 미각이 세련되어진다. 여기서 '세련됐다'라는 말은 "오, 당신 정말 우아해졌군요!"라는 의미가 아니라, 카베르네 프랑의 피망 냄새와 카베르네 소비뇽의 담배 냄새를 구분할 수 있게 된다는 뜻이다. 이게 모두 와인에 관심을 기울였기 때문이다! 와인에 관심을 갖기 시작하면, 아무 생각 없이 와인을 들이켤 수 없게 된다. 와인과 함께 그 순간에 '존재'하게 된다. 머릿속으로 버라이어털과 생산지를 기록하기 시작한다. 그러다가 와인을 진정으로 사랑하게 되면 실제 노트를 적게 된다. 무슨 와인인지, 어디서 왔는지 전혀 몰라도 냄새를 맡고, 맛보고, 생각을 하게 된다. 그렇게 조금씩 교양 있는 애주가의 면모를 갖춰간다. 하룻밤이 지나고 기억나지 않는 부분도 있다. 하지만 와인을 마실 때마다 비슷한 특징을 반복해서 느끼게 되고, 갈수록 더 쉽게 그 특징을 감지하게 된다. 이런 식으로 기본 지식이 쌓여서 당신 고유의 의견을 갖게 되는 것이다! 당신이 무엇을 좋아하고 싫어하는지 분명하게 알게 된다. 무엇보다 왜 그런지 명확히 설명할 수 있게 된다. "난 라이트 바디의 레드 와인이 좋아요." 시작은 이처럼 미약하겠지만, 나중에는 블루베리파이 냄새를 인지하고 샤르도네의 스테인리스 스틸 발효법을 선호한다고 말하는 자신을 발견할 것이다.

이는 세상 모든 취미에 동일하게 적용되는 순리다. 꾸준히 연

Chapter 1
와인은 수학이 아니다

습하다 보면, 결국 실력이 늘 수밖에 없다. 와인이 다른 점이 하나 있다면, 미술학원을 등록하거나 성인야구팀에 가입했다고 허세녀라는 소리를 듣지 않는다는 것이다.

결국 언젠가는 겪게 될 일이다. 어느 날, 수년째 마시던 싸구려 와인이 맛없게 느껴지고, 결국 끊게 된다. 그러면 허세녀라는 소리를 듣게 된다. "오, 미안하지만 싸구려 와인을 마시기에 내 입은 너무 고급이야."라는 태도를 취해서가 아니다. 당신도 어쩔 수 없는 상황에서는 싸구려 와인을 마실 것이다. 예를 들어서 지인의 전시회에 갔는데 그곳에 싸구려 와인밖에 없다면, 맨정신에 형편없는 그림을 감상하느니 그거라도 마실 수밖에 없을 것이다. 하지만 그걸 집에 사 가거나 디너파티에 가져가지는 않을 것이다. 대신 당신이 좋아하는 와인을 가져가서 이렇게 말하겠지. "샤론, 내가 가져온 샤르보노(Charbono)와 화이트 체다치즈를 같이 먹어봐. 이건 천국의 맛이야!" 왜냐하면 이것이 당신의 진심이니까. 진심으로 이렇게 외칠 것이다. "어머나! 화이트 체다치즈랑 샤르보노는 궁합이 환상이야! 같이 먹으면 이렇게 맛있는데 왜 아무도 모르지?!" 그러면 와인 안주 너머로 어떤 머저리가 이런 말을 던질 것이다. "언제부터 그런 허세녀가 됐어?" 그러면 당신은 나이프를 집어서 애꿎은 염소치즈를 내리치겠지.

하지만 내 말을 들어보라. 와인에 관심을 갖는 건 허세가 아니다. 오히려 교양 있는 애주가인 것이다. 지금 보니까 이 말조차도 허세처럼 들린다. 그러니까 다른 사람들 앞에서는 쓰지 말자.

대신 우리끼리는 괜찮다. 와인을 잘 아는 애주가야말로 최고의 애호가다. 라벨이 근사해 보이는 와인 중 아무거나 골라서 마시지 않기 때문이다. 목적도 없고 무슨 말인지도 모른 채 와인 코너를 서성이지 않는다. 와인 리스트에서 너무 싸지도 비싸지도 않다는 이유만으로 와인을 고르지 않는다. 맛있다는 확신도 없이 무작정 샀다가 돈만 날리고, 결국 맛없어서 그대로 남겼다가 식초로 변질될 일도 없다. 대신 버라이어털과 원산지를 알아보고, 어떤 와인을 원하는지 전문가와 소통함으로써 현명한 구매를 통해 더욱 즐겁게 와인을 경험하게 된다.

당신을 와인 허세녀 또는 허세남이라고 부르는 사람은 아마도 예전에 와인 때문에 창피를 당한 적이 있었을 것이다. 와인 때문에 무시당한 적이 있기 때문에 또다시 비판받지 않기 위해서 일종의 보호막을 두르는 셈이다. 이런 방어적인 태도를 탓하고 싶지는 않다. 당신도 특정한 오이 품종이 어떻게 자라는지 모른다고 무식한 사람 취급당하면 싫지 않겠는가? 그러니까 기분 나빠하지 말자.

만약 허세가 생기면 어떻게 고쳐야 할까?

혹시 자신의 미각에 대해 조금이라도 허세가 생긴다면 어떻게 할까? 헉! 그런데 말이다, 사실 누구에게나 일어날 수 있는 일이다. 나도 한때 허세녀였다. 와인이 아니라 비틀스 허세녀였다. 비틀스에 집착하면서 살았던 세월이 장장 10년에 달한다. 음반도 모으고, 시

Chapter 1
와인은 수학이 아니다

중에 출간된 전기도 빠짐없이 읽고, 경력과 관련된 크고 작은 사건 날짜도 달력에 표시하고 달달 외웠다. 어느 정도였냐면 존 레넌(John Lennon)이 1964년 오늘 무얼 했는지 불시에 물어도 언제든 답할 수 있을 정도였다. 비틀스는 딱 내 취향이었지만, 불행히도 내 주변 지인들에게는 짜증나는 존재였다. 세상에서 비틀스를 가장 사랑하는 사람은 나라고 확신했고, 그걸 증명해야만 직성이 풀렸다.

스무 살에 처음 환각제를 복용하고 존 레넌을 만났다. 그러니까, 다들 알겠지만 실제로 나타났다는 말이 아니다. 그는 나더러 '남이나 따라 하는 머저리'라고 했다. 내 생각이 아니라 비틀스의 말을 따르며 산다고. 비틀스를 자존심을 지키는 무기로 사용하지 말라고. 그건 꽤나 강력한 충격이었다. 신처럼 여겼던 존재가 나타나서 '머리에 똥만 가득 찼다'고 나무라는 꼴이니 말이다. 하지만 부인할 수 없는 사실이었고, 나도 알고 있었다. 그래서 바로 다음 날 비틀스와 관련된 플래시 카드를 모두 처분해버리고 다시는 찾지 않았다.

그러니까 요점은, 만약 당신이 와인 허세녀 또는 허세남이 되어가는 기미가 보인다면, 당장 그만둬라. 정말 볼썽사납고, 아무도 좋아하지 않는다. 환각제를 복용해서 존 레넌이 찾아오는 상황까지는 가지 말자. 인생을 망치는 지름길이다.

허세녀와 허세남이 너무 오랫동안 와인을 지배했다. 와인을 마시며 나누는 대화와 이미지를 허세로 도배했다. 우리가 판도를 바꿔야 한다. 그렇다, 당신과 내가. 이렇게 골치 아픈 일에 당신까지 끌어들여서 미안하다. 하지만 이왕 여기까지 읽었으니

까, 당신도 나와 한배를 탄 셈이다. 하지만 너무 걱정하지 마라. 아주 간단한 지침일 뿐, 거창하게 무슨 집회를 열자고 하지는 않을 테니 말이다. 다음은 성공률 100%의 와인 허세와 영원히 작별하는 방법이다.

1. 와인을 마신다.
2. 자유롭고 즐겁게 와인 지식을 공유한다.
3. 대화를 유도한다.
4. 재수 없게 굴지 않는다.
5. 와인을 더 마신다.

그러면 사람들은 이런 반응을 보일 것이다. "우와, ○○○(당신의 이름을 넣어보자)는 와인에 대해 정말 많이 알더라! 진짜 멋있어! 게다가 모임도 잘 이끌고, 매력적이고, 재미있기까지 해! 참, 그때 같이 마셨던 와인을 사러 가야겠어." 당신이 상대방을 무시하지 않고 한 인격체로 대했기 때문에 그 사람도 다음에 친구들과 와인을 마실 때 똑같이 행동할 것이다. 와인 때문에 평가당할 두려움 없이 웃고 대화하며 새로운 것을 배울 것이다. 이것이 연쇄반응이다. 지금 우리로부터 시작될 것이다.

지, 내가 밀하시 않았던가? 나도 당신과 별반 다르지 않다! 우

Chapter 1
와인은 수학이 아니다

리 모두 팩와인 때문에 최소 한 번은 굴욕을 당해본 사람이다. 메를로를 싫어해도 상관없다. 무엇을 마시든 배움은 뒤따른다. 각자 나름의 방식을 통해 자신감 넘치는 와인 애호가로 거듭나는 중이다. 당신 자신을 믿고, 그 과정에서 믿음을 잃지 않으면 된다. 물론 하룻밤 만에 이루어지지는 않는다. 인내심을 갖고 시간을 들여 연습해야 한다. 어디에서든 지식을 배우려는 개방적인 자세를 취해야 한다. 그리고 '맞고 틀리고'를 두려워하지 말고 신경쓰지도 말자.

To-Drink-List

1. 난생처음 보는 와인을 마신다.
2. 와인에 대해 자유롭게 대화하고, 노트한다. 이때 '맞고 틀리고'는 걱정하지 않는다.
3. 와인에 절대 수학은 없다.

2
Chapter

와인은
포도가
전부가
아니다

와인은 어떻게
만들어지는가?

--- WINE. ALL THE TIME. ---

와인을 만드는 게 뭐 그리 어렵겠는가? 포도를 따서 으깬 다음 병에 넣으면 짜잔 하고 완성되는 것 아닌가? 미안하지만 틀렸다. 그렇게 간단했으면 나도 디톡스 음료를 만든답시고 주서기를 그리 헛되이 사용하지 않았을 것이다. 와인양조 과정은 와인 종류와 제조자가 천차만별로 다른 만큼 복잡하다. 그러나 와인병 속의 내용물이 어떻게 만들어지는지 대략적인 줄기만 파악해도 와인을 더 잘 이해하게 되고, 와인을 만드는 노고에 감사하는 마음을 갖게 될 것이다. 이번 챕터에서는 와인양조 과정을 함께 짚어볼 예정이다. 이번 챕터를 읽고 나면 더 이상 와인을 '성인용 주스'라고 부르지 않게 될 것이다.

우리는 모두 포도를 먹어본 적이 있다. 하다못해 포도주스, 아니 포도맛 아이스크림이라도 먹어봤을 것이다(물론 체리맛이 없어서였겠지만). 하지만 와인과 와인의 복합적 풍미는 이중 어느 것과도 비슷하지 않다. 와인의 주재료가 포도이기는 하지만, 와인 한 병을 만드는 데 포도 이외에도 무수한 기법, 기술, 장비가 투입되기 때문이다.

와인을 만드는 첫 단계는 종류 불문하고 모두 동일하다.

첫째, 포도를 수확한다. 의외로 간단하다, 그렇지 않은가? 여기에는 기계식, 수작업 등 두 가지 방식이 있다.

기계식은 트랙터처럼 생긴 농기계로 포도를 수확한다. 농기계가 나무를 흔들어서 포도를 떨어뜨리면, 컨베이어 벨트에 실려서 수확통으로 옮겨진다. 인건비를 줄이고 단기간에 많은 양을 수확할 수 있어서 대량생산에 적합하다. 나는 개인적으로 기계식 수확을 좋아하지 않는다. 포도의 품질을 관리하기 힘들기 때문이다. 하지만 양조장도 제 할 일을 할 뿐이다.

수작업은 사람이 직접 포도를 따기 때문에 상태가 좋지 않은 포도를 골라낼 수 있다. 이 방식에는 단점이랄 게 없다. 단지 양조장 입장에서 비용이 더 들고, 결과적으로 우리 소비자 입장에서도 그렇다. 하지만 나는 기꺼이 비용을 지불할 의향이 있다. 더욱 좋은 품질의 와인을 생산할 수 있고, 결국 일자리 양산으로 이어지기 때문이다.

미국 산타는 썰매를 타고 호주 산타는 서핑을 하는 것처럼―농담이다!― 북반구와 남반구는 수확 시기가 다르다. 북반구의 수확 시기는 8~9월이고, 남반구는 2~4월이다. 수확은 낮밤으로 이뤄지는데 기온 때문에 밤에 수확하는 것이 유리하다. 인정사정없이 더운 여름날에 장시간 일하는 인부 입장에서도 선선한 시간대가 유리하다. 무엇보다 포도는 낮은 기온에서 당도가 안정화되면서 포도알이 단단해진다. 그러면 포도알이 터질 확률도 낮아져서 포도를 따기 훨씬 수월해진다. 그리고 원래 포도를 발효시키기 전에 냉각하는 단계가 있다. 그래서 포도밭에서부터 아예 차가운 상태로 오면 시간, 돈, 에너지를 절약할 수 있다.

어떤 수확 방법을 택하든 수확통이 미어터질 만큼 포도가 쌓이게 된다. 포도알이 송이째 오롱조롱 매달린 포도, 알갱이가 떨어진 포도, 가지가 붙어 있는 포도 등 포도원에서 재배한 모든 것이 한데 담겨 있다. 이후 포도는 품종별로 분류된다.

'버라이어털'은 와인업계에서 사용하는 용어로 '단일 품종의 포도'를 뜻한다. 예를 들어서 카베르네 소비뇽, 피노 그리지오, 진판델, 세미용 등 와인을 만들 수 있는 각각의 포도 품종을 일컫는다.—버라이어털(varietal)의 복수형이 'varietals'가 아니라 'varieties'라고 지적하는 사람이 있다. 개인적으로 후자는 어디에나 쓰이는 단어이므로, 와인용 포도에 한해서는 전자를 쓸 수 있도록 시적 허용을 해주었으면 한다. 자, 혹시 스페인에라도 갔다가 어떤 머저리와 이런 시비가 붙으면, 이렇게 말하면 된다.— 지역과 기후마다 그곳에 적합한 포도 품종이 다르지만, 한 포도원에 얼마나 다양한 품종을 심을지는 전적으로 책임자의 몫이다. 한 품종만 집중적으로 키울 수도 있고, 여러 품종을 재배하기도 한다. 일반적으로 포도나무는 한 줄로 길게 심으며, 품종에 따라 구역이 분류되어 있다. 그르나슈(Grenache) 네 그루와 카베르네 프랑 여섯 그루가 한데 섞여서 자라는 모습은 보기 힘들다.

아무튼 이야기가 잠시 샜는데(와인만 관련되면 곧잘 그런다), 요점은 메를로 포도와 리슬링 포도를 섞어서 으깰 수는 없지 않은가 하는 것이다. 그러니까 반드시 품종별로 분류해야 한다.

블렌드란 무엇인가?

두 가지 이상의 버라이어털을 섞는 블렌드 와인을 만드는 방식은 두 가지다. 첫째, 발효시키기 전에 스틸 탱크에 여러 버라이어털을 넣어서 섞는 '동시발효(co-fermentation)'다. 둘째, 각각의 버라이어털을 개별적으로 발효시킨 다음 원하는 풍미가 나올 때까지 소량씩 섞어가며 최적의 비율을 찾는 방식이다. 그리고 최적의 비율에 맞춰 블렌드 와인을 대량으로 생산한다.

포도를 수확하고 분류하는 작업이 끝나면, 보통 줄기를 제거하는 단계로 넘어간다. 여기서 '보통'이라고 적은 이유는 줄기의 숙성 상태와 와인 종류에 따라 와인제조자가 줄기를 제거하지 않는 경우도 있기 때문이다. 줄기에는 **타닌**이 다량으로 함유되어 있다. 레드 와인을 마셨을 때 입이 마르는 느낌을 주는 물질이다. 일부러 숙성시키는 와인의 경우에는 줄기가 있어도 괜찮다. 하지만 포도 껍질과 씨에 이미 충분히 많은 타닌이 들어 있으므로 대부분의 와인에는 줄기를 제거한 포도가 사용된다.

그다음에는 포도를 으깬다. 분쇄기를 사용하거나, 발로 밟는 옛날식을 따른다. 1950년대에 유행했던 미국 시트콤인 〈왈가닥 루시〉의 한 장면처럼 말이다. 한번 상상해보라. 덴젤 워싱턴이 주인공으로 나오는 1990년대 스릴러물처럼 우리 가족을 해친 적에게 복수를 맹세하는 마음으로 발밑의 포도알을 가차 없이 짓밟는 기분을 말이다. 막판에는 온몸에 포도즙이 튀고, 발가락 사이사이에 포도 찌꺼기가 끼어 있다. 옛날식은 이렇게 진행된다. 분쇄기도 (복수심은 덜하지만) 이와 똑같이 포도를 으깨서 껍질, 과육, 즙이 뒤섞인 곤죽으로 만든다. 건더기가 뒤죽박죽 뒤섞여 있는 곤죽 상태를 **머스트**라고 한다.

이제 포도들은 그토록 꿈꾸던 와인이 되기 위해 각자의 길로 간다. 레드 와인, 화이트 와인, 몽환적인 로제 와인 또는 색다른 오렌지 와인이 되기 위해서. 버라이어틸이 와인의 외견과 맛을 결정한다고 예상했겠지만, 사실 포도는 별 상관이 없다. 와인의 색과 풍미는 제조 과정에서 어떤 단계에 어떤 처리를 했는지에 따라 달라진다. 예를 들어서 침용 과정이 있다.

침용이란, 포도 껍질을 즙에 담가놓아서 부드럽게 만드는 과정이다. 침용 과정이 없다면 와인은 무색이었을 것이다. 포도즙 자체가 투명한 색이기 때문이다. 그래서 화이트 와인은 포도를 으깨자마자 껍질을 빼낸다. 원나이트 스탠드보다 더 재빠르게 말이다. 반면 레드 와인은 포도를 으깬 후에 기본적으로 일주일 또는 몇 주간 그대로 놓아둔다. 능청스럽게 포도 껍질을 품은 채로 말이다. 아유, 너무 보기 좋다! 난 이 둘의 사랑을 찬성한다!

보라색, 빨간색, 초록색 그리고 노란색

포도 껍질과 포도색은 와인 제조 과정에 큰 영향을 미친다. 레드 와인은 기본적으로 빨간색, 보라색, 검은색 포도로 만든다. 화이트 와인은 주로 초록색, 노란색, 옅은 회색 포도로 만든다.

레드 와인

레드 와인의 경우, 포도를 으깬 다음 그대로 스틸 탱크로 옮겨서 발효시킨다. 레드 와인은 머스트 상태 그대로 발효시키기 때문에 그 속에 함께 있는 빨간색, 보라색 또는 검은색 포도 껍질의 특성이 포도즙에 그대로 담긴다. 머스트 상태에서 발효시키면 와인의 아로마, 풍미, 타닌이 더욱 짙어진다. 당신이 사랑하는 드라이하고 볼드(bold)한 레드 와인은 이렇게 탄생한다.

발효 탱크 안에서 효모가 당분을 알코올과 이산화탄소로 바꾼다. 와인제조자가 개입을 최소화하는 편이라면, 포도 자체에 존재하는 야생 효모가 알아서 제 할 일을 하도록 내버려둘 것이다. 하지만 많은 제조자가 발효의 정도와 풍미를 조절하기 위해 배양 효모를 첨가한다. 효모는 모두 자연 발생적이므로 배양 효모라고 해서 인공적이지는 않지만, 어쨌든 그 고유의 환경에서 비롯된 것은 아니다. 즉, 빵을 만들려고 인스턴트 효모를 사는 일과 같다. 그렇다, 효모는 맞지만 어쨌든 마트에서 임시방편으

Chapter 2
와인은 포도가 전부가 아니다

로 산 것이다. 제빵사가 천연효모로 만든 사워도우[20]와 같은 맛을 기대하면 안 된다.

나는 효모가 팩맨처럼 당분을 우적우적 먹어 치우고 지나간 자리에 알코올과 이산화탄소를 남기는 장면을 상상하길 좋아한다. 그런데 알코올은 와인에게 유익하지만, 이산화탄소는 그렇지 않다. 가스가 나오면서 생성된 기포가 포도 껍질을 발효 탱크 위쪽으로 밀어 올려서 포도즙 표면층에 캡을 형성한다. 여기서 문제가 발생하는데 껍질이 포도즙과 제대로 섞이지 않으면 머스트가 와인의 색과 풍미에 미치는 유익한 장점을 놓치게 된다.

와인제조자는 가스를 없애기 위해서 펀치 다운, 펌프 오버라는 직관적인 양조장 용어로 불리는 작업을 한다. **펀치 다운**은 발효 탱크 위쪽에 떠오른 포도 껍질을 아래로 밀어서 거대한 포테이토 매셔처럼 생긴 도구로 휘젓는 작업이다. **펌프 오버**는 발효 탱크 아래쪽에 호스를 연결해서 와인을 뽑아낸 뒤 탱크 위쪽에 다시 부어서 골고루 섞는 작업이다. 둘 중에 어떤 방식을 얼마나 자주 할지는 전적으로 와인제조자의 선택이다. 와인을 발효시키고 이후 발생하는 가스를 관리하는 작업은 효모가 당분을 모두 먹어 치울 때까지 수일에서 수주까지 소모된다.

한편 이런 전통식 발효가 아닌, **탄산 침용**을 거치는 레드 와인이 있다는 사실도 알아두면 좋다. 적색 포도를 으깨지 않고 송이째 발효 탱크에 넣고 이산화탄소를 주입한다. 그러면 각각의

---

20 시큼한 맛이 나는 반죽.

포도가 껍질 안쪽에서부터 발효되면서 결국 포도 자체의 무게에 의해 으스러진다. 이 방식은 보졸레 지역에서 사용하면서 유명해졌다. 가메를 비롯한 몇몇 레드 와인 버라이어털도 탄산 침용 덕분에 굉장히 가벼운 탄산감을 갖게 된다.

발효가 끝나면 탱크에서 와인을 뽑아낸다. 탱크 안에 남은 머스트를 압착해서 맛있는 즙을 마지막 한 방울까지 꽉 짜낸다. 그 다음에는 와인제조자가 지정한 컨테이너에 와인을 옮겨 담고, 제조자가 원하는 기간만큼 숙성시킨다. 제조자의 선택에 따라서 스틸 탱크나 달걀모양 콘크리트 발효조에 담아서 숙성시킬 수도, 배럴에 담을 수도 있다. 만약 배럴에 저장하는 경우, 단계가 몇 개 더 추가된다.

배럴, 특히 오크배럴에서 숙성시킨 와인은 **유산 발효**를 거친다. 어린 레드 와인에서 나는 시큼한 크랜베리향 또는 신 사과향이 부드럽고 크리미한 과일향으로 바뀐다. 마치 '사워 스트로베리 스타버스트' 신 딸기 맛 젤리와 '스트로베리 앤드 크림 스타버스트' 딸기 크림 맛 젤리의 차이라고나 할까? 둘 다 맛있는 딸기 맛이지만, 맛에 분명한 차이가 있다.

배럴에서 숙성시킬 와인은 **래킹** 작업도 거쳐야 한다. 배럴은 저장실에 옆으로 비스듬히 눕혀 있기 때문에 유산 발효가 진행되는 동안 침전물이 바닥으로 가라앉는다. 래킹은 이처럼 침전물을 가라앉힌 다음 맑아진 와인을 다른 배럴로 옮겨서 계속 숙성시키는 작업이다. 래킹은 와인제조자가 필요하다고 판단될 때마다 진행한다. 보통 한 달에서 세 달 주기로 진행하는 것이

Chapter 2
와인은 포도가 전부가 아니다

일반적이다.

와인제조자에 따라 와인을 병입하기 전에 추가로 침전물을 여과하기도 하고, 여과 작업 없이 바로 병입하기도 한다. 여과 작업을 하지 않은 와인은 비교적 탁하고 침전물이 많은 편이다. 이것이 와인의 풍미에 미치는 영향에 대해서는 아직 의견이 분분하다. 개인적으로 여과하지 않은 와인이 더 신선하고 시큼하게 느껴지지만, 사실 이건 무슨 와인을 누가 마시냐에 따라 달라지는 부분이다. 여과 과정을 거치든 아니든 와인은 병입, 출고, 판매 과정을 거쳐서 마침내 우리 입속으로 흘러들어온다.

화이트 와인

화이트 와인은 겉에서 스치듯 보기만 해도 레드 와인과 확연히 다름을 알 수 있다. 발효 방법이 다르기 때문이라고 생각했다면, 정답이다. 레드 와인은 그 맛과 색을 내기 위해 머스트가 있는 상태에서 발효시키지만, 화이트 와인은 머스트를 신속하게 제거해야 한다. 화이트 와인은 래킹 작업을 위해 탱크에 붓기 직전에 포도 껍질과 찰나의 '친밀한 시간'을 갖는데, 그 시간이 매우 짧기 때문에 옅은 색을 띠게 된다. 래킹 과정에서 침전물이 바닥에 가라앉으면, 와인을 여과한 뒤 다른 탱크에 옮겨서 발효시킨다.

화이트 와인도 어김없이 팩맨처럼 발효를 한다. 효모가 당분을 먹고 알코올과 이산화탄소로 바꿔놓는다. 하지만 머스트를 이미 제거했기 때문에 포테이토 매셔와 호스는 집에 두고 와도 된다. 이후의 과정은 레드 와인과 동일하다. 배럴에 넣지 않는 경우에는 발효 탱크, 달걀모양 콘크리트 발효조 또는 암포라(토기)에서 발효시킨 다음에 병에 담긴다. 배럴에서 숙성시키는 경우, 레드 와인과 똑같은 과정을 거친다. 와인을 배럴에 넣고, 래킹 작업을 거쳐 남아 있는 침전물을 추가로 제거하고, 숙성시키고, 마지막으로 병에 담는다. 그리고 시중에 출고돼서 마침내 당신의 냉장고에 입성하게 된다.

로제 와인

다들 로제 와인은 뭔가 다른 종류의 포도로 만든다고 생각하지만, 사실 레드 와인과 별반 다르지 않다. 로제 와인은 아무 레드 와인용 포도와 침용 과정으로 만들어진다. 포도즙에 포도 껍질을 담가두면 와인이 분홍색으로 변하는데, 얼마나 오래 놓아두느냐에 따라 짙은 마젠타 색에서 히말라야 핑크솔트 색까지 다채롭게 조절할 수 있다.

로제 와인에는 두 가지 양조 방식이 있는데, 하나는 거의 사용되지 않고 있다. 워낙 드문 기법이지만, 당신이 이걸 모른 채 세상에 나가길 바라지 않는다. 영롱한 분홍빛 로제 와인을 마시는데 어떤 머저리 같은 '로제 광'한테 "어떻게 세니에를 모를 수가 있어요?"라는 말을 듣지 않게 하기 위해서다. **세니에**(Saignée)는 레드 와인을 발효시키기 전에 탱크에서 마치 피를 뽑듯 주스를 조금 뽑아내는 작업이다. 탱크 속의 주스가 줄어든 만큼 껍질과 맞닿는 면적이 넓어져서 더욱 깊은 붉은색을 띠게 된다. 그리고 탱크에서 뽑아낸 분홍색 주스로 로제 와인을 만든다. 프랑스의 프로방스 지역에서 주로 이 기법을 사용해서 무르베드르(Mourvedre) 와인과 시라(Syrah) 와인을 만든다. 로제 와인을 만드는 또 다른 기법은 화이트 와인에 레드 와인 소량을 블렌딩하는 방법이다. 그런데 **블렌딩**(blending) 기법은 주로 샹파뉴 지역에서 생산되는 스파클링 와인과 관련이 깊다. 이후에는 레드 와인, 화이트 와인과 동일한 양조단계를 거친다. 배럴에 넣고 래킹하든지, 배럴에 넣지 않고 래킹하든지 말이다. 이제 와인이 어떻게 만들어지는지 가닥이 좀 잡힐 것이다.

오렌지 와인

오렌지 와인은 이름과 다르게 오렌지로 만들지 않는다. 레드 와인과 비슷한 양조법으로 만든 화이트 와인이다. 즉, 와인을 포도 껍질과 함께 이삼일에서 수개월간 발효시킨다. 그래서 '스킨 콘택트' 와인이라고도 불리며, 와인색은 밀짚 같은 금색에서 선명한 주황색까지 다양하게 나타난다. 껍질과 접촉한 시간 덕분에 레드 와인의 특성인 드라이하고 묵직한 바디감과 타닌감이 있으면서, 화이트 와인의 산미도 그대로 간직하고 있다. 그러니까 결론적으로 레드 와인 맛도, 화이트 와인 맛도 아니다. 오렌지 와인은 멍든 사과에서 시큼한 맥주까지 광범위한 풍미를 가진, 완전히 다른 독자적인 영역이다.

스파클링 와인

스파클링 와인의 특별함은 꼭 신년 파티가 아니라도 알 수 있다. 코르크 마개가 펑 하고 터지면서 연출되는 상징적인 장면부터 진주 같은 기포가 뽀글뽀글 올라오는 광경까지, 스파클링 와인은 아찔하게 눈부시다. 그래서 사람들은 기념일에 항상 스파클링 와인을 선택하며, 야외욕조에 신나게 흩뿌린다. 스파클링 와인을 두 번 이상 마셔본 사람이라면, 스파클링 와인이 다 똑같지 않다는 사실을 알아차릴 수 있다. 그렇다, 실제로 스파클링 와인의 양조법은 네 가지나 된다.

전통 공법

전통 공법은 샴페인을 전 세계적으로 유명하게 만든 장본인이다. 카바와 프란치아코르타 등 다른 스파클링 와인도 전통식으로 만든다. 먼저 와인제조자는 이미 발효시킨 베이스 와인을 준비한다. 때론 여러 종류의 베이스 와인을 섞은 **퀴베**(cuvée)를 사용하기도 한다. 베이스 와인은 효모, 당분과 함께 병에 넣어서

Chapter 2
와인은 포도가 전부가 아니다

또다시 발효시키는데, 이를 **티라주**(tirage)라고 한다. 이때 와인 병을 왕관형 병마개(맥주나 옛날 코카콜라 병마개처럼 생긴 것)로 밀봉해서 탄산가스가 새어나가지 못하게 막는다. 그리고 일정 시간 발효시킨 다음에 **리들링** 작업을 한다. 비스듬히 기울인 와인 병을 주기적으로 회전시켜서 **리스**, 그러니까 죽은 효모 찌꺼기를 병목 부분에 모이게 한다.

그런 다음 **데고르주멍** 작업을 한다. '게워내게 만들다'라는 원어의 뜻만 보면 잔인해 보이지만 사실 그렇지 않다. 데고르주멍은 일종의 여과 작업이다. 리들링 작업으로 병목에 리스가 가라앉으면, 병목 부분을 차가운 소금물에 담가서 얼린다. 그런 다음 병마개를 열면 펑 터지면서 기포가 언 부분을 밖으로 밀어낸다. 그리고 병이 비워진 만큼 와인과 당분을 채워 넣은 뒤 마개로 단단히 밀봉한다. 이 과정을 **도자주**(dosage)라고 한다. 이제 랩퍼의 뮤직비디오나 평범한 브런치 식탁에 오를 준비를 마쳤다.

탱크 공법

널리 쓰이는 방식으로 샤르마 공법이라고도 한다. 특히 프로세코 와인을 만드는 공법으로 잘 알려져 있으며, 전통 방식보다 훨씬 간단하다. 기본은 이렇다. "자, 탱크에서 베이스 와인을 꺼낸 다음 다른 탱크에 넣어서 2차로 발효시키면 되지." 티라주와 비슷하지만 이번에는 병이 아니라 2차 발효 탱크에 넣고 당분과 효모를 추가한다. 리들링, 디스고르징 작업 대신 와인을 여과한

다음에 도자주하고 병에 담는다.

트랜스퍼 공법

전통 공법과 비슷한데 티라주 이후에 병입한 상태에서 리들링, 데고르주멍 작업을 하는 대신 탱크에 다시 부어서 여과시킨다. 주로 대형 와인병으로 제작되기 때문에 트랜스퍼 공법으로 만든 와인을 마실 일은 앞으로도 드물 것이다. 혹시 제로보암(Jeroboam) 사이즈의 와인을 마셔본 적 있는가? 솔직히 말해서 나는 없다.

매그넘 그 이상!

혹시 남동생보다 큰 와인병을 본 적이 있는가? 이것이 초대형 와인이다. 보통 초대형 와인은 생산자 본인을 위해 특수 제작되는 경우가 대부분이므로 실물을 봤다면 그 와인제조자는 자신의 와인을 진심으로 자랑스러워하고 사랑하는 것이 틀림없다. 일반적으로 초대형 와인은 와인 대비 산소 비율이 750ml짜리 와인보다 적기 때문에 숙성시키기에 적합하다. 그만큼 산화 속도가 느리고 신선도가 오래 유지되기 때문이다.

- 매그넘(magnum)(1.5L) = 와인 2병, 10잔
- 더블 매그넘(Double Magnum)(3L) = 와인 4병, 20잔
- 제로보암(Jeroboam)(4.5L) = 와인 6병, 30잔

- 임피리얼(Imperial)(6L) = 와인 8병, 40잔
- 살마나자르(Salmanazar)(9L) = 와인 12병, 60잔
- 발타자르(Balthazar)(12L) = 와인 16병, 80잔
- 네부카드네자르(Nebuchadnezzar)(15L) = 와인 20병, 100잔

페티앙 나튀렐 공법

'펫낫(Pét-Nat)'이라는 세상에서 가장 사랑스러운 별명을 가진 페티앙 나튀렐(Pétillant Naturel) 공법은 상당히 드물고 원시적인 양조법이라고 여겨졌다. 그러나 천만다행으로 최근에 다시 각광받기 시작했다. 펫낫 공법으로 만든 와인은 부드러운 기포와 맛있는 시큼함이 느껴지기 때문이다. 펫낫 공법은 특이하게도 다른 스파클링 와인과는 다르게 발효를 한 번만 한다. 발효가 절반 정도 진행되면, 병에 담아서 왕관형 병마개로 봉인한다. 그리고 병 안에서 그대로 발효를 끝내기 때문에 당분이나 효모를 추가하는 과정이 생략된다. 이산화탄소가 빠져나갈 틈이 없기 때문에 와인에 기포가 보글보글 생긴다.

와인제조자의 역할

와인을 만드는 각각의 단계가 얼마나 중요한지는 아무리 강조해도 지나치지 않다. 그러나 그중에서 가장 중요한 존재는 각

과정을 어떻게 할지 결정하는 와인제조자다. 와인제조자는 과학자이자 예술가로서 도구와 기술을 활용해서 포도 고유의 특징을 구현한다. 이 책의 저자로서 내 취향대로 비유하자면, 와인제조자는 비틀스다. 비틀스는 음악을 창조하지 않았다. 그들이 연주한 음악조차 새로운 장르가 아니었다. 하지만 비틀스가 음악을 프로듀싱하고, 연주하고, 공연하는 방식이 그들을 특별하게 만들었다.

비틀스의 노래 중에 '당신이 있기 전에는(Till There Was You)'을 예로 들어보자. 이 노래의 원곡은 사실 뮤지컬인 〈더 뮤직 맨(The Music Man)〉에 나온다. 아마 한 번도 본 적이 없는 뮤지컬일 것이다. 어릴 때 온갖 뮤지컬을 섭렵했던 나도 본 적이 없지만, 분명 훌륭한 작품일 것이라 확신한다. 사실 '당신이 있기 전에는'을 영상으로 본 적이 있다. 아름다운 영상이었지만, 내 취향은 아니었다. 영상을 봐도 따라 부르고 싶은 생각이 전혀 들지 않았다. 하지만 비틀스가 리메이크한 버전은 매일 아침 속옷 바람으로 부엌에서 설거지를 하며 큰소리로 따라 부르고 싶었다. 폴의 감미로운 목소리, 조지의 기타 솔로, 링고가 보여준 인생 최고의 봉고 연주가 내 마음을 사로잡았다. 이처럼 같은 노래지만 어떻게 편곡하느냐에 따라 완전히 새로운 곡이 탄생한다.

이 이야기는 샤르도네를 떠올리게 만든다. 내가 오래전부터 마셔온 샤르도네는 하나같이 맛이 똑같았다. 샤르도네의 버터향과 묵직함이 마치 필스버리 식품회사의 마스코트인 도우보이의 소변 맛처럼 느껴졌다. 쳐익 모든 미각이 독을 머금은 듯 샤

Chapter 2
와인은 포도가 전부가 아니다

르도네를 격렬히 거부했다. 누가 물어볼 때마다 악담만 늘어놓았다. 그러다가 2013년에 소노마에 위치한 스크라이브 와인양조장을 방문했다. 이곳 양조장에서 만든 레드 와인은 정말 좋아하지만, 지독한 오크향을 풍기는 화이트 와인은 솔직히 두려웠다. 드디어 포도 껍질과 함께 발효시킨 스킨 퍼멘티드 샤르도네(Skin-fermented Chardonnay)를 시음하는 순간이 찾아왔다. 나는 기도처럼 속으로 되뇌었다. '미소를 잃지 말자. 제발, 미소만은 잃지 말자.' 아무리 속마음을 숨기는 재주가 없어도, 좋아하는 양조장 주인 앞에서 무례하게 굴고 싶지 않았다. 나는 조심스럽게 한 모금 마셨다.

전혀 메스껍지 않았다.

이마도 찡그려지지 않았다.

스크라이브 양조장의 스킨 퍼멘티드 샤르도네는 이전에 마셨던 샤르도네와는 전혀 달랐다. 메스꺼운 크림과 과일향을 예상했건만, 오히려 상큼한 시트러스와 열대과일향이 났다. 미디엄 바디였지만, 갈망하던 드라이함이 느껴졌다. 언덕이 보였다. 한 번도 들어보지 못한 종소리가 울렸다. 새가 자유롭게 하늘을 날아가는, 난생처음 보는 광경이 펼쳐졌다!

그날, 내가 그동안 내뱉은 말들을 취소했다. 내 무지함 때문에 무고한 버라이어털이 억울한 누명을 썼다. 샤르도네 포도 자체에서 바닐라향과 버터향이 나는 것이 아니라, 누군가 그런 맛을 만들어낸다는 사실을 미처 생각하지 못했다. 샤르도네는 와인 게임에 휘말린 무고한 포도일 뿐인데, 내가 잘 알지도 못하면서 입을 함부로 놀렸다. 1990년대에 오크향이 최고인 줄 알고 와인의 진짜 풍미를 등한시했던 머저리 같은 놈들 탓이지, 샤르도네의 잘못이 아닌데 말이다. 그래서 오늘날까지 그런 스타일의 샤르도네 와인이 마트에 깔리게 된 것이다.

샤르도네 사건은 내 와인 여정에 매우 큰 영향을 미친 중요한 경험이었다. 이 사건을 계기로 나는 겸손해졌고, ABC(Anything But Chardonnay, 샤르도네만 아니면 된다)를 외치던 모습을 버리고, 모든 와인을 궁금해하는 열린 마음을 갖게 됐다. 무엇보다 와인 제조자의 역할을 이해하고, 존중하고, 존경하게 되었다.

와인은 포도가 전부가 아니다. 누군가 포도의 가치를 높여서 노래할 마음이 들게끔 만드는 게 중요하다.

휴! 드디어 해냈다. (이마에 땀 좀 닦아내자.)

와인양조법은 아무리 수박 겉핥기식으로 배워도 어렵다. 처음부터 이 말을 하지 않은 이유는 지루하다는 생각에 그냥 건너뛸까봐 걱정되어서 그랬다. 당신이 그렇다는 게 아니라, 내가 그런 성격이다. 나는 게으른 쾌락주의자라서 분명 대충 훑어보고 '재밌는 파트'로 넘어갔을 것이다. 하지만 와인은 그러면 안 된다. '재밌는 파트'를 온전히 즐기기 위해 기본적인 요소를 먼저 이해해야 한다.

다행히 그런 걱정은 필요 없을 것 같다. 우리는 이미 이번 챕

Chapter 2
와인은 포도가 전부가 아니다

터를 카리냥 포도송이처럼 으깨버렸으니 말이다.

To-Drink-List

1. 와인숍에 간다.
2. 버라이어털이 같고 생산자가 다른 와인을 두 병 산다. 오크 숙성 와인과 아닌 것을 고른다.
3. 두려워하지 말고 도움을 청하자! 그러라고 있는 사람들이다. 내 말을 믿어라.
4. 두 와인을 각각 마셔본다.
5. 두 와인이 어떻게 다른지 느껴본다. 오크향은 풍미가 뚜렷해서 와인제조자의 기법에 따라 똑같은 포도가 어떻게 달라지는지 확연하게 알 수 있다.

Chapter 3

건강을 생각한다면 와인의 성분에도 신경쓰자

바이오다이내믹, 유기농,
내추럴 와인은
도대체 무엇인가?

┌─ WINE. ALL THE TIME. ─┐

　와인숍, 와인바, 심지어 식료품점에서도 이 단어들을 들어봤을 것이다. 와인도 수제맥주, 유기농 제품, 현지 농산물 먹기 운동 등의 유행을 따라 하는 것처럼 보이겠지만, 아니다. 이는 와인이 상업화되기 수세기 전부터 우리 조상이 만들던 옛 방식으로 돌아가자는 움직임이다. 좋았던 옛 시절에는 와인에 쥐 혈액이나 생선 부레가 들어 있을지 모른다는 걱정을 할 필요가 없었다. 그렇다, 제대로 읽은 것이 맞다. 미리 양해를 구하지만, 이번 챕터를 읽고 나면 자주 마시던 4달러짜리 와인이 다르게 보일 것이다. 하지만 동시에 유기농, 내추럴이 어떤 의미인지 정확히 알게 될 것이다. 그리고 상업용 와인이 왜 역겨운지, 사람들이 케일의 원산지는 따지면서 와인의 출처는 왜 신경쓰지 않는지 낱낱이 밝혀주겠다.

　내추럴 와인이 뭔지도 몰랐던 내가 내추럴 와인과 이토록 깊은 사랑에 빠질 줄 누가 알았던가? 처음에는 아는 정보가 '코리

카트라이트(Cory Cartwright)'라는 수입상 이름밖에 없었다. 트위터에서 그를 팔로우하기 시작했고, '도메인 엘에이'라고 어디선가 들어본 적이 있는 와인숍에서 시음회를 연다기에 우연히 발길이 닿았다.

때는 2013년 초였다. 싸구려 와인 들이켜기를 벗어난 지 얼마 안 되는 시기였다. 코리가 따라주는 와인들은 하나같이 난생처음 느껴보는 맛이었다. 듀플레시스 샤블리(Duplessis Chablis)는 석회암으로 만든 수영장 내벽과 허니서클(인동초) 맛이 났고, 메종 퓌르 보졸레 누보(Maison PUR Beaujolais Nouveau)는 크랜베리 농축액 맛이 번개처럼 스쳐갔다. 레 카프리야드 피에주 아 피유 로제(Les Capriades Piége à Filles rosé) 와인은 석류 시폰케이크 맛이 느껴졌다. 모두 코리가 공동창업한 회사인 셀렉시옹 마살(Selection Massale)에서 수입한 와인이다. 라이트 바디 와인이 이토록 많은 풍미를 갖췄다는 게 놀라웠다. 산미가 혀 위에서 춤을 추었다. 마치 시트콤 〈플레전트빌〉에서 엄마가 욕조에서 난생처음 마스터베이션을 하고 나자 갖가지 색상이 눈앞에 펼쳐지는 장면을 연상시켰다. 이제는 유통기한 지난 화장품과 과일바구니 맛이 나는, 쾌락이 생략된 밋밋한 흑백색 같은 6달러짜리 와인으로 다시는 돌아갈 수 없게 됐다.

그날 이후 무엇에라도 홀린 듯이 셀렉시옹 마살의 수입 와인을 찾아 도메인 엘에이를 내 집처럼 드나들었다. 어찌나 걸신들린 듯 마셔댔는지, 은행잔고가 바닥날 지경이었다. 마치 천국의 문이 열리고 신이 프랑스 레드 와인을 양팔 한가득 안고 다가와

Chapter 3
건강을 생각한다면 와인의 성분에도 신경쓰자

서 이렇게 말하는 듯했다. "마리사, 오직 너만을 위해서 만든 와인이란다." 구름 사이로 비치보이스가 부르는 '굿 바이브레이션스(즐거운 떨림)'의 노랫소리가 울려 퍼지듯 기분 좋은 목소리로 말이다. 불가능하다고 생각했는데, 내가 사랑하는 모든 맛을 한데 모아놓았다. 신맛, 짠맛, 자글거림(gritty), 탄산감이 어우러져서 신맛 캔디와 포테이토칩 맛이 났다! 와인에서 말이다!

그러는 동안에도 내가 '내추럴 와인'을 마신다는 자각이 없었다. 그냥 '내가 이제 10달러가 넘는 와인을 마시게 됐구나'라는 생각뿐이었다.

내가 마시는 다른 모든 와인처럼 내추럴 와인에 대한 사랑도 무의식적으로 시작되었지만, 서서히 그 이상의 의미를 지니게 되었다. 내추럴 와인을 마시고 리뷰를 쓰려고 정보를 검색할 때마다 토끼굴처럼 새로운 질문이 꼬리에 꼬리를 물었다. '바이오다이내믹이 무슨 뜻이지? 양조장이 주장하는 대로 포도원이 화학물질을 쓰지 않는다면, 다른 포도원은 화학물질을 쓴다는 말인가? 잠깐, 와인에는 화학물질이 안 들어가는 줄 알았는데?!'

그렇다. 포도원도 화학물질을 쓴다. 그리고 와인에는 화학물질이 들어간다. 그것도 아주 많이. 내가 요즘에 내추럴 와인을 마시는 이유도 이 때문이다. 가능한 친환경적인 삶의 방식을 유지하는 게 중요하다는 신념 때문이다. 특히 기후변화 문제가 갈수록 심각해지고, 금전적 이해관계 때문에 현상 유지를 원하는 세력이 환경발전을 저해하는 상황인 만큼 더욱 그렇다. 또한 와인에는 포도와 토지의 진실한 맛이 담겨야 한다고 믿기 때문이다. '와인 같은 맛'을 내지만 실체는 화학물질을 들이부은 쓰레기 주스가 아니라 말이다. 그리고 내추럴 와인이 지구를 보호하는 데 도움이 되고, 결국 소비자에게도 유익하기 때문이다. 마지막으로 내추럴 와인에서 시큼한 자두맛 풍선껌에 발사믹 식초와 분필 가루를 뿌린 맛이 나기 때문이다. 와인저장실 안팎으로 올바른 길을 고집하는 소규모 와인제조자를 지지하는 일만큼 중요한 것은 없다.

그 말인즉슨, 다시는 레스토랑에서 발끈하지도, 디너파티 주최자의 와인 선택을 문제 삼지도, 와인 한잔하면서 즐거운 시간을 보내려는 사람들에게 일장 연설을 늘어놓지도 않겠다는 말이다. 그리고 다시는 세심하게 공들여 빚은 이 아름다운 와인을, 엄밀히 따지면 '내추럴'이 아니라는 이유로 거절하지 않겠다. 내가 내추럴 와인을 대하는 자세는 다른 와인을 대할 때와 다름없다. 남을 판단하고, 창피를 주고, 설교하는 데는 관심 없다. 내 관심사는 오로지 좋은 와인을 마시면서 즐거운 시간을 갖고, 당신이 현명한 선택을 하도록 정보를 주는 일뿐이다.

그래도 여전히 궁금하다!
무슨 뜻인지 명확히 알아보자!

당신도 어디선가 유기농 포도라고 적힌 와인을 본 적이 있을 것이다. 아니면 자연 식품 코너에 '내추럴 와인'이라고 적힌 플

Chapter 3
건강을 생각한다면 와인의 성분에도 신경쓰자

랜카드를 발견하거나, 지속가능성을 홍보하는 스티커가 붙은 와인병을 집어든 적이 있을 것이다. 유의어 사전에도 모두 같은 뜻이라고 나올 것 같지만, 이는 'your(너의)'와 'you're(너는)'를 혼용하는 것과 다름없다. 인터넷상에서는 유기농과 바이오다이내믹을 구분하지 못해도 무식해 보이지 않겠지만, 와인숍에서 그런다면 모두가 혼란스러울 것이다. 그럼, 비상업적 와인을 구매할 때 알아야 할 용어들을 알아보자.

유기농 와인은 정부가 인공 화학물질, 비료, 살충제, 살균제, 제초제를 사용하지 않고 포도를 재배하도록 규제하고 인증한다는 점에서 유기농 식품과 매우 흡사하다. 미국에서 인증받은 유기농 와인은 유기농법으로 재배한 포도를 사용하고, 이산화황을 첨가하지 않는다. 유럽에서는 유기농법으로 재배한 포도를 사용하되, 이산화황을 첨가하기도 한다. 그러나 '유기농 포도로 만들었다'고 적혀 있지만 인증은 받지 않은 와인을 종종 마주치게 된다.

바이오다이내믹 와인은 정부의 규제를 받지는 않지만, 오스트리아 철학가인 루돌프 슈타이너(Rudolf Steiner)의 이데올로기를 바탕으로 하는 정신적인 접근법과 농법을 철저하게 따른다. 바이오다이내믹 농법은 모든 화학물질을 반대하는 유기농법적 부분도 포괄하면서, 한발 더 나아가 포도원 자체를 하나의 생태계로 보고 균형을 유지해야 한다고 믿는다. 여기서 말하는 균형은 특별한 토지와 퇴비를 준비하는 복잡한 과정을 거쳐서 유지된다. 『십대를 위한 마법주문서(The Teen Spell Book)』의 후속작에 등장하는 이교도 의식처럼 보이기도 한다. 이에 따르면, 쥐오줌풀 꽃즙을 퇴비에 뿌리고, 뿔에 거름을 채워서 땅에 묻은 다음 달의 주기에 맞춰서 다시 파내야 한다.

내추럴 와인도 정부의 규제를 받지 않기 때문에 이 용어가 애매모호하게 사용되고 있다. 일반적으로 화학물질과 살충제를 쓰지 않고 포도를 재배하고, 건지농법을 지키고, 손으로 직접 수확하고, 오직 천연효모균만 사용했음을 의미한다. 그리고 첨가제와 청징제를 넣지 않고, 여과 작업이나 이산화황도 거의 사용하지 않는다. 아무것도 제거하지도, 첨가하지도 않는다.

지속 가능한 와인의 경우, 보통 유기농법으로 재배된다. 와인 제조자가 에너지와 물을 절약하는 등 사회적 책임감을 갖고 친환경적인 태도를 취하는 경우에 이 용어를 사용한다.

개입을 최소화한 '로우 인터벤션' 와인

외인을 만들 때 외부 개입을 최소화했는데도 앞서 언급한 용어 중 어디에도 해당하지 않는 경우가 있다. 철저하게 유기농법을 지켰음에도 돈이 없어서 인증을 받지 못했을 수도 있고, 와인제조자가 유익하다는 판단 하에 이산화황을 최소한만 넣었는데 이것 때문에 유기농 인증에서 제외되었을 수도 있다. 어쩌면 잠시 마음이 느슨해지는 바람에 근본적으로 바이오다이내믹이 맞는데도 '바이오다이내믹'에서 제명당했는지도 모른다. 로우 인터벤션(Low-Intervention)이라는 용어는 이런 와인을 모두 수용하기 위해 만든 '잡동사니 파일'

Chapter 3
건강을 생각한다면 와인의 성분에도 신경쓰자

이다. 와인제조자가 나서서 '우린 이거다, 저거다'라고 할 수 없지만, 개입을 절대적으로 최소화한 와인을 모두 포괄한다. 소비자가 와인제조자를 신뢰하는 것이다. 이산화황을 첨가했든, 달 주기를 무시하고 포도를 심었든, 와인제조자가 최대한 자연적인 상태를 유지하면서 최고의 상품을 만들기 위해 최선의 선택을 했다는 사실을 믿는 것이다.

유기농, 내추럴, 바이오다이내믹 와인은 대체적으로 바디감이 라이트에서 미디엄이고(ABV가 높고 바디감이 묵직한 내추럴 와인도 있다), 산도가 높다. 별도의 첨가물이 들어가지 않기 때문에 테루아르가 내추럴 와인의 이런 특징에 결정적인 영향을 미친다. 그리고 여과 작업에 따라 질감이 자분거림에서 부드러움까지 달라진다. 탁한 정도도 마찬가지다. 이런 와인은 대부분 갓 담갔을 때 마시는 용도이므로, 판매자에게 문의하지 않고 숙성시키면 안 된다.

상업용 와인과 20대 초반의 '데이트'는 어떻게 닮았는가?

나는 20대 초반에 진짜 '데이트'를 해보지 못했다. 내 생각에 데이트라는 단어는 엄마랑 이야기할 때 민망해하지 말라고 만들어진 것 같다. "서핑하는 애랑 잠자리한 지 몇 주 됐어요. 그

애가 정말 좋아요. 마리화나를 피우면서 〈허슬 앤 플로우〉[21]만 봐서, 대화는 거의 하지 않지만요." 엄마한테 이렇게 말할 수는 없지 않은가?

다들 살면서 이런 '관계'를 겪었을 것이다. 앞서 등장한 서퍼처럼 마리화나에 정신이 팔려 있을 수도 있고, 다소 '오버스러운' 브런치광일 수도 있고, 늦은 밤에 바에서 '이봐, 거기'라며 삼개월마다 한 번씩 작업을 거는 머저리일 수도 있다. 내가 주로 만났던 상대는 자정 전에 문자 한 통 보낼 줄 모르는 뮤지션들이었다. 그렇다, 낮에는 한 번도 만난 적이 없다. 다음 날 아침에 상대편 집 앞의 푸드 트럭에서 부리토를 사 먹고, 하이힐을 손에 든 채 내 차로 돌아오는 시간을 제외하고는 말이다. 그래도 4개월은 만났다! 그리고 공연도 빠짐없이 보고, 가끔 공연 뒤풀이에도 초대받았다. 그때는 우리가 로스앤젤레스 인디록계의 둘도 없는 천생연분인 줄 알았다. 무직인 데다 머릿속에 펠라티오 생각밖에 없는 골초라는 현실은 눈에 들어오지 않았다. 무슨 말을 해도 재밌고, 대충 걸쳐 입은 셔츠도 멋지고, 웨스 앤더슨 감독의 영화가 취향인 점도 좋았다. 난 겨우 스물두 살이었고, 그런 단순한 꼴통들한테 내가 얼마나 아까운 사람인지 몰랐다.

상업용 와인은 단순한 꼴통과 똑같다.

내 말이 의심스럽다면, 내가 '마시던' 와인에 대해 알려주겠다. 그는 매우 유명하며, 당신도 익히 들어 잘 알고 있다. 우리 둘

---

21 미국 범죄영화.

Chapter 3
건강을 생각한다면 와인의 성분에도 신경쓰자

다 그를 입에 머금은 적이 있다(그렇다고 어색해지지는 말자). 여기서 그의 이름을 밝히고 싶지는 않다. 그건 상당히 무례하고 어른스럽지 못한 행동이니까. 그냥 '척'이라고 부르겠다.

나는 20대 초반에 척한테 푹 빠져 있었다. 하지만 나는 척을 마셨던 게 아니라 들이켰었다. 그와 친밀한 시간을 충분히 갖지 않았다. 시간을 들여서 진지하게 살펴보고, 향기를 맡고, 맛을 감상하지 않았다. 그리고 실제로 그리했더니, 진심으로 그가 싫었다. 내가 '데이트'했던 남자들과 같은 부류였다. 그 남자들은 뮤지션처럼 보였고, 뮤지션 같은 냄새를 풍겼고, '음악'을 연주했다. 그렇다면 내가 그들과 함께하는 시간을 진심으로 즐겼던가? 아니었다. 하지만 기타리스트와 자는 것이, 기타리스트와 자지 않는 것보다 재밌어 보였다. 척도 와인처럼 보이고, 와인 같은 냄새를 풍기고, '와인' 같은 맛을 냈다. 그렇다면 내가 척을 마시는 걸 진심으로 좋아했던가? 아니었다. 하지만 와인을 들이켜는 일은, 와인을 들이켜지 않는 것보다 재밌어 보였다.

하지만 어느 시점이 되면, 당신의 선택을 의심하게 만드는 부분이 하나둘씩 눈에 들어오기 시작한다. 당신이 '데이트'하는 그 사람은 보아하니 침대 시트를 단 한 번도 세탁한 적이 없다. 아예 처음부터 시트가 없었는지도 모른다. 크리스마스 무늬의 플리스 담요를 매트리스에 대충 깔아놓았는데, 당신이 너무 취해서 알아차리지 못했나보다. 그 사람과 보내는 시간이 길어질수록 역겨운 모습만 계속해서 늘어난다. 친애하는 독자여, 대량생산되는 상업용 와인도 마찬가지다. 그 친숙한 라벨 아래에 화학물질, 첨가제, 으스러진 새의 사체가 한가득 들어 있다. 제대로 읽은 게 맞다. 분명 '으스러진 새의 사체'라고 했다. 곤충, 쥐, 다람쥐 등 대량 재배하는 포도원에 서식하는 수많은 동물사체가 그 속에 들어간다. 혹시 대학교에서 친하게 지내던 히피족 친구가 페이스북에 끊임없이 올리는 고발성 글에 등장하는 대기업과 대규모 와인생산업자가 다르다고 생각했다면, 대단한 착각이다. 상업용 와인생산업자는 농기계에 달린 고무막대기로 나무를 쳐서 포도를 수확하는데, 이때 온갖 것들이 컨베이어 벨트에 떨어져서 수확통으로 들어간다. 나중에 여과 작업을 한다 해도 이미 통 속에 여우가 들어간 이후의 일이다. 뭐, 당신이 마시는 와인에 여우가 여러 마리 들어 있는 건 아닐 거다. 하지만 하루에 수백 톤의 포도를 수확하기 때문에 당연히 으스러진 새의 사체처럼 MOG(포도 이외의 이물질)가 대거 들어갈 수밖에 없다. 그러니까 소량이라도 여우 사체를 먹었을 가능성은 얼마든지 존재한다.

그렇다면 이번에는 수확 기계가 동물은 걸러내고 수확한다고 가정해보자. 그렇다 하더라도 대량의 포도를 한꺼번에 수확하기 때문에 품질 관리가 불가능하다. 설익고, 병들고, 썩은 포도가 섞여 있는 상태 그대로 으깨져서 와인으로 만들어진다. 또한 포도를 대량으로 다루다 보면 여린 껍질이 파손되어서 산화될 위험이 있다. 그러면 와인이 갈변하고, 식초 맛이 날 수 있다. 멋진 오크통에 넣을 거니까 다 괜찮다고 생각했다면 큰 오산이

Chapter 3
건강을 생각한다면 와인의 성분에도 신경쓰자

다. 그들은 디스트릭트 나인[22]처럼 생긴 장소에 와인을 운반해서 거대한 스틸 탱크에 붓는다. 210번 고속도로에 위치한 버드와이저 공장처럼 말이다.

혈액, 썩은 과일도 전혀 상관없다면, 비소는 어떻게 생각하는가? 주로 생선에서 발견되며, 사람 목숨에 치명적일 수 있는 비소 말이다. 2015년 3월, 와인 소비자들이 비버리지그레이드 연구소의 연구 결과를 근거로 캘리포니아 와인양조장 28곳을 고소했다. 이곳의 비소 사용량이 미국 환경보호청(EPA)이 권고하는 기준치보다 최대 500% 많았기 때문이다. 많은 제품에 비소가 자연적으로 존재하기도 하지만, 이 경우는 아니었다. 이들이 사용한 비소는 '무기비소'로 분류되는데, 이는 누군가 고의적으로 넣었음을 의미한다.

하지만 이는 처음 있는 일이 아니다. 15년마다 이런 뉴스가 불거지지만, 사람들은 그때만 놀랄 뿐 금세 잊고 원래의 와인 소비 패턴으로 돌아간다. 그리고 15년이 지나면, 처음 듣는 것처럼 또다시 충격을 받는다. 와인에 화학물질이 들어간다는 사실(캘리포니아뿐만 아니라 전 세계 와인이 그렇다)은 1960년대부터 제기되어 왔다. 1968년에 이탈리아에서 가짜 와인 소동이 일어났다. 배럴통 바닥에 남은 와인 찌꺼기에 비트 슈거(사탕무 설탕), 페로시안화칼륨, 우물물, 소의 혈액, 에틸 클로로카보네이트를 섞어서 만든 혼합물이었던 것이다.

---

22 영화 속에 나오는 외계인 수용 구역.

오늘날에도 와인에 수십 가지의 화학물질이 들어간다. 와인 회사는 이를 고지할 법적 의무가 없다. 그러나 친구로서 말하는데, 당신이 꼭 제대로 알았으면 좋겠다. 만약 미국식품의약국(FDA)이 상업용 와인양조장에게 모든 와인 성분을 표기하게 만든다면, 게토레이 음료수 라벨을 읽고 있는 듯한 착각이 들 것이다. 일반적으로 와인에 들어가는 가장 흔한 성분은 이산화황, 아스코르빈산(비타민C), 점토, 산, 당분, 배양 효모, 젤라틴, 숯, 달걀, 카세인(우유 성분), 부레풀(말린 물고기 부레에서 얻은 콜라겐) 등이다. 이마저도 수입 성분의 일부만 나열한 것이다.

우리 몸은 이 모든 화학물질과 첨가물을 견뎌내지 못한다. 이런 '와인'을 마신 뒤 찾아오는 숙취는 와인이 주범이 아니라, 하룻밤 만에 탄산음료 2리터와 맞먹는 화학물질이 몸에 들어왔기 때문이다. 만약 당신의 친구가 흥에 겨워서 대용량 스프라이트를 벌컥벌컥 들이켰다고 생각해보라. 당신이 아무리 틈틈이 물을 마시게 했더라도, 다음 날 뻗어서 출근하지 못했을 게 뻔하다. 우리 몸은 천연성분과는 달리 화학물질과 첨가물을 소화하지 못한다. 탄수화물과 당분은 다이어트에는 도움이 안 되지만, 몸을 활발하게 움직이면 에너지로 사용된다. 그러나 화학물질과 첨가물은 아무 쓸모가 없어서 우리 몸에 그대로 축적된다.

온갖 것을 집어넣고 날림으로 만든 상업용 와인이 신선하고 맛있게 느껴진대도 전혀 놀랍지 않다. 얇고 촉촉한 패스트푸드 버거가 사실 정체를 알 수 없는 고기와 설탕의 응집체인 것처럼 말이다. 이런 와인은 혀끝을 때리는 일차원적인 첫맛 말고는 풍

Chapter 3
건강을 생각한다면 와인의 성분에도 신경쓰자

미가 전혀 없다. 좋은 와인이 아니기 때문이다. 복합적인 풍미가 없는, 화학적 조합으로 만들어진 '와인 맛' 음료수에 불과하다. 좋은 와인은 당신의 모든 감각을 자극한다. 뇌, 창의력 등 모든 부분을 건드린다. 무엇보다 혀끝부터 뿌리까지 입안 전체를 자극한다. 성적으로 느껴지는가? 좋다, 그게 맞다. 단조로운 잠자리 상대와는 오래가지 못한다. 와인도 마찬가지다. 일차적인 '와인 맛'을 내는 와인만 주구장창 마실 수는 없다.

당신이 상업용 와인을 마신다고 창피를 주려는 건 아니다. 처음부터 소울메이트를 만나고 고급스러운 보르도를 마시는 사람은 없다. 대부분 와인 잔 하나 없이 찰스 쇼를 마시고, 성냥갑 같은 침실에서 '데이트'를 시작한다. 그래도 괜찮다! 다만 이런 와인이 당신에게 얼마나 해로운지 깨닫길 바랄 뿐이다.

새싹채소에 신경쓸 여유가 있다면 와인에도 신경쓰자

내가 사는 실버레이크 동네의 거리 끝에서 매주 토요일마다 파머스 마켓이 열린다. 주말 아침마다 부지런히 일어나서 언덕 너머에 장을 보러 가는 일은 내가 가장 좋아하는 주말 일과이다. 남편과 나는 일종의 의식처럼 부부가 운영하는 건너편 커피숍에 가서 1리터짜리 텀블러에 아이스커피를 가득 채운다. 그리고 오늘은 주인 부부가 아기를 데려오지 않았을까 하는 기대감에 가게 안을 두리번거린다. 그런 다음 단골 채소 장수한테 간다. 다른 가게도 있지만, 여기에 우리가 좋아하는 녹색 채소와 마켓에서 가장 향긋한 로즈마리가 있다. 무엇보다 파슬리와 고수를 구분하지 못해도 전혀 민망하지 않다.—지금은 파슬리와 고수를 구분할 줄 안다! 아침 9시인 데다 취한 상태(그래야 시장에 갈 힘이 생긴다)라서 헷갈린 거다.— 그리고 오늘은 버섯 장수가 나왔기를 기대해보지만, 최근 들어 계속 보이지 않는다. 대신 생선 장수와 지속 가능하고 친환경적인 선택에 대해 즐겁게 대화를 나눈다. 마지막으로 장터 맨 끝에 있는 꽃집으로 달려간다. 튤립 한 다발을 여섯 송이 가격에 사 들고 집으로 돌아와서 재즈 기타리스트인 장고 라인하르트(Django Reinhardt)의 음악을 들으며 꽃꽂이를 한다. 그리고 점심으로 타말레(tamale)[23]를 사 오는 것도 잊지 않는다. 가족이 운영하는 타말레 부스는 십대 딸이 도맡아 일하고 있다. 중학생 남자애들이 부스 주변을 서성이며 여자애를 장난스럽게 놀린다.

 나는 파머스 마켓을 사랑한다. 이곳의 신선한 상품도, 사람도 좋다. 커피숍 부부가 아기를 달래듯 부드럽게 호박꽃을 다루는 농부, 사람들이 연어만 찾는 게 무던히도 마음에 안 드는 어부, 한창 늦잠 잘 나이에 가족을 돕기 위해 타말레 부스를 도맡는 어린 여자아이…. 내게는 이 사람들과 그들이 운영하는 작은 사업체를 지지하는 일이 매우 중요하다. 그래서 지역경제에 이바지

---

23 옥수수 반죽 사이에 여러 가지 재료를 넣고 익히는 멕시코 요리.

Chapter 3
건강을 생각한다면 와인의 성분에도 신경쓰자

하고, 화학물질을 사용하지 않는 친환경 농법을 지지하는 일이 중요하다. 이것이 내가 파머스 마켓에 가는 이유다. 다른 사람들도 나와 같은 이유로 파머스 마켓을 찾는다고 생각한다. 자신의 입으로 들어가는 음식이 무엇인지, 우리 지구가 어떻게 취급되고 있는지 걱정하고, 지역사회와 소상공인을 지지하기 때문이라고.

그런데 파머스 마켓에서 사람들이 하는 이야기를 듣고 있자면, 도통 이해가 안 간다. 〈본 아페티〉 최신호에 나온 채소를 봤다면서 호들갑스럽게 새싹채소와 파를 예찬하고, 살충제, 유전자변형식품(GMO), 산업형 농장이 배출하는 폐수를 신랄하게 비난한다. 그래놓고는 모퉁이에 있는 주류 판매점으로 쏙 들어가서 미국 전역의 식료품점에 깔린 최저가 스파클링 와인을 사 들고 나온다.

대부분의 사람은 음식을 생각하듯 와인을 생각하지 않는다. 하지만 이제부터라도 그렇게 하는 게 중요하다. 베이비 젬 레터스(미니 상추)와 라디치오(적색 치커리)와 마찬가지로 와인도 농산물이다. 대량생산되는 상업용 와인은 우리가 기피하는 농작물 코너의 채소와 같은 방식으로 재배된 포도로 만들었다.

내추럴 와인을 마시는 일은 더 나은 농법을 지지하는 일과 같다. 파머스 마켓에서 펜넬을 사는 것과 같은 셈이다. 물을 오염시키는 살충제, 살균제, 합성비료를 사용하지 않고, 이산화탄소 흡수율이 높은 유기농법을 선택한 와인제조자를 지지하는 일이다. 유기농법 하나로 기후변화를 멈출 수는 없지만, 동식물이 번

성하는 건강하고 자연적인 생태계를 조성하는 올바른 길로 가는 선택이다. 게다가 내추럴 와인은 건지농법을 사용한다. 즉, 인위적인 관개를 하지 않고 자연적인 강우량에 의존하기 때문에 수자원을 낭비하지 않는다.

내추럴 와인은 환경뿐 아니라 소상공인에게도 도움이 된다. 부유한 백인 남성이 퇴직하고 여유로운 나날을 보내던 중 어느 날 갑자기 플리스 조끼를 사 입고 새로운 취미로 조지 H.W. 부시 정권 때부터 마신 나파 카베르네(Napa Cabernet) 같은 와인을 만들겠다고 마음먹는다고 하루아침에 내추럴 와인제조자가 되는 것은 아니다. 내추럴 와인제조자는 소규모 사업체 소유주이다. 와인 만드는 일에 자신의 전부를 헌신한 사람들이다. 낮에는 기존의 직업을 유지하고 밤에는 와인을 만들며 꿈을 좇는 사람도 있다. 와인을 대량생산하는 대규모 제조업자는 겉만 번드레한 '샤토(성)'에 편히 앉아 있다. 우리가 상업용 와인을 사는 일은 '부가 끝없이 샘솟는 그들의 분수대'에 동전을 던지는 일밖에 안 된다. 그러나 내추럴 와인제조자에게는 우리가 사는 와인 하나하나가 양조장 문을 닫을지 말지를 결정하는 차이를 만들어낸다.

나는 신선한 농작물과 내추럴 와인을 쉽게 접할 수 있는 캘리포니아에 살아서 참으로 복 받았다고 생각한다. 하지만 유기농 식품과 수제 맥주도 십 년 전에는 보기 힘들었지만, 이제는 어디서나 찾아볼 수 있다. 사람들이 이를 원하고, 구매한 덕분이다. 내추럴 와인도 갈수록 접근성이 좋아지고 있다. 그러니까 부디

Chapter 3
건강을 생각한다면 와인의 성분에도 신경쓰자

다음에 장을 보러 갈 때, 새싹채소를 생각하는 만큼만 와인 코너 앞에서도 고민해주길 바란다.

내추럴 와인도 다른 와인과 다를 바 없다. 단순히 트렌드를 추구하는 사람도 있지만, 돈을 벌려는 목적이 아니라 오직 와인을 만드는 일에 열정을 쏟는 사람도 있다. 마찬가지로 잘 만든 훌륭한 내추럴 와인도 있지만, '똥 밟은 것'처럼 형편없는 내추럴 와인도 있다(문자 그대로 '외양간' 같은 아로마를 가진 내추럴 와인도 많다). 일단 직접 시도해보자. 당신 자신과 지구와 소상공인에게 얼마나 유익한 선택인지 감안하면 충분히 그럴 가치가 있다고 믿는다.

To-Drink-List

1. 내추럴 와인을 적어도 한 번은 시도한다.
2. 테이스팅 노트에 적고, 평소에 자주 마시는 10달러 이하 와인과 어떻게 다른지 비교한다.
3. 다음 날 놀랍게도 숙취가 없음을 느끼고, 즐긴다.

Chapter 4

보고, 맡고, 맛을 느껴라!

와인
테이스팅

── WINE, ALL THE TIME. ──

드디어 그토록 고대하던 시간이 다가왔다! 이제 와인을 마셔보자. 에헴, 내 말은, 와인을 음미해보자는 것이다. 이 둘은 캐치볼과 야구처럼 비슷한 듯 다르다. 공을 던지는 행위는 비슷하지만, 야구는 연습을 통해 기술을 터득해야 한다. 와인 테이스팅도 마찬가지다. 와인과 함께 '존재'하는 법, 구체적인 풍미와 감각에 집중하는 법, 이를 말로 표현하는 법을 연습해야 한다. 다행히 와인 테이스팅은 야구보다 훨씬 쉽다(마운드에서 수없이 눈물을 흘려봤고, 아직도 톰 행크스가 "야구선수는 울지 않는다!"[24]라고 소리치는 악몽에 시달리는 사람이 한 말이니, 믿어도 된다). 일단 시작하고 보는 거다. 그리고 여러 번 반복하다 보면 세상에 못할 일이 없다. 무엇보다 당신 옆에는 내가 있지 않은가? 내가 바로 옆에서 실시간 코치하고, 가끔 엉덩이도 두드려주면서(비유법이다!) 칭찬과 격려를 아끼지 않을 것이다. 맑은 정신과 가득 채운 잔만 있다면 절대 패배하지 않는다![25]

---

24 "There's no crying in baseball!" 코미디 영화 <그들만의 리그>에 나오는 대사.
25 「프라이데이 나이트 라이츠(Friday Night Lights)」 미국 드라마의 축구팀 구호인 "맑은 정신과 뜨거운 가슴만 있다면 절대 패배하지 않는다"를 패러디했다.

'와인 테이스팅'이라고 하면 이런 장면이 먼저 떠오른다. 부유해 보이는 백인 몇 명이 조용한 방에 모여서 와인을 홀짝인다. 한 여자가 영국 악센트를 살짝 섞어서 존에게 속삭인다. "존, 버드나무 껍질 맛이 느껴져요." 그러자 존은 고개를 저으며 와인을 능숙하게 통에 뱉곤 이렇게 말한다. "아니, 그게 아니에요, 펠리시아. 그렇게 하는 게 아니에요. 잔을 시계 반대 방향으로 돌려야죠. 그리고 자작나무 껍질이 맞아요." 그러면 한쪽 구석에 앉아서 와인을 마시던 나는 어디 악센트인지, 펠리시아가 버드나무라는데 왜 존이란 작자가 나서서 저 난리인지, 어디서 나무 맛 판별사 자격증이라도 딴 건지 궁금해할 것이다. 그리고 나 자신에게 묻는다. '도대체 어디서 나무껍질 맛이 난다는 거야? 나도 나무껍질 맛을 느껴야 하는 것 아냐? 그럼 이 와인에 나무껍질이 들어 있다는 소리야?!'

이런 압박감 때문에 사람들이 향을 맡고 잔을 돌리는 전통적인 와인 테이스팅 기법을 무시하는 거다. 나 역시 오랜 세월에 걸쳐 정립된 와인 테이스팅 기법을 존 같은 부류를 위한 요란한 쇼로 치부해버리고 싶다. 하지만 사실이 아니기 때문에 그럴 수 없다. 사실 알고 보면 굉장히 유용한 기법이다. 당신이 생각하는 그런 이유 때문이 아니다. 냄새를 맡고, 잔을 돌리고, 홀짝거리는 행위를 한다고 해서 갑자기 미뢰가 진화하지는 않는다. 나도, 당신도, 소믈리에 영화 주인공도 태생적으로 갖고 태어난 감각

Chapter 4
보고, 맡고, 맛을 느껴라!

을 그대로 사용하는 것이다. 대신 테이스팅 기법은 와인의 맛을 느끼는 민감성을 높인다. 이건 감각에 직접적인 영향을 미친다기보다는, 뇌와 관련이 더 깊다. 와인 테이스팅은 이전에 음미했던 와인을 기억하는 과정이기 때문이다.

참 간단해 보이지 않는가? 아마 이런 생각이 들 것이다. "나는 내가 좋아하는 와인을 정확하게 기억하고 있어요!" 하지만 진짜 그렇게 간단할까? 지난밤 저녁 식사 때 마셨던 와인이 참 맛있었다. 그런데 구체적으로 왜 좋았는지 기억할 수 있는가? 당신이 좋아하는 붉은색이라서? 당신이 좋아하는 디저트와 비슷한 맛이라서? 혹시 이름은 기억하는가? 안타깝게도 우리는 보통 이런 질문에 제대로 답하지 못한다. '내가 좋아하는 와인'이라는 감상은 나중에 똑같은 와인을 주문하거나 구매하고 싶을 때 아무런 도움이 되지 않는다. 바로 이럴 때 테이스팅 기법이 빛을 발하는 것이다. 와인을 마실 때 의식적으로 맛을 인지하고 마음 속으로 기록해두면 어떤 부분이 좋았는지 기억하기 쉬워진다. 무엇보다 당신이 좋아하는 와인을 또 마실 수 있다.

그렇다고 와인을 마실 때마다 장황한 설명을 늘어놓을 필요는 없다. 포틀랜드에서 3개월간 바텐더 보조로 일하면서 주위들은 '와인 팁'을 알려주겠다며 식사 자리를 지루한 장례식처럼 만들어버리는 사람은 어디서도 환영받지 못한다. 잊지 말자, 와인 테이스팅은 초능력이 아니다. **와인 테이스팅은 단순히 주의를 기울이는 행위다.** 우리는 일상에서 오는 수많은 스트레스 때문에 현재 눈앞에 펼쳐진 일에 집중하고, 그 순간에 온전히 '존재'하는 일이 드물다. 도리어 과거와 미래, 그리고 누가 어디에 무슨 글을 올렸는지에만 신경쓴다. 그러나 와인 테이스팅 과정은 우리를 외부로부터 차단시키고, 모든 감각을 동원해서 그 순간에 존재하고 집중하게 만든다. 그러면 와인을 다각적으로 바라볼 수 있게 된다. 이 과정이 자연스럽게 이루어지게 되면 와인에 대한 정보를 훨씬 쉽게 기억하게 된다. 그러니까 휴대폰을 잠시 내려놓고, 와인 잔을 들어라. 와인은 스스로 맛을 내지 않는다.

와인의 외관

실제 세계에서는 겉모습만 보고 사람을 판단하면 안 된다. 구린 록 밴드 티셔츠를 입은 사람을 봐도 평가하고 싶은 욕망을 억눌러야 한다. 하지만 와인의 세계에서는 얼마든지 겉만 보고 평가해도 된다. 오히려 그리리고 권장한다. 해방감이 얼마나 큰지 모른다. 만약 예상이 틀려도 와인을 마실 수 있고, 누군가 상처받는 일도 없다. 와인을 평가하는 일은 당신이 좋아하는 스타일을 찾는 첫 단계다.

앞서 와인양조법에서 배웠듯 와인의 색은 침용 단계에서 포도즙을 얼마나 오래 껍질과 접촉시키는가에 따라 달라진다. 그리고 색의 농도는 껍질의 두께에 따라 달라진다. 피노 누아처럼 포도 껍질이 얇으면 와인 색이 옅어지고, 카베르네 소비뇽처럼

Chapter 4
보고, 맡고, 맛을 느껴라!

껍질이 두꺼우면 색이 짙어진다.

　와인 색을 확인하는 가장 이상적인 방법은 흰 배경에 잔을 대고 45도 각도로 내려다보는 것이다. 잔의 정중앙이 와인의 실제 색이며, 겉으로 갈수록 옅어진다. 주위에 흰색 배경이 없어도 걱정할 필요 없다. 그래도 45도 각도로 최대한 색을 확인하고, 주변이 너무 어둡다면 눈높이에 맞게 잔을 들어서 불빛에 비춰본다.

　화이트 와인은 색이 옅을수록 상큼하고 신선하다. 색이 어둡고 금색에 가까울수록 복합미가 더욱 풍성해진다. 이런 와인은 오크 숙성일 가능성이 높다. 만약 갈색을 띤다면 와인이 산화된 것이다. 하지만 이게 꼭 나쁜 것은 아니다. 내추럴 와인은 일부러 산화시키는 경우도 많다. 고의로 산화시킨 건지 아닌지 걱정된다면 고민하지 말고 와인 판매자에게 문의하자. 특정한 목적을 갖고 숙련된 기술로 산화시킨 와인은 훌륭한 맛을 내지만, 예기치 못한 결함 때문에 산화된 와인은 맛이 형편없다. 이런 경우에는 반드시 환불받길 바란다.

　레드 와인은 색이 옅을수록 산뜻하고 시큼하며, 붉은색이 짙을수록 무겁고 볼드하다. 화이트 와인과 마찬가지로 색이 어두우면 오크 숙성일 가능성이 높다.

　색상 말고도 와인을 평가할 수 있는 요소가 많이 있다. 예를 들어서 와인의 투명도다. 탁한 와인은 내추럴 와인이거나 부패한 와인일 수도 있다. 바이오다이내믹 와인을 전문적으로 취급하는 와인숍에서 구매했다면 원래 탁한 색이 맞으므로 상했을까봐 걱정하지 않아도 된다. 하지만 일반 식료품점에서 구매했다면 아까워하지 말고 싱크대에 쏟아버리는 게 낫다. 침전물이 있는 경우도 마찬가지다. 내추럴 와인에 침전물이 있는 건 지극히 정상이다. 하지만 부모님 댁 근처의 식료품점에서 소비뇽 블랑을 샀는데 침전물이 발견됐다면 이건 문제가 있는 와인이다.

스월링 & 향 맡기

와인 색을 확인했다면 이제 잔을 돌리고 향을 맡을 차례다. 스월링과 향 맡기는 슬로우 댄스처럼 리드미컬하고, 부드럽고, 자연스러워야 한다. 먼저 와인 잔의 스템(Stem)(다리 부분)을 잡고 빙글빙글 돌린다. 몇 번 돌리고 나서 얼굴에 가까이 대고 숨을 깊게 들이마신다. 마치 술김에 말을 건넨 짝사랑 상대의 목덜미에 얼굴을 파묻듯 말이다. 좋은 와인이면 심장이 녹아내리면서 옆구리가 터지는 느낌이 들 것이다. 빈면 '내가 왜 재랑 춤추고 있지? 제발 데오드란트라도 바르지. 입술을 맞대는 참사가 일어나기 전에 도망쳐야 하는데'라는 생각이 들게 하는 와인도 있다. 이 책의 장르가 로맨틱코미디라면 딱 저런 와인과 결혼에 골인할 텐데 말이다.

스월링

스월링은 각자 자신만의 스타일로 춤을 추는 것과 같다. 난,

약간의 리듬과 기술을 가미해야 한다. 아니면 얼간이처럼 보이거나, 최악의 경우 와인을 튀기는 참사를 면치 못한다. 내면에 잠든 최고의 춤꾼인 프레드 애스테어(Fred Astaire)를 소환하고, 미국 역사상 최악의 춤사위를 선보인 일레인 베네스(Elaine Benes)를 잠재우고 싶을 것이다. 그럼 댄스플로어에 본격적으로 발을 들이기 전에 간단한 스텝을 먼저 배워보자. 스월링하는 데 필요한 기본 동작이다.

테이블 스월링

1. 테이블, 카운터, 책상 등 표면이 평평한 곳에 와인 잔을 놓는다.
2. 손바닥이 테이블을 향하게 놓고, 검지와 중지 사이에 와인 잔 스템의 끝부분을 끼운다.
3. 와인 잔의 베이스를 지그시 누르면서 손목을 이용해서 부드럽게 작은 원을 그린다.

손목 스월링

1. 와인 잔 스템의 베이스 부근을 잡는다.
2. 훌라후프를 돌리듯이 부드럽게 잔을 돌린다.
3. 사실 세 번째 스텝은 없다. 다만 테이블 스월링보다 어려우니까 과욕은 금물이다. 어설프게 와인 잔을 앞뒤로 흔들다가 다른 사람까지 멀미나게 만들지도 모른다.

사실 스월링은 어떻게 하든 크게 상관없지만, 반드시 거쳐야 하는 과정이다. 마치 DIY 키트를 만들 때처럼 "스팽글은 필요 없으니까 빼버려야지."라며 마음대로 빼버려선 안 된다. 스월링은 생략하지 말고 반드시 해야 한다(솔직히 말해서 스팽글도 꼭 달아야 하지 않을까?). 첫째, 와인의 아로마를 발산시키기 때문이다. 와인에는 산과 알코올의 화학반응, 박테리아, 발효, 숙성을 거쳐 형성된 수십 가지의 아로마 성분이 담겨 있다. 둘째, 와인과 공기를 접촉시킨다. 그러면 타닌과 산미가 부드러워져 맛이 향상된다(와인이 더 맛있어진다는데 누가 마다하겠는가?). 스월링 덕분에 와인의 풍미가 향상되는 경험을 직접 체감하면 이후로는 절대 스월링을 생략하지 않을 것이다.

와인의 레그

스월링은 와인 잔에 기묘한 자국을 남긴다. 이를 레그 또는 눈물이라고 부른다. 이를 뭐라고 부르든 와인의 품질과는 상관없으니까 괜한 걱정은 접어두자. 이 자국은 알코올 함량과 관련이 있다. 알코올 함량이 높을수록 자국이 많이 남는다.

향 맡기

와인과 춤도 한판 추었으니, 이제 얼굴을 가까이 대고 달콤한 향을 흠뻑 들이마실 차례다.

개인적이면서도 전문적인 소견을 말하지면 와인 테이스팅에서 향 맡기는 가장 중요한 단계다. 물론 시음하는 단계가 가장 즐겁지만, 혀는 실질적으로 다섯 가지 맛밖에 모른다. 단맛, 신맛, 짠맛, 쓴맛 그리고 불가사의한 감칠맛이다. 풍미는 향과 맛이 결합한 결과물이다. 와인을 마시기 전에 향을 맡지 않는 것은, 춤을 생략하는 것과 같다. 마치 전희를 생략하고 낯선 사람과 화장실로 직행해서 섹스하는 것과 같다. 재미는 보겠지만, 정수를 음미하지는 못한다.

'향 맡기'는 말 그대로 매우 간단하다. 그냥 냄새를 맡는 거다. 화려한 기술이나 춤동작도 필요 없다. 누구나 할 수 있다.

사람들이 흔히 하는 실수가 와인의 향을 맡자마자 장황한 묘사를 줄줄 읊어야 한다고 생각하는 것이다. 와인에서 낡은 이탈리아 가죽 냄새가 난다면 그대로 말하면 된다! 하지만 와인의 아로마를 판별하는 일은 어렵다. 세상에 존재하는 수많은 향기 중 하나를 콕 집어내기가 막막할 것이다. 그러나 와인의 '부케'(향기를 고급스럽게 표현한 단어)에 압도되는 기분을 이겨내야 한다. 이를 위해서 먼저 아로마를 카테고리별로 분류해보자.

와인의 1차향은 과일향, 흙냄새, 꽃향기, 녹색향, 향신료 등의 카테고리로 분류된다. 이보다 세부적이고 변칙적인 경우도 있지만, 먼저 큰 범주를 찾고 점차 범위를 좁혀가면 구체적인 향기를 쉽게 찾을 수 있다. 이전처럼 "제기랄, 이게 도대체 무슨 냄새지? 수백 가지가 넘는데!"라고 반응하는 대신, "이 카테고리 중에 한두 개인 것 같아. 내가 과일 냄새는 좀 아는데…. 아, 무슨 향인지 알겠다!"라고 말하게 된다. 1차향은 포도와 포도밭 자체에서 생성되는 향이다.

레드 와인의 과일향은 붉은색, 검은색 과일이다. 간단히 말해서 체리, 크랜베리, 딸기, 라즈베리, 블랙베리, 블루베리, 자두, 보이젠베리[26] 등이다. 땅콩버터 딸기 잼을 바른 샌드위치를 먹어봤다면 레드 와인의 과일향 찾기는 식은 죽 먹기다.

화이트 와인의 과일향은 시트러스, 열대과일, 나무 열매다. 시트러스라는 단어가 낯설지 않을 것이다. 시트러스는 레몬, 라임, 자몽 등을 가리킨다. 열대과일은 파인애플, 구아바, 패션프루트 등 휴양지를 연상시키는 모든 과일을 말한다. 나무 열매는 와인의 세계에서만 쓰이는 용어로 사과, 복숭아, 배, 천도복숭아 등 화이트 와인에서 느껴지는 나무 열매향을 아우른다.

주목할 점: 아이러니하게 와인에서 포도 냄새는 나지 않는다.

흙냄새는 흙, 먼지, 진흙, 자갈 그리고 점판암, 석회암 같은 광물 냄새를 연상시킨다. 흙냄새는 포도가 자란 환경, 즉 '테루아르'에서 오는 것이다. 제대로 발음하기조차 힘든 이 프랑스 단어는 흙, 경사지, 기후, 식물, 무기질 등 포도원의 전반적인 환경을 포함한다.

꽃향은 잔잔한 봄바람부터 강렬한 향수 냄새까지 광범위하다. 일반적인 꽃향에는 장미, 라벤더, 제비꽃, 치자꽃 등이 있다.

녹색향은 타라곤, 타임, 민트와 같은 허브와 갓 깎은 잔디향이다. 또한 녹색 피망, 할라페뇨 그리고 녹색은 아니지만 토마토와

---

26 블랙베리, 라즈베리, 로건베리를 교배한 딸기다.

같은 채소도 포함한다.

향신료 냄새는 보통 흑후추와 백후추 냄새를 말한다. 종종 정향, 계피, 육두구, 팔각 냄새도 난다.

와인에는 발효와 숙성 과정에서 생성되는 2차, 3차향도 있다. 2차향은 발효 단계에서 효모와 같은 미생물 때문에 생성되며, 주로 빵 냄새와 크리미한 냄새를 풍긴다. 3차향은 숙성단계에서 생성되며, 주로 담배와 커피의 향이 난다. 오크 숙성 와인은 바닐라와 훈연한 향을 발산한다.

와인의 결함도 특유한 냄새를 만들어낸다. 와인을 잘못 만들거나 엉망으로 보관해서 문제가 생기면 와인에 '결함'이 있다고 본다. 화학책처럼 그 이유를 장황하게 설명하지 않겠다. 다만 와인에서 젖은 개, 판지, 퀴퀴한 다락방, 유황, 그을린 고무, 곰팡이, 강렬한 식초 냄새가 난다면 무조건 조심해야 한다.

어쩌면 이런 생각을 할지도 모르겠다. "이봐, 와인에서 진짜 이 모든 향이 난다는 거야?" 단언컨대 진짜 이런 향이 난다. 당신도 언젠가 맡게 될 것이다. 이제 와인에서 어떤 향이 나는지 알았으니, 연습하는 일만 남았다. 여기서 '연습'이란 '와인 한잔하기'를 말한다. 바쁜 일정에도 와인 한잔 마실 시간은 충분히 낼 수 있다고 믿는다.

PRIMARY [1차향]

FLORAL
• 꽃향기 •

FREESIA	프리지어
GARDENIA	치자꽃
HONEYSUCKLE	허니서클(인동초)
IRIS	붓꽃
JASMINE	재스민
LAVENDER	라벤더
PEONY	작약
ROSE	장미
VIOLET	제비꽃

CITRUS
• 시트러스 •

GRAPEFRUIT	자몽
LEMON	레몬
LIME	라임
ORANGE	오렌지
TANGERINE	귤

TREE FRUIT
• 나무 열매 •

APPLE	사과
APRICOT	살구
NECTARINE	천도복숭아
PEACH	복숭아
PEAR	배

TROPICAL FRUIT
• 열대과일 •

BUBBLEGUM	풍선껌
GUAVA	구아바
KIWI	키위
LYCHEE	리치
MANGO	망고
PINEAPPLE	파인애플

RED FRUIT
• 붉은색 과일 •

CHERRY	체리
CRANBERRY	크랜베리
POMEGRANATE	석류
RASPBERRY	라즈베리
RED CURRANT	레드커런트
STRAWBERRY	딸기

BLACK FRUIT
• 검은색 과일 •

BLACKBERRY	블랙베리
BLACK CHERRY	블랙체리
BLACK CURRANT	블랙커런트
BLUEBERRY	블루베리
BOYSENBERRY	보이젠베리
PLUM	자두

DRIED FRUIT
• 말린 과일 •

DATE	대추야자
FIG	무화과
RAISIN	건포도

SPICE
• 향신료 •

ALLSPICE	올스파이스
ANISE	팔각
BLACK PEPPER	흑후추
CINNAMON	계피
WHITE PEPPER	백후추

GREEN
• 녹색향 •

ALMOND	아몬드
BELL PEPPER	피망
EUCALYPTUS	유칼립투스
GOOSEBERRY	구스베리
GRASS	잔디
JALAPEÑO	할라페뇨
MINT	민트
TARRAGON	타라곤
TOMATO	토마토
TOMATO LEAF	토마토 잎
THYME	타임

EARTH
• 흙냄새 •

BEETS	비트
CLAY	진흙
DUST	먼지
PETROLEUM	석유
SLATE	점판암
VOLCANIC ROCKS	화산암
WET ROCKS	젖은 돌

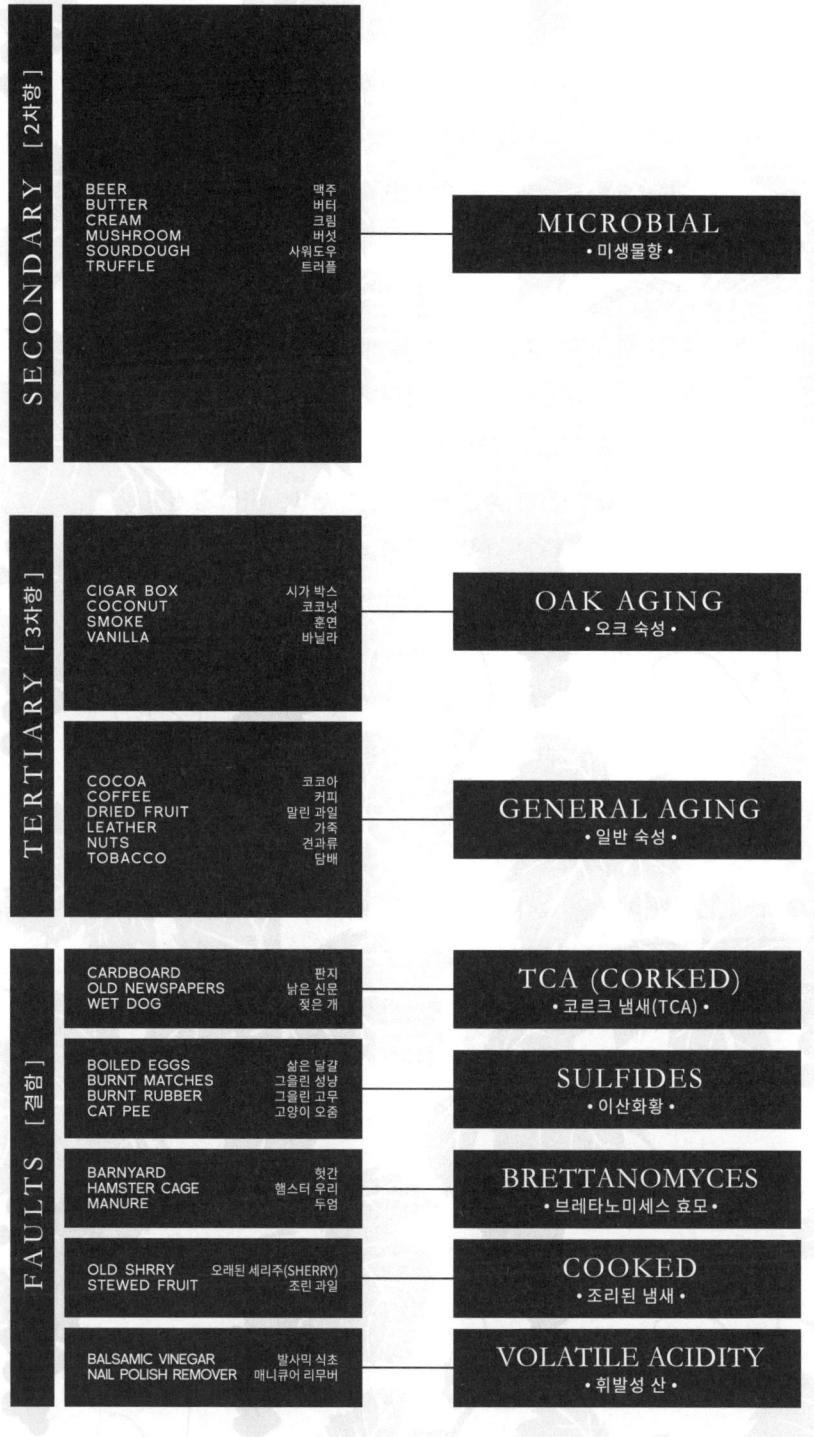

맛보기

드.디.어. 그토록 애타게 기다리던 순간이 다가왔다! 이제 실제로 와인이 입으로 들어갈 시간이다! 워워, 흥분을 좀 가라앉히자. 그렇다, 예상대로 이제 곧 당신이 원하는 대로 마음껏 와인을 들이켤 수 있다. 그런데 와인 테이스팅에서 맛보기의 역할은 단순히 와인을 마시는 행위가 아니다. 와인을 음미하면서 경험하는 갖가지 감각, 질감, 풍미를 평가하는 과정이다.

앞서 말했듯 우리의 혀는 **단맛, 신맛, 짠맛, 신맛, 감칠맛**만 감지한다. 혹시 초등학교 과학 시간에 배웠던 혀의 부위별 미각을 그린 도표가 떠오른다면 당장 잊어버려라. 혀 도표는 1901년에 독일 과학자인 디터 P. 하니그(Dieter P. Hanig)가 고안했다. 혀는 여러 가지 맛을 감지하고, 부위별 미뢰가 특정 맛에 더 민감하게 반응한다는 점은 제대로 맞췄다. 그러나 예술적 분석이 틀렸다. 하나의 부위가 한 가지 맛만 감지하는 게 아니라, 혀 전체가 오감을 골고루 느끼는 것이다.

그래서 와인을 묘사할 때 **전반부 팰럿**(front palate), **중반부 팰럿**(mid palate), **후반부 팰럿**(back palate)이라는 용어를 사용한다. 혀가 가로로 삼등분되어 있다고 생각해보자. 좋은 와인은 혀를 전체적으로 훑고 지나가면서 각기 다른 감각을 선사한다. 이처럼 혀를 팰럿 별로 나누면 각양각색의 감각과 질감을 감별하기 쉬워진다. 그러면 이렇게 말하게 된다. "전반부는 부드럽고 가벼워요." "세상에! 후반부는 위스키 맛이네요!"

Chapter 4
보고, 맡고, 맛을 느껴라!

와인을 벌컥벌컥 들이켜지 말고, 적당히 한 모금 머금는다. 말 그대로 한 모금이지, 캔 음료 절반을 꿀꺽하는 '한 모금'이 아니다. 맛을 음미할 수 있을 정도면 충분하다. 양칫물 헹구듯 많으면 곤란하다. 나는 개인적으로 세 모금이면 맛보기에 충분하다고 생각한다. 이 정도만 맛봐도 와인의 품질과 특성을 충분히 가늠할 수 있다.

먼저 한 모금 머금고, 생각을 한다. 부담 갖지 말고 와인의 전반적인 분위기를 느끼자.

한 모금 더 마신다. 이때 **트릴링**(trilling)이라는 요상하게 호로록거리는 행동을 곁들인다. 트릴링은 와인을 입안에 머금은 상태에서 공기를 흡입하는 기술이다. 이렇게 하면 입안에 든 와인이 공기와 접촉해서 더 많은 아로마를 뿜어내기 때문에 맛을 감별하는 데 도움이 된다. 하지만 반드시 필요한 과정은 아니다. 특히 식사 자리에서 하는 건 별로 권하지 않는다. 그리고 재수 없어 보일 수도 있다. 나도 진지하게 시음하는 자리나 진심으로 좋아하는 와인을 마실 때만 트릴링을 한다. 당신도 머지않아 진지하게 시음하고, 진심으로 좋아하는 와인이 생길 테니 트릴링 기술을 알아두면 좋겠다는 생각에 알려주는 것이다.

세 번째 모금을 마신다. 이번에는 와인을 씹는다. 그렇다, 씹으라고 했다. 나를 믿고 한번 해봐라. 맛을 돋우는 데 이보다 쉬운 방법은 없다. 와인을 씹으면 입안 전체에 퍼져서 미뢰와 더 많이 부딪히고, 결과적으로 맛의 품질이 고조된다. 미리 경고하지만, 맛이 굉장히 강력해질 수 있다. 쓴맛이 가볍게 느껴지다가 갑자기 가시 돋친 털옷처럼 돌변할 수 있다. 와인 씹기의 장점은 풍미와 감각을 명확히 알게 된다는 점이다. 어쩌면 이제까지 몰랐던 부분을 새로 발견하게 될 수도 있다.

이렇게 몇 모금을 마시고 와인에 대한 당신의 생각을 말하라는 건 아니다. 와인이 아직 병째 남아 있으니, 그건 천천히 해도 된다. 이렇게 몇 모금을 먼저 마시는 이유는 당도, 산도, 바디감, 질감 등 구체적인 와인의 특성을 파악하기 위해서다.

당도

와인이 빅토리아 시크릿의 러브 스펠 바디미스트처럼 달달하게 느껴진다면 화이트 와인 또는 디저트 레드 와인일 가능성이 높다. 달달함의 정도가 희미할 수도, 운동 후 땀 냄새를 감추려고 뿌린 향수보다 독할 수도 있다. 그러나 달달함은 피할 수도, 부인할 수도 없다. 와인의 당도도 마찬가지다. 와인의 당도는 발효 후 남은 포도의 천연당의 양에 따라 결정된다(아니면 당분을 별도로 추가하는 '가당' 작업을 하는데, 이를 비판하는 목소리가 크다). 보통 와인을 마시면 당도를 가장 먼저 감지한다. 여기서 잠깐, 잘못된 미신 하나만 짚고 넘어가겠다. 단맛은 과일 맛과 다르다. 많은 사람이 농익은 과일향이 짙은 레드 와인을 '달다'라고 말하지만, 이건 그냥 과일향이다. 과일향 때문에 와인이 실제로 단지 헷갈릴 때 가장 좋은 방법은 코를 막고 맛보는 것이다. 과일향은 와인의 아로마에서 오고, 당도는 혀에서 느껴지는 감각이기 때문이다. 코를 막았는데도 와인이 달게 느껴진다면 단 와인이 맞다.

산도

산도는 와인의 신맛이 얼마나 강한지 나타낸다. 산미를 느끼면 입안에 침이 고인다. 산도의 등급을 '워헤드(신맛)'부터 '스웨디시 피시(단맛)'까지 캔디에 비교해보겠다. **산도가 높은 와인**은 '사워 펀치 스트로'처럼 시큼하고, **산도가 낮은 와인**은 '스무디 스키틀즈'처럼 비교적 크리미하다.

바디감

사람들이 와인의 바디감이 어쩌고저쩌고하면서 말하는 것을 들어봤을 것이다. 바디감은 입안에 느껴지는 와인의 '무게감'을 말한다. **라이트 바디 와인**은 얇고, 깨끗하며, 섬세하고, 물처럼 부드럽게 넘어간다. **풀바디 와인**은 무겁고, 밀도감 있고, 짙은 향수를 삼킨 것처럼 강렬하다. **미디엄 바디 와인**은 라이트 미디엄 바디부터 미디엄 풀바디까지 스펙트럼의 중간부를 차지한다. 레슬링과는 달리 와인의 체급을 정의하는 구체적인 규정은 없다. 당신의 '혀'라는 체중계에 올려놓고 직접 무게를 가늠하면 된다.

질감

'마우스필(구강 촉감)'이라는 다소 징그러운 용어로도 불리는 와인의 질감은 입안에 느껴지는 물리적 감각을 일컫는다. 가장 흔한 표현은 부드럽다, 자분거린다, 벨벳 같다, 리치하다, 풍성하다, 과즙이 풍부하다 등이 있다. 나는 와인의 질감을 표현할 때가 가장 즐겁다. '흐릿하다'는 간단한 표현부터 '우리 할머니의 소파를 핥는 느낌'까지 자유롭게 표현할 수 있기 때문이다.

타닌감

　타닌은 주로 식물에서 발견되는 수렴성 생체분자다. 포도 껍질, 포도 씨, 포도 줄기 그리고 오크 같은 나무에서도 발견된다. 레드 와인을 마셨는데 시트형 섬유유연제 한 상자를 통째로 씹어 먹은 기분이 들 때가 있다. 포도나 오크 숙성에서 나온 타닌 때문이다. 타닌은 입안이 마르고 쪼그라드는 질감을 야기하고, 와인의 쓴맛도 강화시킨다. 또한 디너파티가 끝나고 타닌 때문에 '와인 숙취'가 생겼다고 불평하게 만든다. 실제 타닌이 두통을 유발한 것일 수도 있다. 하지만 친한 친구한테 '오버스러운' 여자 친구가 생긴 것보다 머리가 아프진 않을 것이다. 홍차도 타닌 함유량이 만만치 않게 높다. 홍차를 마실 때는 괜찮았는데 레드 와인을 마시고 두통이 생겼다면 그건 지나치게 과음했다는 뜻이다.

피니시

　피니시는 와인을 삼킨 후에 입안에 남는 풍미와 감각이다. 주로 길이에 빗대어 표현하는데, 예를 들어서 피니시가 짧고 상쾌하다 또는 길고 드라이하다는 식이다. 또한 와인의 모든 특성을 통틀어서 복합미와 밸런스를 이야기하기도 한다. **복합미**는 와인이 얼마나 다차원적인지 나타낸다. 풍미와 질감이 다차원적일

수록 복합미도 높아진다. **밸런스**는 각기 다른 풍미와 질감이 얼마나 조화롭게 어우러지는지 말한다. 밸런스가 좋은 와인은 모든 요소가 적절하게 조화를 이루어서, 걸리는 부분 없이 매끄러운 느낌을 선사한다.

자, 이제 다 배웠다! 이제 와인을 마시고 당신의 의견을 말해보자!

아니면⋯ 한층 더 높은 단계로 나아가기 위한 **로스 테스트**를 한번 받아볼 텐가? 로스 테스트란 내가 심혈을 기울여 만든 과학적인 와인 테이스팅 기술이다. 와인을 병째 벌컥벌컥 들이켤 수 있는지를 기준으로 와인을 평가한다. 목 넘김이 좋은 와인이 있는가 하면 그렇지 않은 와인도 있는데, 개인적으로 와인 애호가한테 상당히 중요한 포인트라고 생각한다. 살다 보면 좋은 날도 있고 나쁜 날도 있다. 그럴 때는 와인 잔을 찾을 여유도, 의욕도 없다. 그런 날을 대비해서 와인을 병째 들고 시원하게 몇 모금 마셔보자. 와인이 맛있으면 낙점이고, 맛없으면 불통이다. 주의사항이 하나 있는데, 대부분의 시음회에서는 이 유용한 기술을 시연하지도, 권장하지도, 허락하지도 않는다. 로스 테스트의 창시자인 마리사 A. 로스에게도 허용되지 않는다.

지금 당신이 무슨 생각을 하는지 알겠다. "제기랄, 와인 한잔 마시는데 뭐가 이렇게 복잡해?" 하지만 글이라서 많아 보일 뿐이다. 실전에서는 감각에 집중하면 된다. 이것마저 어렵게 느껴질 때가 있다. 나도 무슨 향인지 콕 집어내지 못할 때가 수두룩하다. 그럴 때면 한 모금 더 마시고, 오롯이 감각에 집중해서 특이점을 찾아내려고 노력한다. 그래도 여전히 헤맬 수 있다. 그러나 다음 잔을 마실 때는 분명 훨씬 쉬울 거다. 그다음 잔, 그다음 잔도 말이다.

끊임없는 연습이 완벽을 만든다고 했다. 와인 테이스팅은 와인을 마시기만 해도 연습이 되니까 얼마나 좋은가! 혹시 지금도 연습 중인가? 그렇다면 당신의 적극성을 진심으로 칭찬한다. 잘하고 있다. 앞으로도 지금처럼만 하자.

To-Drink-List

1. 와인을 한 병 선택한다.
2. 와인 잔에 따른다. 테이스팅 단계별로 10분씩 투자해서 외관 보기, 스월링, 향 맡기, 세 모금(또는 이상) 맛보기를 차례대로 해본다.
3. 당신이 보고, 맡고, 맛본 것을 큰소리로 이야기한다. 혼잣말이 바보처럼 느껴질 수 있다. 하지만 단계별 느낌을 분명하게 표현하는 연습이 된다. 그러면 다른 사람과 테이스팅을 할 때 자신감이 붙는다.
4. 노트에 적는다. 경험한 것을 기록하면 방법을 기억하는 데 도움이 된다. 그리고 그동안 마셨던 와인의 유사점과 차이점을 분석하기

도 쉽다. 다른 사람과 대화를 나눌 때도 유용하며, 앞으로 마실 와인을 대조하고 비교하는 데도 큰 도움이 된다. 예를 들어서 네비올로를 마시고 담배 맛을 느꼈다. 그러면 다음번에 다른 네비올로를 마실 때 기존의 경험을 기준점으로 삼을 수 있다. 그리고 좋은 얘깃거리로 삼기도 좋다.

5. 와인은 수학이 아니라는 점을 잊지 말자. 정해진 답을 찾지 못할까봐 전전긍긍할 필요가 전혀 없다. 눈에 보이는 대로 보고, 향이 나는 대로 맡고, 맛이 나는 대로 느끼면 된다. 이 과정을 즐겨라!

6. 참, 그리고 로스 테스트도 잊지 말고 한번 해보자.

Chapter 5

나만의
와인
테이스팅
노트 공개

당신을 위한
맞춤형 와인 가이드

WINE, ALL THE TIME.

세상은 넓고 와인은 많다. 버라이어털만 해도 1,300개가 넘는다. 이제껏 방영된 〈로 앤 오더 성범죄전담반〉 에피소드의 3배에 달하는 수치다. 캐주얼하지만 자신만만하고 교양 있는 와인 애호가로서 이 모든 걸 알아야 할까? 한마디로 아니다. 그건 미국 최대 퀴즈쇼인 〈제퍼디〉를 목표로 미친 듯이 공부해놓고, '예 러스틱 인(Ye Rustic Inn)' 레스토랑의 '선데이 나이트 트리비아' 퀴즈쇼에 나가는 꼴이다. 두꺼운 포도 사전은 와인을 깊숙이 파고들 때나 필요하지, 우리 할머니가 1974년부터 갖고 있던 향수를 들이부은 맛이 나지 않는 화이트 와인을 추천받고 싶을 때는 별 도움이 되지 않는다. 앞으로 살면서 한 번도 만나지 못할 수백 가지 와인은 제쳐두고, 이번 챕터에서는 평소 쉽게 접할 수 있는 싱글 버라이어털 몇 가지를 소개하겠다.

앞서 와인 테이스팅 방법도 배웠으니, 이제 새로운 와인에 도전할 차례다. 언제나 새로운 와인에 도전하는 자세는 매우 중요하다. 항상 비슷한 스타일의 와인을 마셔 버릇해서, 두려움이 앞설 때가 있다. 나는 그럴 때마다 자신에게 타이른다. 이 세상에는 라이트 바디의 프랑스 레드 와인 말고도 와인이 널리고 널렸다고, 내 직업이 다양한 와인에 대해 글을 쓰는 일이라고, 매번 똑같은 와인을 마시면 발전이 없다고, 스스로 타이른다. 한 번도 마신 적 없는 와인을 꾸준히 시도하는 것만이 배움을 지속하고, 미각을 확장하고, 테이스팅 용어를 연습하는 유일한 방법이다.

나랑 친구라서 받는 혜택을 꼽자면, 축하할 일이 있을 때마다 끝내주는 샴페인을 받는다는 것 말고도 난생처음 보는 와인이 있다면 언제든 내게 물어볼 수 있다는 점이다. 물론 와인숍에 가서 전문가에게 물어봐도 된다. 하지만 아무리 그들을 신뢰해도, 가끔 믿을 만한 친구에게 재차 확인하고 싶을 때가 있다. 그러니까 이번 챕터는 내게 '안녕, 물어볼 게 있는데 고데요 와인은 어때?'라고 문자를 보내면 내가 원나이트 상대를 찔러보는 문자의 답장보다 빠르게 내 테이스팅 노트를 보내주는 것과 똑같다고 생각하면 된다. 이번 챕터가 새로운 와인 쇼핑리스트나 간단한 추천 가이드로 활용되길 바란다.

도대체 제비꽃향이 어디서 난다는 걸까?

이번 챕터의 와인을 직접 마셨을 때의 감상이 내 테이스팅 노트와 다를 수 있다. 그래도 괜찮다. 와인은 사랑과 매우 닮았다. 사랑은 사람을 취하게 만든다. 그리고 당신이 했던 사랑을 누구도 똑같이 경험할 수 없다. 무수히 많은 변수가 존재하기 때문이다. 그날 그 시간에, 정확히 같은 음악이 흘러나오고, 샤워 코오롱 냄새가 목덜미 체취에 묻힐 듯 말 듯 희미하게 풍기고, 희망적인 미래와 과거가 절묘하게 뒤섞인 그 순간을 결코 똑같이 재현할 수 없다. 찰나에 스쳐가는 순간을 당사자 이외의 타인과 온전히 공유하기란 불가능하다. 당사자에게도 기억만 남을 뿐, 아무리 노력해도 기억을 복제할 수 없다. 와인도 사랑처럼 예측할 수 없으며, 끊임없이 진화한다. 와인의 산지, 빈티지, 종류가 같아도 당신과 내가 경험하는 와인은 다르다. 그래서 와인을 마시고, 와인을 이야기하고, 와인과 사랑에 빠지는 경험은 언제나 흥미진진하다.

레드 와인

바르베라 Barbera

미디엄 바디/ 산도: 상/ 타닌: 하

주로 이탈리아 피에몬테에서 재배되는 버라이어털이다. 바르베라 와인은 풍미가 풍부하며, 산도가 높고, 타닌 함량이 낮아서 바디감이 가볍다. 크랜베리, 블랙베리, 체리, 소나무향 덕분에 과일향과 나무향이 동시에 난다. "이 세상 모든 사람을 꼭 껴안아주고 싶어!"라는 따뜻하고 포근한 기분을 떠올려보자. 여기에 크리스마스 분위기를 더하고, 풍부한 베리류 과즙까지 추가하면 완성이다.

카베르네 프랑 Cabernet Franc

미디엄 바디/ 산도: 중상/ 타닌: 중상

개인적으로 카베르네 프랑을 생각하면 피망이 가장 먼저 떠오른다. 여기에 크랜베리, 딸기 등의 과일과 자갈 같은 광물이 조금 추가된다. 그러나 역시 허브류 향신료향이 가장 지배적이다. 카베르네 프랑을 이렇게 비유하고 싶다. 이제 막 데이트를 시작해서 살짝 긴장해 있는 상대에게 화이타를 요리해주고 있다. 나를 좋아한다는 확신은 아직 없지만, 내 마음을 푸근하게 해주는 사람이다.

카베르네 소비뇽 Cabernet Sauvignon

풀바디/ 산도: 중 / 타닌: 상

가슴에 손을 얹고 맹세컨대 초창기에 내게 와인이라곤 오직 캘리포니아 카베르네 소비뇽이 유일했다. 여전히 내 마음속에 특별한 존재로 남아 있지만, 이제는 호화로운 저녁식사 자리를 위해 아껴두는 편이다. 묵직한 바디감, 강렬한 검은빛 과일, 토바코, 후추 향의 카베르네 소비뇽은 해피아워에 빈속에 마시는 것보단 푸짐한 음식과 함께할 때 비로소 극상의 황홀감을 선사한다.

카리냥 Carignan

라이트 미디엄 바디/ 산도: 중상/ 타닌: 중

흙냄새, 향신료, 과일향을 풍기는 와인으로 이것만 있으면 여름과 가을을 모두 공략할 수 있다. 여름 오후에 언제든 꺼내 마실 수 있게 냉장고에 비치해둘 만큼 라이트하며, 추수감사절에 가을 요리를 푸짐하게 차린 식탁에 곁들여도 부족함이 전혀 없다. 재밌지만, 묵직하다. 개인적으로 〈펄프 픽션〉의 댄스 장면이 떠오른다. 헤엄치는 춤사위처럼 경쾌하면서도 우마 서먼의 눈빛처럼 깊이가 있다.

생소 Cinsault
라이트 바디/ 산도: 하/ 타닌: 하

생소는 본래 블렌딩 와인과 로제 와인을 만드는 데 사용됐던 와인이라서 큰 주목을 받지 못했다. 그러나 비욘세처럼 혼자일 때 비로소 빛을 발하는 와인이다. 라이트한 바디감에 크랜베리와 딸기향이 나면서도 후추, 약간의 소금, 형용하기 힘든 육질이 더해져 과즙 향이 짙은 라이트한 레드 와인보다 깊은 풍미를 자아낸다.

쿠누아즈 Counoise
라이트 바디/ 산도: 상/ 타닌: 하

쿠누아즈 역시 블렌딩 와인이라는 그늘에 묻혀 빛을 발하지 못한 레드 와인 중 하나다. 하지만 내게는 언제 마셔도 한결같이 좋은 와인이다. 시큼한 크랜베리와 향신료 뿌린 딸기향이 나며, 비키니를 입든 운동복 차림이든 한낮에 시원하게 마시기 더할 나위 없이 좋다. 로제 와인보다 레드 와인을 선호하는 부류를 위한 '로제 와인'이라고 할 수 있다.

가메 Gamay
라이트 바디/ 산도: 중상/ 타닌: 하

새콤한 붉은 베리와 블랙 커런트, 은은한 작약과 제비꽃의 향을 가진 가메는 내 와인 인생의 운명적인 사랑이다. 나는 하루가 멀다고 가메를 마시는데 물랭아방(Moulin-à-Vent)과 모르공(Morgon)처럼 걸쭉한 보졸레부터 볼드하고 부드러우며 미묘한 와인의 특성을 고루 갖췄다. 대중과 마니아를 모두 만족시키는 가메는 모든 사람이 각자 좋아하는 노래를 최소 하나씩은 찾을 수 있는 주크박스와 같다.

그르나슈 Grenache
미디엄 바디/ 산도: 중/ 타닌: 중

솔직히 고백하자면 나는 그르나슈와 좀 껄끄러운 사이다. 설탕에 조린 딸기와 라즈베리향 때문에 과일 맛 젤리 같아서 별로 좋아하지 않지만, 대부분의 사람은 그르나슈를 사랑한다. 나는 스페인산 헤어리 그르나슈(Hairy Grenache) 타입을 좋아한다. 여느 그르나슈처럼 산뜻한 베리류 향이 나지만, 독특하게 발사믹 식초 맛과 쓴맛이 살짝 느껴진다.

람브루스코 Lambrusco
라이트 미디엄 바디/ 산도: 중상/ 타닌: 중

많은 사람이 람브루스코를 실패한 와인으로 취급한다. 하지만 그건 달달한 람브루스코만 마셔봤기 때문이다. 사실 람브루스코는 전통적으로 드라이하고 알싸한 와인이다. 본래 원산지인 에밀리아 로마냐 지역의 요리에 곁들일 와인을 만들려는 목적에서 탄생했다. 그래서 파스타부터 치즈버거까지, 웬만한 음식에 잘 어울린다. 기포감은 좋지만 단맛은 싫은 사람, 축제와 기념일을 좋아하는 사람에게 추천하고 싶은 와인이다.

말벡 Malbec

미디엄 풀바디/ 산도: 중/ 타닌: 중

대부분의 사람은 말벡 하면 풍부하고 활력 넘치는 블랙베리, 자두, 담배향의 아르헨티나 말벡을 떠올린다. 피니시가 짧고 지방이 적은 고기를 잘 받쳐주는 훌륭한 풀바디 와인이다. 그런데 프랑스도 말벡을 생산한다. 프랑스에서는 코(Côt)라고 부르는데, 개인적으로 정말 사랑하는 와인이다. 과일향보다 광물향이 더 지배적이며, 비교적 가볍고, 향신료향이 좀 더 강하다. 그래도 향긋한 자두향은 여느 말벡과 똑같다.

몬테풀치아노 Montepulciano

미디엄 바디/ 산도: 중/ 타닌: 중

산지오베제 말고도 피자와 궁합이 잘 맞는 이탈리아 와인이다. 과즙이 풍부한 이 레드 와인은 로마를 연상시킨다. 생생한 크랜베리향, 시큼한 체리향, 부드러운 피니시를 완성하는 광물향을 지녔다. 로마의 온갖 언덕을 종횡무진하는 택시처럼 생기와 에너지가 넘치면서도, 이탈리아인(소리 지르는 이탈리아인마저도) 특유의 차분함과 편안한 우아함을 유지한다.

무르베드르 Mourvédre
풀바디/ 산도: 중/ 타닌: 상

무르베드르는 바비큐립으로 만든 꽃다발 같다. 퇴근해서 집에 왔는데 현관 앞에 바비큐립 다발이 놓여 있으면 별로 반갑지 않겠지만, 알코올 형태라면 대환영이다. 무르베드르는 자두, 향신료, 검붉은 베리류, 훈연 그리고 고기의 향을 풍긴다. 이런 특성 덕분에 바비큐와 그릴 요리에 어울리는 독보적인 레드 와인이다.

네비올로 Nebbiolo
미디엄 풀바디/ 산도: 상/ 타닌: 상

수영장 물이 미지근한 줄 알고 냅다 뛰어들었는데 심장마비 걸릴 정도로 차갑다면? 네비올로는 이런 놀라움을 선사한다. 냄새만 맡으면 무던한 와인이라는 생각이 들지만, 혀에 닿는 순간 찌릿한 고함량의 타닌 때문에 한 방 얻어맞은 기분이 든다! 그러니까 좋은 쪽으로 말이다. 그 맛이 마치 해리포터에 등장하는 금단의 숲 한가운데 자란 큼직한 붉은 과일 같다. 다만 꽃이 더 풍성하고, 덜 무시무시한 분위기다. 선명한 체리, 장미, 제비꽃, 젖은 진흙의 향을 조금씩 골고루 갖췄다.

네로 다볼라 Nero d'Avola
풀바디/ 산도: 중상/ 타닌: 중상

네로 다볼라는 흙냄새 풍기는 유럽인 카우보이가 잼을 뒤집어쓴 맛이다. 이탈리아 변두리 어딘가의 가상의 사막에서 말을 타고 달리는 모습이 상상된다. 네로 다볼라는 블랙베리, 자두잼, 담배, 향신료, 훈연의 향이 살짝 난다.

피노 도니스 Pineau d'Aunis
라이트 바디/ 산도: 상/ 타닌: 하

피노 도니스는 가메의 사촌쯤 된다. 아무도 모르고 나만 아는 인디밴드지만 자체 제작한 음반이 어찌나 좋은지, 다른 사람에게 널리 널리 알리고 싶은 마음이 든다. 무엇보다 내가 '힙스터'라고 불리는 데 결정적인 역할을 했다. 본래 수년간 블렌드 와인으로 사용됐지만, 가메처럼 산뜻하고, 시큼하고, 목 넘김이 좋아서 싱글 버라이어털 와인으로 제작되는 일이 많아졌다. 내가 애용하는 '저술용 와인'이다. 평소에 물처럼 마신다는 뜻이다.

피노 누아 Pinot Noir
라이트 바디/ 산도: 중상/ 타닌: 중하

껍질이 얇은 포도를 사용하며, 포근한 담요 같은 느낌을 주는 와인이다. 영화 〈사이드웨이〉 덕분에 유명해졌다. 크랜베리, 라즈베리, 체리의 선명한 향과 길게 여운이 남는 피니시 덕분에 가벼우면서도 몸을 편안하게 웅크린 따스함을 지녔다. 담요가 거실, 침대, 피크닉 등에서 다용도로 사용되는 것처럼 피노 누아도 어디든 잘 어울린다. 소파에서 편히 마실 때도 피노 누아를 마다 하는 사람은 이제껏 한 번도 본 적 없다. 팔방미인도 이런 팔방미인이 없다!

산지오베제 Sangiovese
라이트 미디엄 바디/ 산도: 상/ 타닌: 상

이탈리아 와인의 수호성인으로(뭐, 적어도 내가 믿는 종교에서는 그렇다), 이탈리아 요리만큼이나 다양하다. 종잇장처럼 얇은 마가리타 피자를 한입에 해치우듯 목 넘김이 편하고 과일향이 지배적인 산지오베제도 있고, 든든한 볼로네제처럼 투박하고 타닌 맛이 강한 타입도 있다. 어떤 타입을 마시든 시큼한 체리와 토마토의 풍미를 만날 수 있다. 혹시 산지오베제 와인을 찾기 힘들다면 키안티(Chianti)를 고르면 된다. 키안티 역시 산지오베제 포도로 만들었다. 밑동을 볏짚으로 감싼 '피아스코(Fiasco)' 와인병을 찾으면 된다.

생로랑 St. Laurent
라이트 바디/ 산도: 중상/ 타닌: 중하

잘 알려지지 않은 오스트리아 포도 품종으로 고스족[27]이 되고픈 피노 누아의 여동생이라고 할 수 있다. 다른 말로 설명하자면 피노 누아와 같은 과지만 몇몇 특징이 다르다. 자매지간답게 붉은 과일향과 구조감은 비슷하지만, 생로랑이 드라이함과 흙냄

---

27 1970년대 말 영국에서 나타난 젊은이들의 사회 저항석인 문화의 일종으로 죽음을 연상케 하는 음산하고 기괴한 분위기의 차림새가 특징.

새 때문에 더 어둡고 거친 느낌이다.

시라Syrah

풀바디/ 산도: 중/ 타닌: 중

어떤 시라는 도가 지나치다는 느낌을 주지만, 잘 빚은 시라는 꽤나 고고한 분위기를 자아내는 변형적인 와인이다. 마치 여름 방학이 지나고 한층 성숙하고 자존감 높은 모습으로 나타난 여학생처럼 말이다. 블랙베리, 블루베리의 강한 과일향과 볼드함으로 강하게 시작해서 향신료와 훈연향의 피니시가 밤하늘로 피어오르는 캠프파이어 연기처럼 사라진다.

트롤링거/스키아바Trollinger/Schiava

라이트 바디/ 산도: 중/ 타닌: 하

독일, 이탈리아 중 어느 곳에 있는지에 따라 트롤링거 또는 스키아바라고 불린다. 어쨌거나 나는 '캘리포니아는 지금 여름이지만 가을이 빨리 오면 좋겠다' 와인이라고 부른다. 라이트한 바디감, 딸기와 꽃의 부드러운 향기 덕분에 더위가 가시지 않은 10월에도 마시기 좋다. 그리고 나무, 담배의 맛 덕분에 초가을 전까지 더위를 견디게 도와주는 고마운 와인이다.

트루소Trousseau

라이트 미디엄 바디/ 산도: 중/ 타닌: 중상

트루소는 외유내강한 여성을 연상시킨다. 섬세하고 분홍색을 좋아할 것 같은 이미지 때문에 처음에는 아무도 그녀의 말을 심각하게 받아들이지 않는다. 그러나 그녀를 제대로 알게 되면 전혀 호락호락한 사람이 아니라는 사실을 깨닫는다. 옅은 빨간색 외관 때문에 자기주장이 약해 보이는 것과는 달리 타닌 구조감이 상당히 강하다. 훈연향과 말린 장미향을 풍기는 거친 아가씨처럼, 쓴맛은 약할지언정 결코 만만한 상대가 아니다.

발디귀에 Valdiguié
라이트 바디/ 산도: 중/ 타닌: 하

한때 나파 가메(Napa Gamay)라 불렸던 발디귀에는 캘리포니아 포도 중 가장 유명한 품종이었다. 카베르네가 그 자리를 낚아채기 전까지 말이다. 풍성한 꽃향기, 입안 가득 퍼지는 딸기향, 벨벳 같은 블랙베리향, 풍부한 과즙이 어우러져서 마시기 쉬운 와인이다.

진판델 Zinfandel
라이트 바디/ 산도: 상/ 타닌: 중

진판델은 한때 억울한 누명을 썼었다. 1990년대에 ABV를 16% 이상으로 높이는 바람에 과숙된 잼 맛의 형편없는 와인이 생산됐던 것이다. 현재는 다행히 본래의 모습으로 돌아와서 블랙베리향의 볼드함과 훈연향의 피니시를 유지하고 있다. 덧붙여 ABV도 예전처럼 미친 듯이 높지 않아서 숙취로 고생할 걱정도 없다.

츠바이겔트 Zweigelt

라이트 바디/ 산도: 중/ 타닌: 하

단순하고 젊음이 넘치는 츠바이겔트는 파티광에 걸맞은 최고의 레드 와인 자리를 두고 가메와 일이 등을 다투는 사이다. 오스트리아 츠바이겔트는 왕관형 마개를 사용하며, 특징은 신선함, 선명하고 시큼한 체리향, 약간의 흙냄새와 허브향이다. 와인의 복합미를 심도 있게 고찰하기보다는 정신없이 신나게 즐기는 용도에 더 잘 어울린다.

화이트 와인

알바리뇨 Albariño

라이트 바디/ 산도: 상/ 본 드라이

화이트 와인 중 꽃향기가 가장 강렬한 알바리뇨를 한 모금 머금는 순간, 주변이 꽃이 만개한 시트러스 과수원으로 둔갑한다. 입안에 침이 고이게 만드는 산도, 선명한 레몬과 라임의 풍미, 진한 광물향 덕분에 봄철에 테라스에서 신선한 라임에이드를 홀짝이는 듯한 기분에 빠져든다.

아시르티코 Assyrtiko

미디엄 풀바디/ 산도: 상/ 드라이

산토리니로 휴가를 떠나고 싶지만 와인 한 병밖에 살 돈이 없다면 아시르티코가 제격이다. 그리스 산토리니에서 만든 이 와인은 청량감과 재미 그리고 우아함과 부드러움을 모두 갖췄다. 상큼한 시트러스, 사과, 진한 광물향이 파도처럼 밀려와 입안에서 부서지고, 유명한 산토리니섬의 하얀 건물 사이를 거니는 기분이 든다.

샤블리 Chablis

라이트 미디엄 바디/ 산도: 상/ 본 드라이

마트용 박스 와인과 명칭이 같다고 샤블리를 보고 도망가지 않길 바란다. 프랑스 버건디 지역에서 생산한 샤블리는 캘리포니아 샤르도네를 보고 뒷걸음질치는 이를 위한 샤르도네 와인이다. 100% 샤르도네 포도 품종으로 만들었으며, 오크 숙성을 하지 않았다. 정갈함, 강한 풍미, 금속성, 시트러스, 석회암 그리고 바닷물 풍미가 약간 느껴진다. 굉장히 세련된 와인으로 특유의 광물향 덕분에 전 세계 와인 애호가에게 큰 사랑을 받고 있다.

샤르도네 Chardonnay

미디엄 풀바디/ 산도: 중/ 드라이

샤르도네의 특징은 대부분 발효 과정에서 생성된 것이다. 바닐라향의 버터리한 샤르도네를 원하면 오크 숙성한 샤르도네를 고르자. 개인적으로 오크는 샤르도네가 받아야 할 스포트라이트를 뺏어간 파렴치한 놈이라고 생각한다. 스틸 탱크나 콘크리트 탱크에서 발효시키면 시트러스, 배, 사과꽃의 가벼운 과일

Chapter 5
나만의 와인 테이스팅 노트 공개

향과 파인애플, 패션프루트의 열대과일향에 산미와 테루아르의 직접적인 영향이 더해져 샤르도네 고유의 장점이 극대화된다.

슈냉 블랑 Chenin Blanc
라이트 바디/ 산도: 중상/ 오프 드라이

나는 점성술을 별로 좋아하지 않지만, 슈냉 블랑은 쌍둥이자리를 조금 닮았다. 사람의 미각에 따라 드라이하거나 스위트할 수 있기 때문에 구매하기 전에 판매자에게 어떤 와인인지 정확히 확인하는 편이 좋다(힌트: 라벨에 '섹(SEC)'이라고 적혀 있다면 드라이하다는 뜻이다). 높은 산도, 사과, 배, 오렌지 마멀레이드, 꿀의 부드러운 풍미 덕분에 당도에 상관없이 훌륭한 맛을 낸다.

게뷔르츠트라미너 Gewürztraminer
라이트 바디/ 산도: 중하/ 세미 스위트

게뷔르츠트라미너는 폴리네시아의 새콤달콤한 소스를 연상시킨다. 리치, 꽃 화관 등 짙은 열대지역의 향기와 파인애플, 오렌지, 흑설탕의 맛이 난다. 다만 이름을 발음하기가 여간 어려운 게 아니다. 하지만 당신만 그런 게 아니니 걱정하지 마라. 나도 매번 〈트윈 픽스〉 드라마의 쿠퍼 요원이 꿈속에서 거꾸로 말하는 것처럼 발음한다.

그뤼너 펠트리너 Grüner Veltliner
라이트 바디/ 산도: 상/ 드라이

그뤼너 펠트리너는 온통 초록빛이다. 병도 짙은 녹색이고, 와인 자체도 옅은 연두색이다. 향기마저 그린빈, 허브, 시트러스 가득한 파머스 마켓 같다. 다행히 채소를 먹는 느낌보다 '팝 록스' 캔디와 함께 상큼한 풋사과와 라임을 마시는 기분이다.

뮈스카데/믈롱 드 부르고뉴 Muscadet/Melon de Bourgogne
라이트 바디/ 산도: 상/ 본 드라이

만약 내가 마케팅 전문가라면 뮈스카데를 이렇게 홍보했을 것이다. "해변에서의 하루를 꿈꾸나요? 뮈스카데와 함께 떠나봐요!" 믈롱 드 부르고뉴라고도 알려진 뮈스카데는 광물향이 지배적이며, 해안가에 부서지는 파도를 바라보며 신선한 라임즙과 소금을 넣은 칸탈로프 멜론[28] 슬러시를 홀짝이는 맛이다.

피노 그리지오/피노 그리 Pinot Grigio/Pinot Gris
라이트 미디엄 바디/ 산도: 중상/ 드라이

이탈리아에서는 피노 그라지오, 프랑스에서는 피노 그리라고 부른다. 어쨌거나 둘은 같은 포도 품종이다. 피노 그리지오는 한낮에 마시기 좋은 와인으로 따지면 무조건 상위 랭킹에 속한다. 신선함, 균형 잡힌 산미, 시트러스향, 허니서클향이 특징이다. 집에서 재배한 레몬, 라임, 설익은 천도복숭아의 향기를 맡으며 뒷마당 캠핑 의자에 편히 기대앉은 기분이다.

---

[28] 껍질은 녹색에 과육은 오렌지색인 멜론.

리슬링Riesling

라이트 바디/ 산도: 상/ 오프 드라이

전 세계에서 가장 사랑받는 포도 품종 중 하나다. 산지에 따라 과일 맛 캐러멜인 '스타버스트'와 같은 맛도 있고, 설탕을 흩뿌린 자몽 맛도 있다. 무엇을 선택하든 복숭아향과 꽃향 덕분에 어떤 음식과도 조화롭게 어우러진다.

소비뇽 블랑Sauvignon Blanc

라이트 미디엄 바디/ 산도: 상/ 드라이

소비뇽 블랑은 보이는 그대로의 맛을 낸다. 눈부신 햇살을 닮은 맛이다. 마치 봄에서 여름으로 넘어가는 순간을 고스란히 잔에 담아낸 듯하다. 메이어 레몬,[29] 라임, 젖은 풀, 약간 뜨거운 콘크리트 그리고 솔솔 불어오는 바닷바람의 풍미를 지녔다.

세미용Sémillon

풀바디/ 산도: 중/ 드라이

세미용은 샤르도네와 소비뇽 블랑 사이에 태어난 사생아다. 리치함과 신선함을 두루 갖췄으며, 향신료를 살짝 뿌린 레몬 머랭 파이가 코끝을 간질인다. 풀바디감과 밀랍 같은 구조감은 샤르도네를 연상시키고, 짜릿한 레몬, 사과, 생강정과의 맛은 소비뇽 블랑을 닮았다.

---

29 레몬과 오렌지를 접붙인 것으로 레몬과 오렌지의 중간인 감귤류.

차콜리 Txakoli

라이트 바디/ 산도: 상/ 본 드라이

비록 발음은 어렵지만, 목 넘김은 편한 와인이다. 스페인 와인인 차콜리는 공기 같은 가벼움, 기포, 짠맛 덕분에 포테이토칩처럼 거부할 수 없는 매력을 자랑한다. 깔끔한 레몬과 상쾌한 흰 꽃이 적절한 조화를 이루고, 높은 산도가 생기와 신선함을 불어넣어 도저히 손을 뗄 수 없게 만든다.

베르멘티노 Vermentino

라이트 바디/ 산도: 중상/ 드라이

이탈리아 사르디니아섬에서 주로 재배되는 품종으로 지중해를 꿈꾸는 기분을 선사한다. 하얀 자갈이 깔린 해변에 돗자리를 펴고, 바다 소금을 뿌린 분홍색 자몽과 배를 먹는 듯한 풍미를 지녔다. 영화 〈리플리〉에서 귀네스 팰트로와 주드 로가 이탈리아 해변에서 미소를 지으며 서로를 바라보는 것처럼 젊음이 넘치고 목가적인 여름 분위기를 물씬 풍긴다.

비뉴 베르데 Vinho Verde

라이트 바디/ 산도: 상/ 드라이

포르투갈 와인인 비뉴 베르데는 와인계의 '라크루아'[30]다. 가벼운 기포와 물처럼 부드러운 목 넘김 덕분에 중독성이 매우 강

---

[30] 미국에서 페리에를 대항하기 위해 만든 탄산수 브랜드로 선풍적인 인기를 끌었다.

하다. 자몽 레몬에이드, 약간의 멜론 그리고 폴 매카트니의 달달함이 적절히 섞여 있다. 폴 매카트니를 실제로 핥아본 적은 없지만, 분명 중독성 있는 달콤 짭짤한 맛이라서 한두 병으로 끝나지 않을 것이다. 게다가 가격도 합리적인 10달러대라니, 그야말로 금상첨화다!

비오니에 Viognier
풀바디/ 산도: 중하/ 드라이

비오니에는 기꺼이 마시고 싶은 마음이 들게 하는 향수 같다. '배스 앤드 바디 웍스' 제품의 은은한 향과는 사뭇 다르다. 강렬하지만 매혹적이다. 복숭아꽃과 허니서클 꽃다발에 얼굴을 파묻은 듯한 향기를 발산하는데 맛은 또 묵직하다. 그리고 열대과일향이 시원한 바람을 타고 넘실댄다.

로제 와인

카베르네 프랑 Cabernet Franc
라이트 바디/ 산도: 상/ 드라이

드라이하지만 상쾌한 와인이다. 여름 무더위를 식혀주는 반가운 산들바람을 타고 로즈힙 향기와 석회암의 광물향이 피어오르는 듯하다. 맛도 향기처럼 여름을 닮았다. 라즈베리, 오이 그리고 바다 냄새가 나는 헤어스프레이(이보다 훨씬 좋다)의 풍미를 지녔다.

가메Gamay
라이트 바디/ 산도: 상/ 드라이

대담하고 시큼한 가메 로제는 묵직한 가메 레드 못지않게 훌륭하다. 코에서는 '레몬헤드' 라즈베리맛 캔디, 흰꽃, 약간의 분홍색 자몽의 향이 느껴지고, 혀에서는 '사워 패치 키즈' 젤리에 묻은 신맛 가루와 히말라야 소금을 반반 섞어서 냉동 딸기를 찍어 먹는 맛이 느껴진다.

그르나슈Grenache
미디엄 바디/ 산도: 중/ 드라이

감칠맛과 유연함이 돋보이는 그르나슈 로제는 다른 로제 와인에 비해 숙성도가 높다. 루바브(허브), 팔각, 붉은 과일의 생생한 향이 코끝을 스치며, 벨벳을 두른 마라스키노 체리(통조림 체리) 같은 맛이 난다. 음식과 궁합이 워낙 좋아서 낮술보다 식사 자리에 더 적합하다. 개인적으로 그르나슈를 보면 파드마 라크쉬미(Padma Lakshmi)[31]가 생각난다. 언제나 우아함을 잃지 않으며, 와인 한두 잔을 마시면 재미가 넘친다.

피노 누아Pinot Noir

---

31 인도 출신 영화배우 겸 사회자.

라이트 바디/ 산도: 중상/ 드라이

피노 누아 로제는 가볍게 즐기기 좋고, 감성이 충만한 와인이다. 비에 젖은 정원에서 딸기와 수박이 가득한 복도를 지나 침대 안으로 슬그머니 들어가는 기분이다. 마음을 들뜨게 만드는 파더 존 미스티(Father John Misty)[32]의 어쿠스틱 음악처럼 과일향, 흙냄새, 섹시함, 밝은 웃음을 지녔다.

프로방살 로제 Provençal Rosé
라이트 바디/ 산도: 중/ 드라이

이 책에서 유일하게 언급하는 블렌드 와인이다. 블렌드 와인은 종류가 너무 방대해서 제정신이 아니고서야 쉽사리 건드릴 수 없다. 하지만 프로방살 로제만은 반드시 언급하고 넘어가야겠다. 보통 로제 와인을 찾을 때, 프로방살 로제가 가장 먼저 떠오른다. 그르나슈, 생소, 시라, 무르베드르 등 다양한 품종이 섞여 있으며, 정갈함, 딸기와 수박의 과일향, 짭조름한 피니시가 특징이다. 프로방살 로제가 없었다면 '로제 와인의 시즌'도 탄생하지 못했을 것이다.

시라 Syrah
라이트 미디엄 바디/ 산도: 상/ 드라이

시라는 강렬한 비트가 반복되는 일렉트로 팝을 닮았다. 딸기

---

32 조슈아 마이클 틸먼의 예명으로 미국의 싱어송라이터다.

와 오렌지 제스트(껍질)의 풍미와 함께 산도가 폭죽처럼 펑펑 터지면서 톡 쏘는 붉은 과일의 화려한 파티가 벌어진다. 그러나 충분한 질감과 구조감이 평정심을 잃지 않게 도와준다.

오렌지 와인

다시 복습해보자! 오렌지 와인은 레드 와인 양조법대로 만든 화이트 와인이다. 내가 '닥터 수스(Dr. Seuss)'[33] 스타일로 성인용 그림책을 만들었는데, 제목을 '오렌지 와인'이라고 지을까 생각 중이다.

샤르도네 Chardonnay
미디엄 바디/ 산도: 중/ 드라이

레몬 제스트, 사과, 꿀로 부드러운 카펫을 만든다면 스킨 퍼멘티드 샤르도네가 딱 그런 맛일 거다. 샤르도네의 세련미와 관능미에 한 번 빠지면 헤어나오기 힘들다. 그동안 왜 샤르도네를 부끄러워했는지 후회할 것이다.

고데요 Godello
미디엄 바디/ 산도: 중상/ 드라이

---

[33] 칼데콧상과 퓰리처상을 받은 작가로 영어의 파닉스(Phonics, 음향학) 하면 떠오르는 작가다.

고데요 오렌지 와인은 최고급 스페인 패브릭이 입안을 스치는 기분이다. 메이플시럽에 푹 담근 골든 딜리셔스 애플[34]향을 풍기며, '스윗타트' 레몬·파인애플맛 캔디로 만든 실크 크레이프 패브릭 맛이 난다. 한 병을 홀라당 비우고 낮잠을 한숨 푹 자고 싶게 만든다.

마카베오/비우라 Macabeo/Viura
미디엄 바디/ 산도: 상/ 드라이

오렌지 와인을 처음 접하는 사람을 위한 와인이다. 파격적이지만, 접근성이 좋다. 꿀, 말린 꽃, 복숭아의 강렬한 아로마와 그에 못지않게 강력한 산도와 매끄러운 구조감이 동시에 느껴진다. 와인이 혀 위에서 발을 쿵쿵 구른다기보다 왈츠를 추는 기분이다.

피노 그리 Pinot Gris
미디엄 바디/ 산도: 중/ 드라이

피노 그리는 만다린, 배, 향신료가 가미된 '솔트워터 태피' 캔디의 향이 난다. 색상은 선명한 산호색에 가깝다. 겉모습을 닮은 산뜻한 시트러스, 배, 사과의 맛이 배어나는 프루트펀치맛이다.

---

34 미국이 원산지인 황금색 사과. 맛이 새콤달콤하며 수분이 많고 아삭아삭한 질감을 가진 것이 특징이다.

스파클링 와인

카바 Cava
라이트 바디/ 산도: 상/ 드라이

카바는 현실이라고 믿기 힘들 정도로 훌륭하다! 하지만 실제로 존재하고, 심지어 맛까지 훌륭하다! 마카베오, 사렐로(Xarel-lo), 파레야다(Parellada) 포도 품종을 섞은 스페인 와인으로 샴페인과 똑같게 만들어졌지만, 가격은 비뉴 베르데와 비슷하다. 레몬그라스와 풋사과의 산뜻한 향과 함께 미세한 기포가 터지면서 기념일을(평범한 날도) 더욱 특별하게 만든다. 합리적인 가격은 덤이다.

샴페인 Champagne
라이트 바디에서 풀바디까지/ 산도: 중상/ 오프 드라이에서 드라이까지

샴페인은 드라이한 정도와 숙성도에 따라 종류가 천차만별이다. 그러나 이런들 어떠하며 저런들 어떠하리? 그 유명한 샴페인인데! 래퍼, 요트 소유주, 일반인 할 것 없이 만인의 뮤즈이자, 섬세하고 구조감 있는 기포와 우아함으로 칭송받는 귀하신 몸이다. 샤르도네, 피노 누아, 피노 뫼니에르(Pinot Meunier)의 블렌딩 조합이 가장 일반적이다. 레몬, 치자꽃, 견과류 페이스트리의 풍미가 일품인 '맛있는 사치'를 즐겨보자.

크레망 Crémant

라이트 바디/ 산도: 중상/ 드라이

프랑스어를 몰라도 '크레망'의 의미가 차가운 기포라는 것을 짐작할 수 있다. 샴페인처럼 전통 공법으로 만들지만, 저온압착 한다는 점이 다르다. 그래서 화이트 와인과 비슷하지만, 여전히 파티 기분을 자아낸다. 크레망 달자스(Crémant d'Alsace)와 크레 망 드 루아르(Crémant de Loire)가 다른 것처럼, 크레망의 풍미는 AOC에 따라 십인십색이지만 극상의 가벼움, 힘을 완전히 뺀 편 안함, 지극히 훌륭한 맛을 지녔다는 공통점이 있다. 상큼한 사 과, 배, 우리 엄마가 만든 레몬바 디저트의 풍미가 느껴진다.

프란치아코르타 Franciacorta

라이트 바디에서 풀바디/ 산도: 상/ 드라이

스파클링 와인이라는 동화 나라에 세 자매가 살고 있었다. 첫 째가 샴페인, 막내가 카바 그리고 둘째가 바로 프란치아코르타 이다. 전통 공법으로 만든 이탈리아 와인으로 살구, 레몬의 과일 향, 꽃향, 아몬드향을 발산하며, 숙성단계를 거치면 샴페인처럼 크리미해진다.

페티앙 나튀렐 Pétillant Naturel

라이트 미디엄 바디/ 산도: 상/ 드라이

어떤 스파클링 와인은 발효 전에 병입해서 밀봉한다는 이야 기를 기억하는가? 바로 페티앙 나튀렐의 이야기다! 아무 포도 품종을 써도 되기 때문에 풍미 또한 가지각색이다. 그러나 여과를 하지 않는다는 공통점이 있어서, 언제나 어김없는 재미를 선사한다. 시큼하고, 활기차고, 콤부차[35]를 연상시키는 풍미의 페티앙 나튀렐은 내 인생 와인이다.

프로세코 Prosecco
라이트 미디엄 바디/ 산도: 중/ 드라이

프로세코는 달콤하고 장난기 넘치는 바캉스 원피스를 닮았다. 프로세코가 풍기는 젊음과 꽃향기는 탱크 발효 과정에서 생성된다. 탱크 발효는 와인 고유의 신선함과 아로마를 보존해준다. 과일 맛이 지배적이고, 크리미한 단물과 사과의 맛이 난다.

도대체 드미 세크란 무엇인가?! 드라이부터 스위트까지, 와인의 당도를 분석해보자

갑자기 미모사 칵테일이 당겨서 마트에 달려가 평소에 마시던 스파클링 와인을 사 왔는데, 집에 와서 열어보니 너무 달아서 실망한 적이 있는가? 스파클링 와인은 같은 종류라도 당도가 다를 수 있다. 다음부터는 라벨을 보고 다음의 키워드를 확인하자. 그러면 당신이 계획했던 브런치에 딱 어울리는 와인을 찾을 수 있을 것이다.

---

35 설탕을 넣은 녹차나 홍차에 유익균을 넣어 발효시킨 음료.

- 브뤼 나튀르(Brut Nature): 가장 드라이하다. 아타카마 사막 급이다.
- 엑스트라 브뤼(Extra Brut): 매우 드라이하다.
- 브뤼(Brut): 드라이하다
- 엑스트라 드라이(Extra Dry)/엑스트라 세크(Extra Sec): 약간 드라이하고, 단맛이 살짝 느껴진다.
- 드라이(Dry)/세크(Sec): 이런, 달달해지기 시작했다.
- 드미 세크(Demi-Sec): 매우 달다.
- 두(Doux): 제기랄, 무지막지하게 달다.

 이번 챕터가 당신에게 이런 존재가 됐으면 좋겠다. 어느 늦은 저녁 갑자기 와인이 생각날 때, 무엇을 마실지 고민하지 않게 도와주는 길잡이가 됐으면 좋겠다. 그리고 언제나 새로운 와인에 도전하게 영감을 불어넣는 존재가 되길 바란다. 내가 추천한 와인을 모두 마신 후에도, 여기엔 등장하지 않지만 저 넓은 세상에 존재하는 수많은 와인을 찾아 나서게, 다양한 와인을 맛보고 표현하고 이야기하게 영감을 불어넣는 존재가 되길 희망한다. 그러다 어느 날 친구들이 와인숍에 갈 때마다 당신에게 문자를 보내는 날이 올지 누가 알겠는가?
 지금은 마냥 우스갯소리로 들릴지 모르겠지만, 누구나 그런 문자를 받는 사람이 될 수 있다는 것을 보여주는 게 이 책의 목표다.

To-Drink-List

1. 내가 추천한 와인 중 하나를 고른다.
2. 와인을 마시고 느낀 점을 휴대폰에 기록한다. '딜렉터블(Delectable)' 같은 와인 앱도 좋고, 평범한 메모 앱도 좋다. 아니면 그냥 메모지에 써도 된다.
3. 내 테이스팅 노트와 비교해보고, 다른 부분을 찾는다.
4. 이 와인을 좋아할 만한 친구를 찾아서 와인에 대해 알려준다. 이 와인이 어울릴 것 같다며 추천해주는데 싫어할 사람은 아무도 없다. 친구는 자신이 특별해진 기분이 들 테고 당신은 와인을 표현하는 방법을 연습할 수 있으니, 일석이조다. 아예 약속을 잡아서 함께 마시는 것도 좋은 방법이다.
5. 다음에는 종류가 같되 산지가 다른 와인을 선택한다. 내 테이스팅 노트와 당신의 테이스팅 노트가 어떻게 다른지 비교하고, 다른 부분을 찾는다.

Chapter 5
나만의 와인 테이스팅 노트 공개

RED WINES
레드 와인

본 드라이

바르베라
말벡(서늘한 기후)
몬테풀치아노
네비올로

드라이

풋풋한
카베르네 프랑
카베르네 소비뇽(서늘한 기후)
산지오베제

드라이

시큼한 과일
생소
쿠누아즈
가메
피노 도니스
피노 누아(서늘한 기후)
트롤링거/스키아바
발디귀에
츠바이겔트

드라이

농익은 과일
카리냥
그르나슈
말벡(따뜻한 기후)
무르베드르
네로 다볼라
피노 누아(따뜻한 기후)
생로랑
시라
트루소
진판델

세미 스위트

람브루스코

WHITE WINES
화이트 와인

본 드라이

알바리뇨
샤블리
뮈스카데/믈롱
차콜리
비뉴 베르데

드라이

시큼한
아시르티코
샤르도네(서늘한 기후)
슈냉 블랑
그뤼너 펠트리너
피노 그리지오
소비뇽 블랑
베르멘티노

드라이

농익은
샤르도네(따뜻한 기후)
트로켄 리슬링 Trocken Riesling
할브트록켄 리슬링 Halbtrocken Riesling
세미용
슈페트레제 리슬링 Spätlese Riesling

세미 스위트

복숭아, 꽃, 단 레몬
게뷔르츠트라미너

Chapter 5
나만의 와인 테이스팅 노트 공개

6
Chapter

와인 한잔 하면서 세계일주

알아두면 유용한

와인 산지

--- WINE. ALL THE TIME. ---

와인을 만드는 데 지역적 제약은 없지만, 세계적으로 유명한 와인 산지가 10곳 있다. 수천 년 전부터 와인을 만들기 시작한 올드월드부터 신생 생산국인 뉴월드까지, 이번 챕터에서는 세계 최고의 와인 생산국을 빠르게 훑을 예정이다. 각 산지의 대표 버라이어털을 알아보고, 그곳 토양을 분석해서 테루아르에 대한 개념을 심어줄 계획이다. 일주일 후에 지리 테스트를 보자는 건 아니지만, 토지에 대한 기본 지식을 어느 정도 갖춰놓아야 내가 무엇을 마시는지 제대로 알고, 이해할 수 있다.

좋은 와인은 포도가 자란 토지의 거울이다. 흙, 기후, 토종식물(또는 외래종) 등 포도원의 환경을 그대로 반영한다. 이 환경적 요인을 통틀어 멋들어진 프랑스어로 '테루아르'라고 한다. 발음이 워낙 어려워서 나도 세 번에 두 번은 틀리게 말한다. 테루아르는 토지 고유의 특징을 가리키며, 포도 못지않게 와인의 맛에 지대한 영향을 끼친다. 이탈리아 에트나산의 화산지대부터 캘리포니아 연안의 서늘한 해양층까지, 포도원의 자연적 요소가 저마다 독특한 와인의 맛을 만들어낸다. 그래서 버라이어털이 같아도, 맛이 다를 수 있다.

그르나슈를 예로 들어보자. 이 레드 와인은 전 세계적으로 생산된다. 그래서 산지에 따라 술에 절인 과일 젤리 맛이나 향신료를 가미한 감초 맛이 난다. 스페인 남부에서 생산한 가르나차(일명 그르나슈)는 기후가 서늘한 프랑스 남부보다 따뜻하기 때문에 알코올 함량(ABV)과 당도가 높다. 가메도 마찬가지로 산지에 따라 맛이 다르다. 프랑스 보졸레 지역의 화강암 토양과 루아르 계곡의 석회암 토양이 와인에 각각 다른 영향을 미치기 때문이다.

서늘한 기후 와인 VS 따뜻한 기후 와인

와인의 특징을 빠르게 판별할 수 있는 기준 중 하나가 기후다. 서늘한 기후에서 만든 와인은 시큼하고 산도가 높다. 따뜻한 기후에서 만든 와인은 상대적으로 당도가 높고, 산도가 낮으며, 농익은 풍미를 지녔다. 샤르도네를 대표적인 예로 들 수 있다. 서늘한 캘리포니아 소노마 해안에서 만든 샤르도네는 시트러스향과 산도가 도드라지며, 따뜻한 나파 지역의 샤르도네는 열대과일향이 짙고 산도가 적다.

와인 산지는 생산자 못지않게 높은 명성을 누린다. 와인의 품질과 특성에 큰 영향을 미치기 때문이다. 마치 H&M에서 무더기로 파는 가죽가방과 이탈리아 장인이 공들여 만든 부드러운 가죽가방이 다른 것처럼 말이다. 많은 나라에서 정부가 나서서 명칭을 관리하고 인증한다. 캘리포니아 치노 힐스에서 만든 구정물 같은 와인이 샴페인 라벨을 달고 팔리는 사태를 방지하기 위해서다. 아마 AOP, AOC, DOC라는 약자를 본 적이 있을 것이다. "얘들은 모두 정품이야!"라는 의미다. 이 명칭은 와인을 어떤 방식으로 만들고, 어떤 포도를 사용하고, 어떤 지역에서 얼마큼 숙성시킬지 등 엄격한 규정에 따라 만들어졌음을 의미한다. 이런 명칭은 산지를 증명해주지만, 그렇다고 그 와인이 무조건 훌륭하다는 건 아니다. 엄격한 규정을 충족시켜도 형편없는 와인이 생산될 수 있고, 규정이나 인증을 받지 않아도 맛있는 와인이 탄생하기도 한다. 이렇게 생각해보자. '오프라 윈프리 북클럽'에서 추천하는 책은 당연히 믿을 만하다. 하지만 세상에는 이것 말고도 좋은 책이 얼마든지 있다.

와인 산지의 개수는 시작도 하기 전에 지칠 만큼 많다. 하지만 하나하나 다 알 필요는 없으니까, 걱정하지 말자. 지명을 모조리 외워야만 와인을 알고 즐길 수 있는 거였다면 오늘날의 나는 존재하지 않았을 것이다. 그보다는 지역과 테루아르를 생각하기 시작했다는 사실 자체가 중요하다. 그리고 그것이 와인에 미치는 영향, 특히 당신이 좋아하거나 싫어하는 와인에 미치는 영향 정도만 알면 충분하다. 그 지역이 어느 대륙에 붙어 있는지 정확히 몰라도, 최소한 머릿속으로 그려볼 수는 있다. 토스카나에 직접 가지 않아도 이런 상상은 해볼 수 있지 않은가? "어디보자. 토스카나면 이탈리아구나!" 햇살이 내리쬐는 언덕에 별장이 한 채 있다. 영화배우 다이앤 레인이 발코니에 서 있고, 카치오 에 페페—나는 실제로 토스카나에 가봤지만, 안타깝게 다이앤 레인도, 파스타도 보지 못했다. 하지만 그건 별로 중요하지 않다. 와인을 마시고 느낀 점을 머릿속에 새겨두는 것이 가장 중요하다.— 파스타도 보인다. 와인은 마실수록 그 지역과 가까워진다. 단어장도 필요 없다. 선호하는 와인 산지가 생기면 자연스럽게 그 지역이 궁금해질 테니 말이다.

자, 이제 동에 번쩍 서에 번쩍 돌아다닐 준비가 되었는가? 우리는 두 곳을 여행할 예정이다. 바로 올드월드와 뉴월드다. 앞으로 이 용어에 익숙해지도록 하자. 와인의 세계에서는 이 단어가 두 가지 의미로 사용되는데, 물리적 위치를 가리키거나 와인을 묘사하는 테이스팅 용어로 사용된다. 두 단어 모두 해당 지역 고유의 와인 스타일과 관련이 있지만, 그렇다고 뉴월드 지역에서 올드월드 스타일의 와인을 만들지 못하는 것은 아니다.

올드월드는 프랑스, 독일, 이탈리아, 포르투갈, 스페인처럼 수천 년 전부터 와인을 만들어온 지역을 가리킨다. 올드월드 와인은 상대적으로 바디감이 가볍고, 산도가 높으며, 알코올 함량이 낮은 것이 특징이다.

Chapter 6
와인 한잔 하면서 세계일주

프랑스
FRANCE

기본적인 생필품부터 사치품에 이르기까지 프랑스 제품은 언제나 기본에 충실하면서도 절대 우아함을 잃지 않는다. 이러니 테루아르라는 개념이 프랑스에서 비롯된 것도 무리는 아니다. 프랑스는 복잡성보다 단순성을 선호한다. 이처럼 미니멀리즘과 토지를 존중하는 자세가 시대를 초월하는 와인을 탄생시켰다. 스트라이프 티셔츠처럼 캐주얼한 와인부터 샤넬 트위드 재킷처럼 고급스러운 와인을 자유자재로 넘나든다. 프랑스 와인은 작은 시골 마을의 블렌드 와인이든, 소더비즈 경매회사가 선보인 최고급 레드 와인이든 진정한 섬세함과 세련미가 무엇인지 한 수 가르쳐준다. 프랑스에서 가장 유명한 와인 산지를 살펴보자.

알자스 Alsace
프랑스 북동부

요점: 이웃인 독일의 영향을 많이 받아서 과일 맛이 강하고 아로마틱한 드라이 화이트 와인을 생산한다.

토질: 점토, 화강암, 석회암, 사암, 화산암

주요 버라이어털: 게뷔르츠트라미너, 피노 블랑(Pinot Blanc), 피노 그리, 뮈스카, 리슬링, 실바네르(Sylvaner)

크뤼란 무엇인가?

프랑스는 여러 지역과 권역에 수많은 '크뤼'가 산재한다. 크뤼는 독특한 테루아르와 와인의 특성을 가진 포도원을 지칭한다. 예를 들어서 물랭아방 권역은 분홍색 화강암과 마그네슘 토양으로 유명하며, 보졸레 지역에서 가장 구조감이 뛰어나고 강한 와인을 생산한다. 프랑스에서는 '프르미에 크뤼(Premier Cru)', '그랑 크뤼(Grand Cru)'라는 표현도 사용하는데, 이는 수상 경력이 있는 포도원이나 마을을 가리킨다.

보졸레 Beaujolais
프랑스 중동부

요점: 가볍고, 시큼하고, 글루 글루한 레드 와인

Chapter 6
와인 한잔 하면서 세계일주

토질: 화강암, 석회암, 사암

알아두면 좋은 크뤼/권역: 브루이(Brouilly), 시루블(Chiroubles), 플뢰리(Fleurie), 쥘리에나스(Juliénas), 모르공(Morgon), 물랭아방, 레니에(Régnié), 생아무르(Saint-Amour)

보르도 Bordeaux
프랑스 서부

요점: 우아한 미디엄 바디의 블렌드 와인

토질: 보르도는 지대가 둘로 나뉜다. 왼쪽은 자갈 지대고, 오른쪽은 점토와 석회암 지대다.

알아두면 좋은 권역:
- 왼쪽 지대: 마르고, 메독, 포이악, 생테스테프, 생줄리앙
- 오른쪽 지대: 카농 프롱삭, 코트 드 블레예, 코트 드 부르그, 프롱삭, 포므롤, 생테밀리옹

주요 버라이어털: 카베르네 프랑, 카베르네 소비뇽, 메를로, 말벡, 프티 베르도(Petit Verdot), 소비뇽 블랑, 세미용

버건디 Burgundy/부르고뉴 Bourgogne(프랑스어 명칭)
프랑스 중동부

요점: 피노 누아와 샤르도네의 정석

토질: 석회암, 백악

알아두면 좋은 권역: 샤블리, 코트 드 본, 코트 샬로네즈, 코트 드 뉘, 마코네

주요 버라이어털: 샤르도네, 피노 누아

샹파뉴 Champagne
프랑스 북부
요점: 최상의 기포감

토질: 석회암, 백악

알아두면 좋은 권역: 코트 데 블랑, 코트 드 세잔, 몽타뉴 드 랭스, 발레 드 라 마른, 오브

주요 버라이어털: 샤르도네, 피노 누아

코트 뒤 론 Côtes du Rhône
프랑스 동남부
요점: 감칠맛 나고 섹시한 와인부터 가볍고 접근성이 좋은 와인까지 범위가 매우 넓다.

토질: 점토, 화강암, 석회암, 모래

알아두면 좋은 권역:
- 북부 론: 콩드리유, 코르나스, 코트 로티, 크로즈 에르미타주, 에르미타주, 생 조셉, 생 페레
- 남부 론: 봄 드 브니즈, 샤토뇌프 뒤 파프, 리락, 라스토, 타벨, 바케라스, 뱅소브르

주요 버라이어털: 생소, 쿠누아즈, 그르나슈 누아, 마르산(Marsanne), 루산(Roussanne), 시라, 위니 플랑(Ugni Blanc), 비오니에

Chapter 6
와인 한잔 하면서 세계일주

쥐라 Jura

프랑스 동부

요점: 일부러 산화시킨 색다른 화이트 와인

토질: 자갈

알아두면 좋은 권역: 아르부아, 샤토 샬롱, 코트 뒤 쥐라, 크레망 뒤 쥐라, 레투알, 막뱅 뒤 쥐라

주요 버라이어털: 샤르도네, 피노 누아, 트루소

랑그독 루시옹 Languedoc-Roussillon

프랑스 남부

요점: 미묘하고 투박한 레드 와인

토질: 백악, 자갈, 석회암, 모래, 토사

알아두면 좋은 권역: 코르비에르, 코토 뒤 랑그독, 포제르, 미네르부아, 생 시니앙

주요 버라이어털: 카베르네 소비뇽, 샤르도네, 메를로, 소비뇽 블랑, 시라, 비오니에

루아르 Loire

프랑스 서부

요점: 높은 산도

토질: 화강암, 자갈, 석회암, 화산암

알아두면 좋은 권역: 부르괴이유, 시농, 크레망 드 루아르, 몽루이, 뮈스카데, 푸이이 퓌메, 상세르, 투렌, 부브레

주요 버라이어털: 카베르네 프랑, 샤르도네, 슈냉 블랑, 코, 가메, 그 롤로(Grolleau), 피노 도니스, 피노 누아, 소비뇽 블랑

프로방스 Provence
프랑스 동남부
요점: 로제 와인이 유명하다.

토질: 점토, 석회암, 사암, 셰일

알아두면 좋은 권역: 방돌, 코토 덱상 프로방스, 레 보 드 프로방스

주요 버라이어털: 카베르네 소비뇽, 샤르도네, 그르나슈, 마르산, 무르베드르, 비오니에, 소비뇽 블랑, 세미용, 시라

Chapter 6
와인 한잔 하면서 세계일주

독일
GERMANY

- 라인가우 (RHEINGAU)
- 모젤 자르 루버 (MOSEL-SAAR-RUWER)
- 팔츠 (PFALZ)

독일은 생산성 높은 리슬링부터 신선한 뮐러 투르가우(Müller-Thurgau)까지, 세계적으로 유명한 화이트 와인 생산국이다. 강한 과일 맛과 역동적인 산미가 특징이다. 한편 레드 와인은 서늘한 기후 덕분에 슈패트부르군더(Spätburgunder)(피노 누아)와 도른펠더(Dornfelder)처럼 신선하고 생기가 넘친다. 독일어 라벨을 제대로 발음하지 못해도 상관없다. 병에 든 와인을 마시는 데는 아무런 문제가 없으니까!

<리슬링을 기피하지 말자>

사람들은 리슬링이란 이름만 들어도 달아도 너무 달다며 혀를 내두른다. 하지만 사실이 아니다! 드라이한 리스링도 존재한다. 본 드라이 와인을 찾는다면 트로켄 리슬링, 드라이한 와인을 찾는다면 할프 트로켄 리슬링을 선택하자.

모젤 자르 루버 Mosel-Saar-Ruwer
독일 중서부
요점: 독일의 서늘한 기후가 빚어낸 짜릿한 리슬링

토질: 점판암

주요 버라이어털: 뮐러 투르가우, 리슬링

팔츠 Pfalz
독일 남서부
요점: 비교적 따뜻한 기후가 빚어낸 다양한 버라이어털의 드라이 와인

토질: 석회질 토양, 사암, 현무암, 화산암

주요 버라이어털: 도른펠더, 뮐러 투르가우, 리슬링

라인가우 Rheingau
독일 중부
요점: 강한 과일 맛과 현저한 광물향의 와인

토질: 이회토, 점판암, 모래

주요 버라이어털: 리슬링, 슈패트부르군더(피노 누아)

이탈리아
ITALY

이탈리아는 고향에 돌아온 기분을 들게 한다. 사람과 음식 덕분이다. 소박함, 시끌벅적함, 거침없는 포옹, 토마토소스가 고향을 떠올리게 한다. 와인에도 이런 감정이 고스란히 담겨 있다. 이탈리아인에게 와인은 가족이자 음식이며 사랑과 필요에 의해 만들어진, 없어서는 안 될 필수요소다. 이탈리아 와인을 마실 때 잊지 말아야 할 사실이 있다. 대부분의 이탈리아 와인은 그 지역의 음식을 보완하기 위해 만들어졌다는 사실이다. 이탈리아인들은 와인을 별개의 음료수가 아니라 식사의 일부로 여긴다. 사랑하는 사람과 식사를 할 때도, 키우는 고양이를 안고 반주를 할 때도 이탈리아 와인은 우리를 절대 실망시키지 않는다. 푸짐한 부카티니(Bucatini)[36] 파스타처럼 마음이 충만해진다.

---

36 파스타의 한 종류로 면 중심부에 구멍이 뚫려 있어 빨대와 비슷한 모양이다.

아브루초 Abruzzo

이탈리아 중남부

요점: 리치하고, 허브향이 나는 레드 와인

토질: 점토, 돌밭

주요 버라이어털: 몬테풀치아노, 산지오베제, 트레비아노(Trebbiano)

프리울리 베네치아 줄리아 Friuli-Venezia Giulia

이탈리아 북동부

요점: 섹시하고 에너지가 넘치는 화이트 와인

토질: 점토, 자갈, 모래, 사암

주요 버라이어털: 카베르네 프랑, 카베르네 소비뇽, 샤르도네, 메를로, 피노 그리지오, 리볼라 지알라(Ribolla Gialla), 소비뇽 블랑

피에몬테 Piemonte

이탈리아 북서부

요점: 힘이 넘치고 날카로운 네비올로 와인의 산지

토질: 점토, 석회암, 모래

알아두면 좋은 권역: 아스티

주요 버라이어털: 아르네이스(Arneis), 바르베라, 바롤로(Barolo), 코르테제(Cortese), 돌체토(Dolcetto), 모스카토, 네비올로

사르데냐 Sardegna

이탈리아 남부 섬

요점: '베케이션 인 어 보틀'이라는 탄산음료처럼 석류와 베리류의 맛이 나는 짭짤한 화이트 와인

토질: 화강암, 석회암, 사암

주요 버라이어털: 카베르네 소비뇽, 칸노나우(Cannonau)(그르나슈), 카리냥, 말바지아(Malvasia), 모스카토, 베르멘티노

시칠리아 Sicilia

이탈리아 남부

요점: 어둡고 과일향이 강한 레드 와인, 바다의 풍미를 품은 화이트 와인

토질: 모래, 암석, 화산암

주요 버라이어털: 카타라토(Catarratto), 그릴로, 인졸리아(Inzolia), 네로 다볼라

트렌티노 알토 아디제 Trentino-Alto Adige

이탈리아 북부

요점: 오스트리아 와인의 특성에 이탈리아의 날카로움과 향신료가 더해진 와인

토질: 자갈

주요 버라이어털: 피노 블랑, 피노 그리지오, 게뷔르츠트라미너, 뮐러 투르가우, 스키아바

토스카나 Tuscany

이탈리아 중부

요점: 키안티 와인의 본고장

토질: 모래, 암석

주요 버라이어털: 카베르네 소비뇽, 샤르도네, 메를로, 몬테풀치아노, 산지오베제, 소비뇽 블랑, 트레비아노

움브리아 Umbria

이탈리아 중부

요점: 과일향의 레드 와인, 광물향의 화이트 와인

토질: 점토, 석회암, 화산암

주요 버라이어털: 그레케토(Grechetto), 사그란티노(Sagrantino), 산지오베제, 트레비아노

베네토 Veneto

이탈리아 북동부

요점: 훌륭한 블렌드 레드 와인, 소아베 화이트 와인

토질: 점토, 자갈, 모래, 화산암

주요 버라이어털: 카베르네 소비뇽, 샤르도네, 코르비나(Corvina), 메를로, 피노 그리지오, 프로세코, 론디넬라(Rondinella), 트레비아노

포르투갈
PORTUGAL

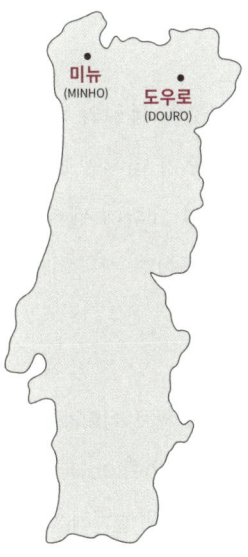

포르투갈에는 항구만 있는 게 아니다. 기포가 자글자글 올라오는 상쾌한 비뉴 베르데도 있고, 도우로 지역에서 생산되는 드라이한 레드 와인도 있다.

토질: 모래, 석회암

주요 버라이어털: 알바리뇨, 아린투(Arinto), 바가(Baga), 로레이루(Loureiro), 템프라닐루(Tempranillo)(틴타 호리스(Tinta Roriz), 아라고네스(Aragonez)라고도 한다), 토리가 프랑카(Touriga Franca), 토리가 나시오날(Touriga Nacional)

오스트리아
AUSTRIA

오스트리아 와인은 이웃인 독일의 와인과 매우 닮은 듯하지만, 사실 오스트리아의 기후가 더 따뜻하다. 오스트리아 와인 중에는 상큼한 화이트 와인인 그뤼너 펠트리너가 가장 유명하다. 이 밖에도 고급스럽고 드라이한 풀바디의 화이트 와인들도 생산된다.

토질: 충적토, 화강암, 편마암, 황토, 석회암, 점판암
주요 버라이어털: 블라우프랭키쉬(Blaufränkisch), 그뤼너 펠트리너, 피노 블랑, 피노 누아, 리슬링, 웰치리슬링(Welschriesling), 츠바이겔트

그리스
GREECE

그리스 와인은 그리스의 지형을 많이 닮았다. 화산암 해변에 파도가 부서져서 차가운 물보라가 이는 것처럼, 상쾌하지만 변덕스럽다. 그리스의 날씨는 따뜻한 지중해성 기후와 서늘한 해안성 기후를 오간다. 그래서 시노마브로(Xynomavro)처럼 리치하고 타닌감 있는 레드 와인, 아시르티코처럼 짭짤한 화이트 와인 등 다양한 와인이 생산된다.

토질: 석회암, 화산암, 양토, 점토, 편암, 이회토

주요 버라이어털: 아기오르기티코(Agiorgitiko), 아시르티코(Assyrtiko), 만딜라리아(Mandilaria), 로디티스(Roditis), 시노마브로

스페인
SPAIN

- 리아스 바이사스 (RIAS BAIXAS)
- 리오하 (RIOJA)
- 리베라 델 두에로 (RIBERA DEL DUERO)
- 루에다 (RUEDA)
- 페네데스 (PENEDÈS)
- 프리오라트 (PRIORAT)

    개인적으로 스페인을 생각하면 우둘투둘한 돌밭과 기름진 음식이 떠오른다. 스페인 와인도 이런 점을 빼닮아서 질감과 풍요함이 가득하다. 마치 까슬한 튀김옷에 속은 부드러운 크로켓을 베어 먹는 기분이다. 좋은 의미로, 아직 다듬어지지 않은 매력이 있다. 스페인 음식이 파에야에서 가볍고 모던한 요리로 바뀌는 추세에 맞춰서 스페인 와인도 변화하고 있다.

페네데스 Penedés

스페인 북동부

요점: 카바, 카바, 카바! 카바 와인과 묵직함이 입안을 강타하는 레드 와인의 생산지다.

토질: 자갈, 모래, 토사

주요 버라이어털: 샤르도네, 가르나차(Garnacha), 마카베오, 메를로, 모나스트렐(무르베드르), 파레야다, 사렐로(앞서 언급한 품종은 모두 싱글 버라이어털 화이트 와인 또는 카바 와인을 만드는 데 사용된다), 템프라니요

프리오라트 Priorat

스페인 북동부

요점: 육중한 레드 와인

토질: 돌밭, 토사

주요 버라이어털: 카베르네 소비뇽, 가르나차, 메를로, 템프라니요

리아스 바이사스 Rias Baixas

스페인 북서부

요점: 아로마틱한 화이트 와인

토질: 화강암, 모래, 점토

주요 버라이어털: 알바리뇨

리베라 델 두에로 Ribera del Duero

스페인 중부

요점: 리치하고, 생기 넘치고, 부싯돌 맛이 나는 레드 와인

토질: 모래, 석회암, 자갈

주요 버라이어털: 카베르네 소비뇽, 가르나차, 템프라니요, 틴토 피노(Tinto Fino)

리오하 Rioja

스페인 중북부

요점: 템프라니요 생산지로 유명하다.

토질: 점토, 석회암, 사암

주요 버라이어털: 가르나차, 마카베오(비우라), 템프라니요

루에다 Rueda

스페인 중북부

요점: 허브향과 과즙미가 풍부한 화이트 와인

토질: 자갈, 돌밭, 석회암

주요 버라이어털: 베르데호

뉴월드는 아르헨티나, 호주, 미국 등 근래에 와인 시장에 뛰어든 국가를 가리킨다. 뉴월드 와인은 농익은 과일향이 나고, 알코올 함량이 높다.

아르헨티나
ARGENTINA

아르헨티나 와인이 생소한 건 당신만이 아니다. 세계 최대 와인 생산국에 속하지만, 최근까지 대부분 내수용으로만 소비됐다. 그러나 아르헨티나의 소박하고 농익은 말벡이 프랑스산 말벡을 제치고 폭발적인 성공을 거둔 이후 수출량이 늘어났다. 벨벳처럼 부드러운 레드 와인부터 꽃향기가 나는 아로마틱한 화이트 와인까지, 아르헨티나 와인은 모두를 충족시키는 팔색조의 매력을 갖췄다.

라 리오하 La Rioja
아르헨티나 북부

Chapter 6
와인 한잔 하면서 세계일주

요점: 아르헨티나에서 가장 오래된 와인 산지로 토론테스(Torrontés) 와인이 유명하다.

토질: 점토, 토사

주요 버라이어털: 시라, 토론테스

멘도사Mendoza
아르헨티나 중서부

요점: 당신이 가장 좋아하는 말벡의 생산지가 바로 이곳이다.

토질: 모래, 토사, 점토

주요 버라이어털: 카베르네 소비뇽, 세레사(Cereza), 샤르도네, 크리오야 그란데(Criolla Grande), 말벡, 템프라니요

파타고니아Patagonia
아르헨티나 남부

요점: 아르헨티나에서 가장 서늘한 지역에서 생산된 상큼한 레드 와인

토질: 충적토, 돌밭, 자갈 석회암

주요 버라이어털: 말벡, 메를로, 피노 누아

살타Salta
아르헨티나 북서부

요점: 붉은 바위 협곡으로 둘러싸인 환경에서 만든 풀바디 레드 와인

토질: 모래, 점토

주요 버라이어털: 카베르네 소비뇽, 말벡, 메를로, 타나(Tannat)

호주
AUSTRALIA

호주 와인은 잼 같은 풀바디 레드 와인으로 유명하지만, 기후가 따뜻한 남반구의 나라는 저렴하고 달달한 캥거루 라벨 와인 말고도 선보일 와인이 무궁무진하다. 호주도 캘리포니아처럼 기후가 서늘한 지역에서 여러 차례의 시도 끝에 마트용 '시라즈'가 아닌, 프랑스의 '시라'를 닮은 섬세한 와인을 만드는 데 성공했다.

뉴사우스웨일스 New South Wales

호주 남동부

요점: 잘 숙성된, 훌륭한 세미용

토질: 양토, 점토, 사암

주요 버라이어털: 샤르도네, 세미용, 시라즈, 템프라니요, 베르델호 (Verdelho)

사우스오스트레일리아 South Australia

호주 남동부

요점: 올드 바인 시라즈, 론 블렌드

토질: 테라 로사, 석회암, 모래와 점토가 섞인 양토

주요 버라이어털: 카베르네 소비뇽, 샤르도네, 그르나슈, 무르베드르, 리슬링, 시라즈

빅토리아 Victoria

호주 남동부

요점: 스파클링 와인, 서늘한 기후에서 생산된 피노 누아

토질: 캄브리아기 토양, 화강암, 붉은 석회질 점토

주요 버라이어털: 샤르도네, 뮈스카델(Muscadelle), 피노 누아

웨스턴오스트레일리아 Western Australia

호주 남서부

요점: 생기 넘치는 보르도 스타일 와인

토질: 자갈, 사질 양토

주요 버라이어털: 카베르네 소비뇽, 샤르도네, 슈냉 블랑, 메를로, 세미용, 시라즈

남아프리카공화국
SOUTH AFRICA

● 팔 (PAARL)
● 스텔렌보스 (STELLENBOSCH)

　남아프리카공화국은 무려 삼백 년 전부터 포도를 재배했지만, 최근에서야 비로소 뉴월드 강국으로 부상했다. 서늘한 기후와 따뜻한 기후가 공존하는 덕분에 캘리포니아 카베르네에 버금가는, 과즙이 풍부하고 알코올 함량이 높은 레드 와인은 물론 소비뇽 블랑처럼 산미가 강한 화이트 와인도 생산된다. 아, 게다가 남아프리카공화국 토종 포도인 피노타주(Pino-tage)도 있다! 피노 누아와 생소를 교배해서 만든 품종이다.

Chapter 6
와인 한잔 하면서 세계일주

팔Paarl

남아프리카공화국 남서부

요점: 리치한 레드 와인, 열대과일향의 화이트 와인

토질: 사암, 셰일, 화강암

주요 버라이어털: 카베르네 소비뇽, 샤르도네, 슈냉 블랑, 피노타주, 시라즈

스텔렌보스Stellenbosch

남아프리카공화국 남서부

요점: 리치한 레드 와인부터 편하게 즐길 수 있는 와인까지 모두 갖춘 보물창고

토질: 화강암, 사질 충적토, 사암

주요 버라이어털: 카베르네 소비뇽, 샤르도네, 슈냉 블랑, 메를로, 피노타주, 시라즈

칠레
CHILE

- 아콩카구아 계곡 (ACONCAGUA VALLEY)
- 카사블랑카 계곡 (CASABLANCA VALLEY)
- 센트럴 계곡 (CENTRAL VALLEY)

　칠레는 길고 좁은 지형을 가진 나라다. 양측에 각각 안데스 산맥과 4,300킬로미터가 넘는 태평양 해안을 접하고 있어서 와인을 만들기에 가장 이상적인 환경이 자연스럽게 갖춰졌다. 여름에는 따뜻하고 건조하며, 안데스 산맥의 눈이 녹아내려서 자연 관개가 가능하다. 칠레는 각양각색의 테루아르를 한꺼번에 갖춘 종합선물 세트다. 산미가 강한 화이트 와인부터 숙성시킬수록 풍미가 깊어지는 우아한 레드 와인까지 방대한 종류를 자랑한다.

Chapter 6
와인 한잔 하면서 세계일주

아콩카구아 계곡 Aconcagua Valley

칠레 북부

요점: 낮에는 뜨겁고 밤에는 서늘한 기후 덕분에 과일향이 짙은 레드 와인이 생산된다.

토질: 점토, 모래, 화강암, 충적토

주요 버라이어털: 카베르네 소비뇽, 카르메네르(Carménère), 메를로, 프티 베르도(Petit Verdot), 시라

카사블랑카 계곡 Casablanca Vally

칠레 북부

요점: 서늘한 기후, 산미가 느껴지는 화이트 와인

토질: 사질 양토, 점토

주요 버라이어털: 샤르도네, 피노 누아, 소비뇽 블랑

센트럴 계곡 Central Valley

칠레 중북부

요점: 보르도 스타일의 레드 와인부터 실험적인 화이트 와인까지 아우르는 광활한 지역

토질: 충적토, 화강암, 점토, 양토, 자갈

주요 버라이어털: 카베르네 소비뇽, 카르메네르, 메를로, 리슬링, 비오니에

뉴질랜드
NEW ZEALAND

뉴질랜드는 가장 전도유망한 뉴월드 와인 생산국으로 꼽힌다. 주로 화이트 와인이 유명하다. 뉴질랜드 와인은 꾸준히 이어지는 서늘한 기후 덕분에 전반적으로 신선하고 상큼한 특징을 갖는다.

토질: 경사암, 사암, 돌밭, 석회암, 편암
주요 버라이어털: 샤르도네, 피노 그리, 피노 누아, 소비뇽 블랑

Chapter 6
와인 한잔 하면서 세계일주

미국
UNITED STATES

- 워싱턴 (WASHINGTON)
- 오리건 (OREGON)
- 북부 캘리포니아 (NORTHERN CALIFORNIA)
- 시에라 풋힐스 (SIERRA FOOTHILLS)
- 센트럴 코스트 (CENTRAL COAST)
- 샌디에이고 (SAN DIEGO)
- 뉴욕 (NEW YORK)

    불과 얼마 전까지만 해도 미국이 '위대한' 와인을 만들 수 있으리라고 누구도 예상하지 못했다. 하물며 대다수의 미국인조차도 불가능할 거라고 생각했다. 캘리포니아 포도원들은 일찍이 1939년부터 '센스 있게 와인을 대접하세요!'라는 잡지광고를 내기 시작했다. 잘 차려입은 주부가 손님에게 와인을 대접하자 매우 만족해하더라는 내용의 일러스트 광고였다. 캘리포니아 와인자문위원회도 와인 요리 레시피 팸플릿을 무료로 배포했지만, 노력이 무색하게 아무도 미국 와인에 눈길조차 주지 않았다. 그러던 1976년, 파리에서 와인 품평회가 열렸다. 라벨을 가리고 와인을 평가하는 블라인드 테이스팅에서 캘리포니아 와인이 프랑스 와인을 누르고 세계무대에 우뚝 서는 기적이 일어났다. 볼드한 카베르네 소비뇽과 오크향의 샤르도네가 새로운 세계 기준으로 떠오르면서 미국 와인의 앨버트로스로 자리 잡았다. 오늘날 미국은 캘리포니아뿐 아니라 뉴욕, 태평양 북서부에도 와인 산지가 생겼다. 누군가 이렇게 외칠지 모른다. 미국 와인을 다시 위대하게!

캘리포니아 California

노던 코스트

요점: 오크향이 진한 클래식한 와인과 테루아르 영향이 짙은 라이트한 와인이 생산된다.

토질: 점토질 양토, 사질 양토, 화산암, 자갈

알아두면 좋은 권역: 멘도시노, 나파, 소노마

주요 버라이어털: 카베르네 소비뇽, 샤르도네, 피노 누아, 소비뇽 블랑

시에라 풋힐스 Sierra Foothills

요점: 론 계곡의 버라이어털로 만든 실험적인 와인

토질: 충적토, 양토, 돌밭, 화강암

주요 버라이어털: 카베르네 소비뇽, 샤르도네, 말벡, 메를로, 프티트 시라, 진판델

센트럴 코스트 Central Coast

요점: 피노가 가장 유명하지만, 최근 들어 이탈리아 스타일 와인의 요충지로 부상하고 있다.

토질: 모래, 석회암, 석회질 토양, 셰일, 양토, 자갈, 충적토

알아두면 좋은 권역: 파소 로블레스, 산타 바버라, 산타 이네즈

주요 버라이어털: 카베르네 소비뇽, 샤르도네, 메를로, 피노 누아, 산지오베제, 시라

샌디에이고 San Diego

요점: 아무런 규정 없이, 와인제조자 내키는 대로 만든다.

토질: 바위, 셰일, 화강암질 토양, 모래

주요 버라이어털: 카리냥, 쿠누아즈, 그르나슈, 프티트 시라, 산지오베제

뉴욕 New York

요점: 숙성시킬수록 풍미가 좋아지는 리슬링

알아두면 좋은 권역: 핑크 레이크스, 롱아일랜드

토질: 토사, 양토, 셰일, 점토, 모래

주요 버라이어털: 카베르네 프랑, 샤르도네, 콩코드, 프랑스 하이브리드 와인(바코 누아(Baco Noir), 세이발 블랑(Seyval Blanc), 비달 블랑(Vidal Blanc)), 게뷔르츠트라미너, 메를로, 리슬링

오리건 Oregon

요점: 천국을 연상시키는 서늘한 기후

알아두면 좋은 권역: 윌래메트 계곡, 남부 오리건

토질: 토사, 조리(Jory)[37] 양토, 윌라켄지(Willakenzie),[38] 자갈이 많은 양토

주요 버라이어털: 샤르도네, 가메, 메를로, 피노 그리, 피노 누아, 시라

워싱턴 Washington

요점: 섬세함이 가득한 농익은 와인

알아두면 좋은 권역: 왈라 왈라, 컬럼비아 계곡

토질: 토사, 모래, 자갈

주요 버라이어털: 카베르네 소비뇽, 샤르도네, 메를로, 리슬링, 시라

와인은 우리에게 무궁무진한 혜택을 제공한다. 그중 하나는 소파에 앉아서 세계일주가 가능하다는 점이다. 와인에는 그 지역의 일부가 고스란히 담겨 있다. 당신도 와인을 더 많이 마실수록 나라와 기후에 따른 차이점과 유사성을 느끼기 시작할 것이다. 이번 챕터를 와인 테이스팅 과정의 일부라고 생각하고, 내용을 잠시 되새기는 시간을 갖자. 와인의 향을 메모하듯, 와인 산지도 적어보자. 그러면 지식도 쌓이고, 시험공부처럼 스트레스받을 일도 없을 것이다. 기계처럼 산지를 달달 외울 필요는 없다. 그러나 산지가 와인에 어떤 영향을 미치는지 이해하면 당

---

37 오리건주의 공식토양이다. 1852년에 오리건에 정착한 조리 가문의 이름을 땄다.
38 오리건주의 윌래메트 계곡에서 발견되는 토양이다.

Chapter 6
와인 한잔 하면서 세계일주

신이 좋아하는 와인을 발견하고, 알아보고, 음미하는 데 도움이 된다.

To-Drink-List

1. 당신이 가장 좋아하는 와인들을 떠올린다. 이들 산지의 유사점이 있는가? 기후는 서늘한가 따뜻한가? 올드월드인가 뉴월드인가? 좋아하는 와인들의 공통점을 찾아서 적어둔다. 그리고 와인숍이나 레스토랑에서 어떤 와인을 찾는지 설명할 때 활용한다.
2. 매번 와인을 구매할 때, 한 번도 마셔보지 못한 산지의 와인을 고른다. 와인의 스타일과 테루아르는 어떤지, 와인의 풍미를 결정하는 산지와 포도원에 얽힌 재밌는 일화가 있는지, 와인숍 주인에게 물어본다.
3. 와인숍에 들어가기 전에 '테루아르' 발음을 5분간 연습한다. 테루아르, 테루아르….

7
Chapter

이케아 조립설명서보다 쉬운 와인 라벨 읽기

와인 라벨
해독하기

┌─────── WINE, ALL THE TIME. ───────┐

와인 라벨은 비유적으로나 실질적으로나 낯선 외국어를 읽는 것과 같다. 내가 비록 로망스어 속성수업을 해줄 능력은 없지만, 다행히 와인 라벨 읽는 법은 좀 안다. 라벨에는 법적으로 와인에 관한 특정 정보를 명시하게 되어 있다. 다행히 그 나라의 언어를 몰라도 라벨을 알아볼 수 있다. 이번 챕터를 읽고 나면 라벨 읽기가 훨씬 수월해질 것이다. 이케아 매뉴얼을 읽을 때처럼 "이 빌어먹을 것을 불태워버리겠어!"라며 분노할 일은 없을 것이다.

내가 초창기에 캘리포니아 와인만 마셨던 이유가 몇 가지 있다. 첫째, 캘리포니아에서 자랐고, 부모님도 항상 캘리포니아 와인만 마셨다. 둘째, 내게 익숙한 지역이다. 셋째, 프랑스어는 고등학교 때 스페인어 수업으로 바꾸기 전에 일주일간 배운 게 전부다. 그나마 스페인어도 '돈데 에스타 라 플라야?(Dónde está la playa?)'[39] 밖에 기억나지 않는다. 사실 캘리포니아 와인만 마셨던 결정적인 이유는 따로 있다. 라벨을 읽고 이해하기 쉬웠기 때문이다. 프랑스 와인의 라벨을 아무리 쳐다봐도 무슨 종류인지 몰라서 갈팡질팡하다가 결국 캘리포니아 와인을 집어든 적이 얼마나 많은지 모른다. 라벨이 영어인지 아닌지가 와인을 고르는 기준이었던 지난 세월이 참으로 안타깝다. 하지만 나만 그런 게 아니라는 걸 잘 안다. 그래서 그런 모습을 내 와인 인생의 오점이라고 생각하지 않는다.

와인 라벨은 우리를 위축시키고 혼란스럽게 만든다! 라벨을 보고 있자면 일 분이 한 시간처럼 느껴지고, 수만 가지 생각이 머리를 스친다. '이게 생산자인가 아니면 산지인가? 무슨 이름인 것 같은데. 프랑스어라고는 〈미녀와 야수〉 뮤지컬의 오프닝 곡 가사밖에 모르는데, 도대체 무슨 말인지 모르겠네. 그래, 무슨 종류인지만 알아내면 될 거야… 악! 그냥 샤르도네라고 간단하게 적으면 어디가 덧나? 으… 지난주에 마셨던 피노가 싸고 괜찮았는데, 그거나 다시 사야겠다.'

와인 라벨을 이해하기란 도저히 불가능한 일처럼 느껴진다. 나도 충분히 이해한다. 하지만 이제 그런 시절은 지났다. 그건 이 책을 읽기 전의 모습이다. 버라이어틸, 산지, 양조방식, 기후가 와인에 미치는 영향을 몰랐을 때의 일이다. 지금은 와인이 어떻게 만들어지는지도 안다. 이제 그 정보를 라벨에서 어떻게 찾

---

39 해변이 어디에 있나요?

Chapter 7
이케아 조립설명서보다 쉬운 와인 라벨 읽기

을지 배울 차례다. 장담하건대 라벨은 모든 정보를 담고 있다!

와인 라벨은 나라마다 표기 방법이 다르다. 미국처럼 양조장과 버라이어털을 명시하는 나라도 있고, 프랑스처럼 산지를 표기하는 나라도 있다. 나라별로 라벨이 어떻게 다른지 구체적으로 들어가기에 앞서, 모든 라벨에 공통으로 들어가는 내용을 알아보자.

생산자는 포도를 재배하고 와인을 만드는 와인양조장을 가리킨다. 미국을 제외한 대부분의 나라는 프랑스처럼 앞뒤 라벨 어딘가에 깨알만 한 글씨로 작게 표기한다. 미국은 앞라벨의 정중앙에 생산자를 표기한다. 참 '미국스럽지' 않은가?

미국 와인은 생산자 대신 **이름**을 쓰기도 한다. 양조장 규모가 크거나 대기업인 경우, 다양한 고객층에 맞는 브랜드명을 짓는다. 예를 들어서 브롱코 와인 회사는 찰스 쇼, 퀘일 크리크 셀러, 실버 리지 빈야드 등 60여 가지 이상의 와인을 생산한다. 그래서 미국 와인은 뒷라벨에 생산자가 있는지 확인해야 한다. 다만 상위 생산자는 아예 표기하지 않는 경우도 있다.

산지는 와인이 생산된 곳이다. 보르도처럼 광범위한 지역으로 표기하기도 하고, 보르도의 권역인 오 메독이나 포도를 재배한 포도원 등 더 세부적으로 들어갈 수도 있다. 일반적으로 라벨의 산지가 세부적일수록 와인의 품질도 좋지만, 항상 그런 건 아니다. 내가 좋아하고 또 자주 마시는 '뱅 드 프랑스'[40]는 그 어떤

---

40 지역을 명시하지 않은 프랑스산 와인이다.

와인보다 산지가 광범위하다.

버라이어털은 와인을 만드는 데 사용된 포도 품종이다. 뉴월드 와인은 보통 앞라벨에 버라이어털을 표기한다. 라벨에는 단일 품종만 적혀 있는데, 사실 하나의 주된 버라이어털에 다른 버라이어털을 소량 섞는 경우도 있다(라벨에 '카베르네 소비뇽'이라고 적혀 있어도, 사실 카베르네 80%와 메를로 20%를 섞은 것이다). 올드월드 와인의 경우, 버라이어털을 앞뒤 라벨에 표기하는 경우는 극히 드물다.

올드월드 와인은 버라이어털 대신 **아펠라시옹**을 표기한다. 아펠라시옹은 정부가 지정한 와인 지역으로 어떤 포도 품종을 재배하고 무슨 종류의 와인을 만들지 구체적으로 정해진 규정에 따라야 한다. 라벨에 '보졸레'만 쓰여 있고, '가메'는 어디에도 쓰여 있지 않은 연유도 바로 이 때문이다. 보졸레 지역은 AOP/AOC 규정에 따라 가메 품종만 재배한다는 사실을 모두가 알기 때문이다. 소비뇽 블랑을 찾는 사람에게는 헷갈리겠지만, 와인 산지가 높은 위상을 누리는 유럽에서는 지극히 당연한 일이다. 그래도 뒷라벨에 개미만 한 글씨로 버라이어털이 적혀 있을지도 모르니까 항상 확인해보자.

빈티지는 포도를 수확한 연도다. 빈티지가 다른 포도를 섞기도 하는데, 이런 와인을 '논 빈티지(NV)'라고 부른다. 논 빈티지 와인은 가격이 비교적 저렴하고 품질이 다소 떨어진다고 여겨진다. 내 생각에도 식료품점에서 파는 논 빈티지 와인은 그런 편이다. 하지만 논 빈티지 중에 품질이 좋은 것도 있으니까, 항상 와인숍 직원한테 물어보자.

과연 빈티지가 중요할까?

간단히 대답하자면 별로 중요하지 않다. 그러나 포도를 재배하고, 수확한 연도가 와인의 풍미에 영향을 미치는 것은 사실이다. 유난히 추웠던 해에 생산된 와인은 산미가 강하고, 비교적 더웠던 해에 생산된 와인은 알코올 함량이 높다. 올리비에 르마송의 레드 블렌드 와인을 예로 들어보자. R13(2013년에 포도를 수확)은 와인이 어디까지 기이해질 수 있는지 최고의 경지를 보여줌으로써 내 인생을 바꾼 와인 중 하나다. 두엄, 재스민, 축축한 삼나무의 향이 났고, 톡 쏘는 신맛의 블랙베리 맥주와 같은 맛이 났다. 반면 R14는 훨씬 부드럽고, 초콜릿 맛이 났으며, 악취도 덜했다. 2013년이 모든 와인제조자가 치를 떨었던 해라면, 2014년은 재배 환경이 훨씬 괜찮았다. 하지만 나는 모두가 싫어했던 그 와인이 너무도 좋았다! 빈티지에 따라 와인의 맛이 달라지는 것은 사실이지만, 와인을 고를 때 '좋은 빈티지'와 '나쁜 빈티지'를 기준으로 삼지 말자. 당신이 특별히 좋아하는 생산자가 있다면 빈티지에 상관없이 당신이 만족할 만한 훌륭한 와인을 생산할 테니 말이다.

부피당 알코올 함량(ABV)은 와인에 알코올이 얼마나 들어 있는지 나타낸다. 포도를 수확할 때 성숙도가 높을수록 알코올 함량도 높고, 와인의 풍미도 깊어진다. 만약 묵직한 와인이 싫다면

ABV를 주의 깊게 살펴보자. ABV가 14% 이상이면 풀바디 와인으로 분류된다.

미국에서만 유일하게 **이산화황 함유** 여부를 와인 라벨에 표기한다(국내산, 수입산 모두 해당). 1980년대에 알코올 반대 세력이 알코올 제품의 원재료 표기법을 주장했기 때문이다. 주류업계는 처음에는 코웃음을 쳤지만, 결국 경고 문구를 표기하겠다고 약속함으로써 반대 세력을 달랬다. 그런데 모든 와인에는 이산화황이 들어간다. 파머스 마켓에서 레게머리를 한 청년이 뭐라고 했든, '이산화황 무함유' 와인은 존재하지 않는다. 이산화황은 발효 과정에서 자연적으로 생성된다. '이산화황 무첨가'라고 적혀 있어도 와인에도 이산화황이 들어 있다는 사실을 기억하자. 고로 내추럴 와인에는 당연히 들어 있다.

잠깐! 와인 병 뒷면도 확인하자!

와인 병 앞면 말고 뒷면도 확인하자! 보통 앞라벨이 모든 시선을 독차지하기 마련이지만, 뒷라벨에도 관심을 나눠줘야 한다. 와인 수입자도 뒷면을 봐야 알 수 있고, 당연히 앞면에 있을 것이라고 생각한 정보가 뒷면에 표기된 경우도 왕왕 있다. 게다가 와인제조자가 와인이나 양조방식에 관한 추가정보를 뒷면에 공개하는 경우도 있다.

Chapter 7
이케아 조립설명서보다 쉬운 와인 라벨 읽기

뉴월드 와인의 라벨

뉴월드 와인의 라벨 읽기

 뉴월드 와인의 라벨은 단순명료하다. 아마 당신도 뉴월드 라벨이 더 익숙할 것이다. 앞면의 정중앙에 생산자/양조자와 버라이어털이 적혀 있고, 앞서 언급한 모든 정보가 라벨에 표기되어 있다. 다만, 배열방식은 제각각이다. ABV가 앞라벨에 적혀 있는 와인도 있고, 뒷면에 적힌 와인도 있다. 심지어 앞라벨이 아예 없는 와인도 본 적 있다. 그야말로 〈와일드 와일드 웨스트〉에 버금가는 무법천지다.

프랑스 와인의
라벨

프랑스 와인의 라벨 읽기

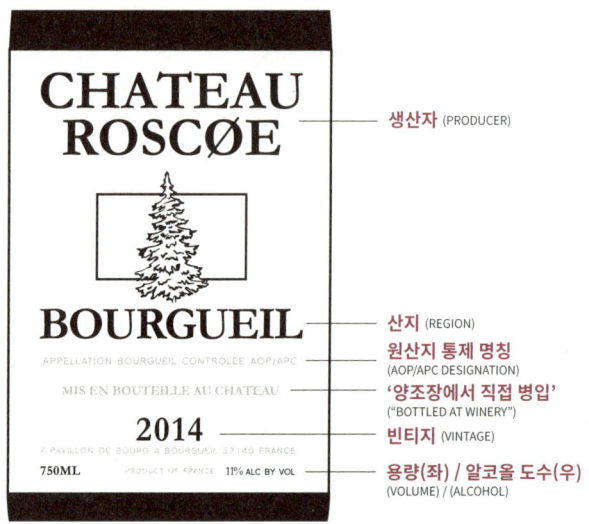

프랑스 와인의 라벨은 시선을 잡아끄는 매력이 있다. 라벨을 읽어보고 싶다는 욕구를 솟구치게 만든다. 구조적이고, 정교하며, 남보다 우월하다는 분위기를 발산한다. 그런 허세가 섹시하면서도, 거슬린다. 모든 사람이 당연히 자기를 알아야 한다는 태도 때문이다. 프랑스 와인에서 가장 눈에 띄는 정보는 산지다. 반면 버라이어털은 찾아보기 힘든 데다 블렌딩하는 경우도 많아서 더욱 헷갈린다. 프랑스 와인은 산지마다 재배하는 포도 품종을 규제하기 때문에, 무슨 지역이 어떤 포도를 재배하는지 안다면 프랑스 와인을 살 때 매우 유용하다. 그러니까 기본적으로 몇 군데는 반드시 기억해두자.

AOP/AOC 등급

AOP는 '아펠라시옹 도리진 프로테제(Appellation d'Origine Protégée, 원산지 보호 명칭)'의 약자다. 원래 AOC였는데 최근에 AOP로 바뀌었다. AOP는 와인 산지, 포도, 양조법을 기반으로 하는 품질 등급이다. 프랑스의 각 지역은 AOP 기준에 부합하는 각자의 규정을 만든다. 이론상 등급이 높고 규정이 엄격할수록 와인의 품질이 뛰어나다. 만약 식료품점이나 와인숍이 조금 미덥지 못하다면 AOP 등급이 매겨진 프랑스 와인을 사는 게 안전하다. 원래 유럽연합(EU) 전역에 AOP 등급을 적용할 계획이었으나, 이 글을 작성한 시점을 기준으로 전면 시행은 아직 미완이다. 가장 규정이 엄격한 등급부터 느슨한 수준까지 차례로 살펴보자.

AOP/AOC: 품질 등급 중에서 가장 기준이 엄격하다. 라벨에 AOP라는 문구가 있으면 통제된 구역에서 해당 지역의 법률이 요구하는 기준에 따라 만든 와인이라는 뜻이다.

IGPIndication Géographique Protégée, 지리적 보호 명칭: 제한하는 구역이 비교적 광범위하다. 규정도 상대적으로 느슨하지만, 반드시 준수해야 한다.

뱅 드 프랑스 Vin de France/**뱅 드 타블르**Vin de Table: 아무런 규정이 없다. 뭐, 프랑스 내에서 만들어야 한다는 규정이 있기는 하다. 그 외에는 지역적 제한도, 양조법에 대한 규제도 없다. 그래서 주류 판매점에서 무턱대고 사기에는 리스크가 있다. 나는 내가 신뢰하는 소매상에게 추천받은 뱅 드 프랑스를 마시는데, 생각보다 훌륭한 와인이 꽤 있다. 내 최애 와인 리스트에도 뱅 드 프랑스가 몇 개 들어 있다.

보졸레 와인

보졸레는 자체적인 브랜드를 여러 개 소유하고 있다. 내가 가장 좋아하는 지역인 만큼 꼭 소개하고 넘어가야겠다.

보졸레 누보 Beaujolais Nouveau: 갓 출시된 신선한 와인이다! 그해 가장 먼저 만들어진 와인으로, 단 몇 달 안에 포도 수확부터 병입까지 끝낸다. 매해 11월에 '보졸레 누보 축제'를 기념하는데, 수확 철의 끝을 축하하는 자리에서 보졸레 누보를 마시던 전통에서 유래했다. 많은 사람이 보졸레 누보를 마트에서 지어낸 상업적 홍보 전략으로 여기지만, 나는 편안함부터 정교함까지 모든 수준을 아우르는, 시대를 초월해서 포도를 기리는 세계적인 축제라고 생각한다. 무엇보다 누구의 비난도 받지 않고 가메에 대한 내 집착을 마음껏 발산할 수 있는 자유의 날이기도 하다. 실제 역사서에도 2차 세계대전 직후에 시작된 전통이라고 기록돼 있다. '와플의 날'과는 차원이 다르다. 와플의 날이야말로 5년 전에 크리스마스 선물로 받은 와플 기계를 가장 어두운 창고 구석에 처박아뒀다가 뒤늦게 꺼낸 사람의 마음을 편하게 해주려고 지어낸 날에 불과하다.

보졸레Beaujolais: 평범한 보졸레 와인이다. 즉, 유명한 포도원에서 만든 게 아니라는 뜻이다. 그렇다고 좋지 않다는 건 아니다. 여느 와인처럼 생산자에 따라 다를 뿐이다.

보졸레 빌라주Beaujolais-Villages: 보졸레 지역의 지정된 39개 마을에서 생산한 고품질 와인이다. 토질이 화강암 중점토라는 특징이 있다.

보졸레 크뤼Beaujolais Cru: 특정 포도원 10곳에서 생산한 최고급 보졸레 와인이다.

이탈리아 와인의 라벨

'이탈리아인이 더 잘한다.' 미국 의류 브랜드인 '어반 아웃피

터스'의 비꼬는 듯한 티셔츠 문구 같지만, 이 말은 사실이다. 이탈리아가 훨씬 잘한다. 파스타는 세계 최고 수준이고, 젤라토는 천상의 맛이다. 이탈리아 디자이너 구두를 산다고 저금한 돈을 날린 적이 한두 번이 아니다. 자동차, 피자, 달콤한 칭찬, 패션 등 이탈리아는 여러 방면에서 명실상부한 최고다. 와인 라벨만 빼고 말이다. 이런 말까진 차마 안 하려고 했는데, 솔직히 최악이다. 라벨 표기법도 가지각색이고, '산지오베제'를 표현하는 방식만 백여 가지에 달한다. 그러니 이탈리아인의 손짓을 일일이 해석하는 만큼 라벨 읽기도 여간 어려운 게 아니다. 그래서 몇 가지 팁을 알려주겠다.

이탈리아 와인의 라벨 읽기

Chapter 7
이케아 조립설명서보다 쉬운 와인 라벨 읽기

이 그림이 가장 일반적이고 전통적인 라벨의 모습이긴 하지만, 포도 또는 산지 위주로 표기된 라벨도 있다. 포도 위주로 표기된 라벨은 이렇게 생겼다. 포도, 드(d') 또는 디(di), 지역 또는 권역(예: Barbera d'Asti)이 순서대로 쓰여 있다. 산지 위주의 라벨은 꽤 노골적이다. 예를 들어서 토스카나라는 지역명이 DOC 등급과 함께 표기되어 있는 식이다.

산지오베제는 이탈리아에서 가장 많이 재배하는 포도 품종이다. 하지만 앞서 말했듯이 산지오베제를 표기하는 방식은 천태만상이다. 예를 들어서 키안티(Chianti) 와인은 모두 산지오베제다. 혹시 로소 디(Rosso di), 비노 디(Vino di) 또는 한 번도 들어보지 못한 단어가 있다면 산지오베제일 가능성이 크다. 만약 산지오베제를 피하고 싶다든가 포도 품종을 정확하게 알고 싶다면 판매자에게 문의하는 것이 가장 좋다. 그런데 산지오베제를 진짜로 안 좋아한다면 자신의 인생을 되돌아봐야 한다. 이탈리아 요리가 이탈리아의 영화감독 페데리코 펠리니의 영화라면 산지오베제는 니노 로타(Nono Rotta)의 영화음악이다. 한마디로 '라 돌체 비타(감미로운 인생)'이다.

DOC 등급

DOC는 이탈리아의 품질 등급 체계다. DOC도 프랑스의 AOP 등급처럼 와인 지역이 특정 규정을 준수해서 품질 높은 와인을 생산하도록 관리하는 목적에서 만들어졌다. 지역마다 포도 품종과 와인양조법을 제한하는 규정이 따로 있다. 이런 규정을 따르지 않는 와인도 있다. 그러므로 프랑스 와인처럼 이탈리아 와인도 DOC 승인을 받은 와인을 선택하는 게 안전하다. 다만, 몇 년 후에 DOC 등급도 유럽연합이 채택한 AOP 등급 체계로 바뀔 수도 있으니 염두에 두자.

DOCGDenominazione di Origine Controllata e Garantita: 와인의 품질과 정통성을 인증하는 최고 등급으로 기준도 가장 까다롭다.

DOCDenominazione di Origine Controllata: 제한하는 구역이 비교적 광범위하고, 규정도 상대적으로 느슨하다.

IGTIndicazione Geografica Tipica: 이탈리아 와인 중에 규정이 가장 느슨하지만, 품질은 여전히 훌륭하다. 카베르네 소비뇽이나 샤르도네처럼 외래종 포도의 사용을 허용한다.

중요한 사실은 나라와 상관없이 와인제조자가 원하는 대로 라벨을 만들 수 있다는 점이다. 모든 라벨에 통용되는 단일 포맷은 존재하지 않는다. 법적으로 반드시 고지해야 하는 정보를 어디에 배치할지는 전적으로 와인제조자의 재량이다. 와인이 그들의 예술 작품이듯 라벨도 예술적 표현의 일부라고 믿는 와인제조자가 많다. 일단 라벨 읽는 법에 익숙해지면 라벨 디자인이 아

Chapter 7
이케아 조립설명서보다 쉬운 와인 라벨 읽기

무리 창조적이라도 중요한 정보를 쏙쏙 골라낼 수 있게 된다. 도저히 불가능하다고 느껴질 수도 있다. 그러나 누구에게나 좌절하는 순간이 있다. 내 말을 믿어라. 캘리포니아 카베르네 소비뇽만 마시던 내가 지금은 론 밸리(Rhône Valley) 라벨을 판독하는 지경까지 올랐으니, 당신도 할 수 있다.

라벨 디자인을 보고
와인을 고르는 게 그렇게 나쁜가?

잠깐 다른 생각을 하면서 와인 코너를 지나는데 무언가 눈길을 확 사로잡는다. 세상에 태어나서 이렇게 아름다운 와인을 처음 본다. 당신이 좋아하는 색상을 가장 완벽한 빛깔로 재현해놓은 라벨이다. 난생처음 보는 영롱한 자태, 디자인은 심플하지만 절제미가 돋보인다. 마법에 홀린 듯 와인을 집어들고 라벨을 손가락으로 쓸어내린다. 이제껏 봤던 와인 병 중에 가장 멋있다. 이걸 안 사고 무슨 수로 배기겠는가?

계산대로 걸어가는 내내 심장이 쿵쾅댄다. 갑자기 머릿속에 작은 먹구름 한 조각이 드리운다. 라벨을 보고 와인을 고르지 말라고 했는데…. 그렇지 않은가? 분명 누군가 그렇게 말했었는데….

내 안의 전문가적 자아는 좋은 방법이 아니라고 말한다. 와인 산지, 버라이어털 등 라벨에 적힌 정보를 보고 판단해야지, 팬

톤 컬러북의 견본색과 일치한다고 와인을 선택하면 안 된다고 말이다. 반면 내 안의 소비자적 자아는 아름다운 디자인을 좋아한다! 솔직히 우리 모두 아름다운 라벨 디자인에 혹해서 와인을 사는 경우가 많다. 우리도 사람이다! 우리한테도 눈이 달려 있다! 아름다운 글씨체에 혹하게 되어 있다는 말이다!

만약 식료품점처럼 판매자의 와인 선정이 미덥지 않다면 라벨 디자인을 보고 와인을 고르지 말아야 한다. 라벨이 멋지다고 와인도 좋은 건 아니다. 8~10달러를 지불하고, 결국 실망할 것이다. 판매자는 바보가 아니다. 그들도 소비자가 라벨 디자인을 보고 와인을 고른다는 사실을 잘 안다. 그래서 시선을 잡아끄는 라벨을 만든다. 신제품이 아닌데도 멋진 라벨이 붙은 경우도 있다. 정말 어쩔 수 없는 경우가 아니라면 절대 마시지 않을 싸구려 와인을 포장만 다시 디자인해서 내놓은 것이다. 판매점을 신뢰할 수 없다면 무조건 산지와 버라이어털을 기준으로 와인을 선택해야 한다.

하지만 평소 애용하고 신뢰하는 와인숍이라면 라벨 디자인을 보고 와인을 골라도 된다. 판매자가 고심해서 선별한 와인이기 때문이다. 그러니까 멋진 물고기 그림이 덩그러니 그려진 이탈리아 와인을 사도 괜찮다. 프랑스어를 몰라서가 아니라 글씨 자체를 휘갈겨 써서 도무지 라벨을 읽을 수 없는 프랑스 와인도 괜찮다. 당신 눈에 멋져 보이는 걸로 골랐는데 실제 맛까지 훌륭한 와인을 새로 발탁한 기회가 될 수도 있다. 당신이 신뢰하는 판매자가 세컨드 라벨처럼 결함 있는 제품을 갖다 놓지는 않았

Chapter 7
이케아 조립설명서보다 쉬운 와인 라벨 읽기

을 테니 말이다.

'에라, 모르겠다.' 하고 성큼 다가가서 과감하게 와인을 고르자. 어쨌거나 당신이 가장 좋아하는 색상이 아닌가?

이번 챕터에서 이탈리아어를 배운 건 아니지만, 그래도 괜찮다. 이탈리아어를 몰라도 좋은 와인을 살 수 있다는 사실을 알게 됐으니 말이다. 제대로 알고 와인을 사려면 라벨에 익숙해져야 한다. 필요한 정보는 모두 라벨에 담겨 있다. 관심을 가질수록 정보가 더 쉽게 눈에 들어오는 법이다. 제발 내가 좋아하는 화이트 와인이길 기도하며 사는 것보다 훨씬 믿음직한 방법이지 않은가?

앞으로 와인을 마시면서 여러 나라의 다양한 라벨을 수없이 접할 것을 감안하면 이번 챕터에 소개된 라벨은 새발의 피다. 하지만 이번 챕터를 발판 삼아서 다른 나라의 라벨도 충분히 읽어낼 수 있을 것이다. 멋진 라벨도, 1999년의 앤젤파이어 웹사이트처럼 조잡한 디자인의 라벨도 말이다.

하지만 이것만은 반드시 기억하길 바란다. 라벨 디자인이 아무리 우스워도, 와인을 함부로 판단하지 말자. 내가 아는 바이오다이내믹 와인들은 라벨 디자인이 시골 상가의 치과 간판처럼 생겼지만, 맛 하나는 끝내준다. 와인 병도 사람처럼 내면을 보고 판단해야지, 초등학생 글씨체 같은 '코믹 샌즈' 폰트를 썼다고 무시하면 안 된다.

To-Drink-List

1. 집에 있는 아무 와인이나 골라서 라벨을 살펴본다. 생산자/와인명, 산지, 버라이어털, 빈티지, 수입자가 어디에 있는지 찾아본다.
2. 와인을 사러 갈 때 앞서 연습한 대로 라벨을 자세히 관찰한다. 혹시 버겁다고 느껴질 때는 숨을 한 번 크게 들이쉰다. 그리고 필요한 정보는 모두 라벨에 있다는 사실을 상기한다(그리고 당신은 이 모든 정보를 이해할 수 있다).
3. 멋진 라벨이 붙은 와인을 산다. 당신도 원하는 바 아닌가? 다만 마트에서는 그러지 말자. 디자인에 혹하는 충동구매는 이미 충분히 하고 있다. 나도 모르게 카트에 쓸어 담는 건 푹신한 무릎담요로 끝내자. 대신 집에 돌아가는 길에 와인숍에 들르자.

Chapter 8

와인 리스트를 정복하는 법

와인 사기 & 주문하기

┌─────── WINE, ALL THE TIME. ───────┐

 와인을 사러 가면 왠지 모르게 긴장이 된다. 와인 애호가라면 누구나 이런 감정을 경험한다. 당신도 무슨 말인지 알 것이다. 디너파티를 목전에 두고 와인을 급하게 골라야 하는 상황이다. 레드 와인을 가져갈까? 아니면 화이트 와인? 잠깐, 그쪽 부모님도 오신다고 했지? 어머님이 좋아하시는 와인이… 제길! 어머님이 좋아하시는 와인이 뭐지?! 황급히 와인 코너를 두리번거리며 익숙한 라벨을 찾아 헤맨다. 그러나 도와줄 사람 하나 없고, 종류는 너무 많아서 뭘 골라야 할지 모르겠다. 양쪽 선반이 점점 좁혀오는 망상이 스멀스멀 시작되고, 마리화나를 피운 것도 아닌데 정신이 몽롱해진다. "점원이 나를 보고 있어. 맞지? 내가 와인에 관해 문외한인 걸 눈치챈 거야. 그렇지? 그렇지?!" 아무 와인이나 집어서 갑자기 프랑스어에 통달한 사람처럼 라벨을 읽는 척한다. 하지만 라벨을 아무리 봐도 알아볼 수 있는 건 가격밖에 없다. 그걸 보니까 점원한테 도움을 청하기 더 무서워졌다. 일 초라도 빨리 이곳을 벗어나고픈 마음에 손에 닿는 대로 아무 와인이나 집는다. 그중에 그나마 예쁘고 라벨이 잘 읽히는 걸로 고른 뒤, 도망치듯 그곳을 빠져나온다. 그리고 이틀 후, 와인을 살 일이 또 생겨서 다시 이곳으로 돌아온다. 그리고 똑같은 악몽이 되풀이된다.

레스토랑에서도 마찬가지다. 친구들과 레스토랑에서 자리를 잡는다. 금요일 저녁이라 몸과 마음이 한없이 풀어진다. 지옥 같은 일주일을 보내고 드디어 편히 쉴 수 있다. 그런데 오, 주여! 모임을 주선한 친구가 당신 손에 성경책만 한 와인 리스트를 쥐어주며 기습 공격을 날린다. 다른 친구한테 은근슬쩍 넘겨보려고 했지만, 지난번에(딱 한 번이었다) 당신이 와인을 잘 골랐다며 (우연이었다) 웃는 얼굴로 손사래 친다. 울며 겨자 먹기로 와인 리스트를 펼쳐서 저렴하면서 너무 싸지 않은 와인을 찾는다. 당신은 구두쇠가 아니니까! 그렇다고 부자도 아니다. 그때 소믈리에가 와인 리스트를 뒤적이는 당신을 발견하곤 다가와서 눈을 내리깐다. 당신은 최대한 침착해 보이려고 애쓰면서 두 번째로 저렴한 와인을 손가락으로 가리킨다. 제발 모두의 입맛에 맞길 간절히 기도한다. 미리 알려주자면 다들 질색했다! 하나둘씩 와인 잔을 내려놓고 칵테일을 주문한다. 그리고 다시는 당신의 손에 와인 리스트가 들리는 일은 없었다.

이런 상황 때문에 사람들이 남은 일생을 주야장천 보드카 소다만 마시는 거다. 하지만 당신은 다르다. 창피함 때문에 와인과 멀어지는 일은 없다. 오히려 더 단단해진다. 학교에서 잘나가는 여자애가 시키는 대로 쓰레기통에 놓인 음료수 캔을 집었더니, 전교생이 "거지! 거지!"라고 외치는 상황에 비하면 이건 아무것도 아니다. 쓰레기통을 뒤진 것도 아니고, 캔이 그 위에 놓여 있

Chapter 8
와인 리스트를 정복하는 법

었을 뿐인데! 어쨌든 중학교 2학년 내내 놀림을 당해도 버텨냈으니, 이 정도는 문제없다.

이번 챕터를 읽고 나면 이런 상황이 닥쳐도 전문적인 와인 애호가처럼 유연하게 대처하게 될 것이다. 평소 두려움이 앞서던 와인숍도 스피닝 수업보다 더 자주 드나들게 될 것이다. 무슨 와인을 찾느냐는 질문에 헤르미온느 그레인저보다 더 빨리 손을 들고 대답하게 될 것이다. 레스토랑에서 수도승 또는 신경안정제를 복용한 사람보다 더 평온한 표정으로 와인 리스트를 받아 들일 것이다. 장담하건대 끝내주게 기분 좋을 것이다!

나도 초창기에 와인을 살 때 바보처럼 보일까봐 무서웠다. 하지만 그건 불가피한 일이라고 인정했다. 저렴한 레드 와인을 좋아한다는 사실 말고 아무것도 모르는 게 현실이었으니까 말이다. 그래서 현실을 부정하는 대신, 있는 그대로 받아들이기로 했다. 내 무지함을 뜨거운 열정으로 감싸 안았다. 그것은 훈장이자 형광색 교통정리원 조끼였다. 와인숍에 가면 나는 아무것도 모른다는 식으로 대화를 시작했기 때문에 어딜 가도 눈에 띄었다. 초반에는 창피함과 평가받는 기분으로부터 나 자신을 방어하기 위한 전략으로 시작했는데, 그 자체가 강력한 무기가 되었다. 어차피 보여줄 게 아무것도 없으니까 오히려 당당하게 질문할 수 있었다. "쉬라가 뭐예요? 왜 일부러 와인을 산화시키나요? 크랜베리 주스나 '팝 록스' 캔디와 맛이 비슷한 와인도 있나요? 가격은 완전 싼데 맛도 나쁘지 않은 와인은 뭐가 있나요?"

난생처음 들어보는 버라이어털을 마시고, 갖가지 발효 방식에 관한 설명을 들으면서 배움을 쌓아갔다. 그렇게 주워듣는 정보가 하나둘 쌓일수록 나는 더욱 강해졌고, 와인에 대한 흥미와 호기심은 커져만 갔다. 괜한 자존심을 부렸다면 그러지 못했을 것이다. 나는 무지함을 인정함으로써 배움의 자유를 얻었다.

당신도 나와 똑같은 감정을 느껴봤으면 좋겠다.

우리는 어른이기에 모든 걸 알아야 하고, 최소한 아는 척이라도 해야 한다는 압박감에 시달린다. 새로운 직장에서 상사가 파워포인트로 뭘 만들라고 지시하면 무조건 알겠다고 답한다. 어릴 때 부모님께 '다마고치가 책임감을 기르는 데 좋다'며 프레젠테이션을 만들었을 때 말고는 파워포인트를 만진 적도 없는데 말이다. 반면 와인은 월급에 지장을 주지 않는 취미다. 뭐든 다 안다는 태도는 배움의 기회를 날려버릴 뿐이다. 미숙함을 숨기는 대신 호기심을 당당히 드러내라. 당신이 모르는 것에 초점을 맞추는 대신, 무엇을 배울 수 있는지에 관심을 가져라. 새로운 열정에 자부심을 갖고 그것을 정복하라!

와인숍의 중요성

이 책에서 가장 중요한 팁을 하나만 짚자면, 좋은 와인숍을 반드시 찾아야 한다는 것이다. 식품 잡화점이나 여섯 병 이상 사면 20% 할인해주는 체인점 말고 말이다. 오로지 와인을 전문적으로 파는 와인숍을 말하는 것이다(맥주나 다른 주류를 팔기도 한다). 처음 방문한 와인숍이 별로일 수 있지만, 어찌 첫술에 배부르랴. 꾸준히 찾다 보면 당신만의 '치어스'[41]를 발견할 것이다. 게다가 와인을 집까지 가져갈 수 있으니, 치어스보다 훨씬 좋을 거다.

와인숍만 보면 괜히 위축된다. 하지만 그곳엔 와인을 사랑하고 와인에 대해 이야기하길 좋아하는 친절한 사람이 대부분이다. 그들은 와인 이야기를 즐겁고 편안하게 풀어낸다. 질문 한 개만 툭 던져도 와인의 역사, 테이스팅 경험담, 프랑스 정유업계 파업 때문에 루아르 계곡 한복판에 차가 서버린 모험담이 술술 나온다. 저녁 식사에 어울리는 레드 와인을 찾는다고 모호하게 말해도 찰떡같이 알아듣고 안 사고는 못 배길 정도로 매혹적인 레드 와인 여섯 개를 단번에 추천한다. 비싼 와인을 팔려는 속셈이 아니라, 진심으로 와인을 즐기는 마음이 저도 모르게 터져 나오는 것이다. 이처럼 그들의 열정과 경험이 와인숍에서 파는 와인에 대한 지식과 결합되면 그곳이 바로 당신이 가장 신뢰하는 와인숍이 된다. 그러려면 그들에게 말을 걸기만 하면 된다.

하지만 말을 거는 부분이 가장 어렵다는 걸 나도 안다. 술집에 가면 꼭 그런 친구가 있다. "가서 말 좀 걸어봐!"라며 떠밀어

---

41 1980~1990년대 미국에서 방영한 시트콤으로 무대 배경이 '치어스'라는 이름의 술집이다.

놓고는, 얼굴이 시뻘게진 당신을 댄스플로어에 혼자 뻘쭘하게 세워둔다. 나는 절대 그러지 않을 것이다. 하지만 이건 반드시 해야 하는 일이다. 좋은 와인이 있어도 너무 취해서 "진짜 좋았어!"라는 감상 말고 아무 맛도 기억하지 못하는 우리 같은 일반 소비자와는 달리, 와인숍 직원들은 남자 형제가 스포츠 경기에 심취하듯 와인의 맛에 정통하다. 그들은 와인에 대해 끊임없이 이야기하는 사람들이다. 그러니까 당신도 그들에게 끊임없이 말을 걸어야 한다. 커뮤니케이션이야말로 진짜 비결이다.

와인숍 직원에게 어떻게 말을 걸어야 할까?

모르는 사람한테 무작정 다가가서 말을 건다는 게 쉬운 일은 아니다. 나는 사회불안증이 심한 편인데 이상하게 사람만 만나면 평소보다 말이 많아진다. 그래서 처음 보는 사람과도 시라에 대해 편하게 수다를 떨 수 있다. 그래도 그게 얼마나 어렵고 두려운 일인지 이해한다. 그러나 처음이 어렵지, 말을 걸면 걸수록 점점 쉬워진다. 일단 첫발을 떼는 게 중요하다. 대화를 쉽게 시작하는 법과 침착하고 태연하게 대화를 이끌어가는 법을 알아보자.

- "안녕하세요?" 대뜸 게뷔르츠트라미너가 어디 있는지 물어보는 것보다 훨씬 발음하기 쉽다. 이렇게 부담 없이 담소를 나누다가 어떤 와인을 찾는지 자연스럽게 넘어가면 된다.
- "제가 뭘 좀 찾는데요." 담소를 나누기 부담스러우면 이렇게 시작

Chapter 8
와인 리스트를 정복하는 법

해보자. 본론으로 바로 들어가서, 운이 좋다면 맛있는 와인을 바로 찾을 수 있다.

- "…가 어느 쪽에 있는지 알려주시겠어요?" 대화를 이어나갈 여지도 주면서 혼자 와인을 둘러보고 싶다면 대답만 듣고 빠져나올 구멍도 있다.
- "이 책을 읽어보니까 당신하고 이야기하는 게 좋다고 해서요." 나도 이 말은 아직 써먹어본 적 없지만, 당신이라면 얼마든지 나를 핑계 삼아도 좋다.
- 발음을 모르는 단어가 있다면 솔직하게 모른다고 말하자! 솔직하게 인정하면 배움을 얻는다. 그런다고 창피당할 일은 절대 없을 것이다.
- 만약 발음이 틀리면 웃고 넘겨라. 순간의 민망함을 한 방에 날려 버린다. 와인숍 직원도 분명 그 상황에 공감하고, 당신을 따라 웃을 것이다.
- 타인은 절대 당신의 실수를 곱씹지 않는다는 것을 기억하자. 사람은 모두 자기중심적이다. 당신이 화이트 와인 코너에서 실수했던 창피한 순간을 곱씹는 동안 다른 사람은 지난밤 술김에 짝사랑 상대한테 보낸 문자를 어떻게 만회할지 머리를 쥐어뜯고 있을 것이다.

당신에게 맞는 와인숍을 찾는 일은 단골 레코드 가게를 찾는 일과 같다. 처음 집은 음반이 별로일 수도, 당신이 질색하는 헤비메탈 음반이 즐비할 수도 있다. 그렇다고 당신이 좋아하는 엘비스 앨범이 그곳에 없으리란 법은 없다. 혹은 속는 셈 치고 요

상한 보사노바 음반을 샀는데, 나중에 온종일 그것만 틀어댈 정도로 푹 빠질지 누가 알겠는가? 만약 "윽, 헤비메탈이잖아!"라며 그대로 나가버렸다면 어떻게 됐을까? 반대로 〈펫 사운즈〉[42]의 오리지널 레코드판을 구했다고 해서, 그곳이 최고의 레코드 가게가 되는 것도 아니다.

와인숍을 제대로 파악하기 위해서는 그곳을 여러 번 방문하고 와인도 여러 병 사봐야 한다. 그리고 그곳에 비치해둔 와인 종류부터 고객 서비스까지, 전반적인 스타일을 파악해야 한다. 만약 당신이 추구하는 스타일을 두루 갖춘 가게가 있다면 그게 바로 최고의 와인숍이다. 마치 모든 옷이 나한테 꼭 맞을 걸 알고 온라인 쇼핑을 하는 기분이다. 아니면 TV 프로그램의 모든 에피소드가 내 취향인 것 같다. 또는 섹스할 때마다 오르가슴을 느끼거나, 최소한 오르가슴 비스무리해서 충분히 만족스러운 섹스를 즐기는 기분이다. 좋아하는 와인숍을 발견하는 건 그만큼 기쁜 일이다. 어떤 와인숍을 만나든, 만족스러울 것이다. 와인숍의 스타일을 이해하고 신뢰하는 기분이 얼마나 행복한지 꼭 느껴보길 바란다.

나는 내가 좋아하는 와인숍들을 철석같이 신뢰한다. 누가 보면 혈연관계가 아닌지 의심할 정도다. 도메인 엘에이, 루, 올디네어와 같은 와인숍은 나보다 나를 더 잘 안다. 그래서 그들이 추천하는 와인은 무조건 다 마셔본다. 눈에 띄는 라벨이 있으면

---

42 〈Pet Sounds〉는 미국의 록 밴드인 비치 보이스의 열한 번째 정규 음반이다.

Chapter 8
와인 리스트를 정복하는 법

무슨 종류인지 확인도 하지 않고 바로 구매한다. 하지만 다른 가게에서는 절대 그러지 않는다. 다른 데서 그렇게 충동적으로 구매했다간, 10달러 지폐를 내 손으로 불태워버리는 꼴이 되어버릴 테니 말이다. 하지만 내가 좋아하는 와인숍에서는 어떤 스타일의 와인을 파는지 잘 안다. 아아! 그들이 고른 와인은 하나같이 너무 훌륭하다. 평소 즐겨 마시는 스타일과 거리가 먼 와인도 있지만, 그것마저 너무 훌륭하다.

당신도 와인숍과 이런 관계를 맺었으면 좋겠다. 세상에 존재하는지 몰랐던 엄청난 물건을 소개해주고 지식까지 알려주는 와인계의 멋진 오빠나 형이 있으면 얼마나 좋겠는가? 안타깝게도 모든 사람이 그런 행운을 누리는 건 아니다. 게다가 그 오빠나 형이 와인숍까지 운영할 가능성은 더욱 낮다. 그러니까 팔을 걷어붙이고 직접 찾아 나서야 한다. 그리고 찾은 후에는 적극적인 고객이 되어야 한다. 이것 또한 엄연한 인간관계이기 때문이다. 시간과 노력을 투자하고, 마음을 열고 신뢰를 얻어야 한다. 뿌린 대로 거두고, 뿌린 대로 마시리라.

내가 와인을 사는 방법

나는 와인 왕국의 금빛 왕좌에 앉아 있고, 와인 생산자들이 내 발밑에 온갖 와인을 갖다 바친다면 얼마나 행복할까? 하지만 현실은 다르다. 내 발로 직접 와인숍을 찾아가서, 내가 힘들게 번 돈으로 와인을 사 마셔야 한다. (솔직히 말해서 무료 와인을 제공받는 경우도 있다. 하지만 대부분 거절한다. 첫째, 무료로 보내주는 와인은 내가 좋아하는 타입이 아닐 때가 많다. 어차피 종국엔 내가 좋아하는 피노 도니스를 사러 갈 텐데, 굳이 그들의 상품을 낭비하고 싶지도, 지구에 탄소 발자국을 보태기도 싫어서다. 둘째, 남에게 빚지는 기분이 싫다. 내가 싫어하는 것에 대해서는 별로 쓰고 싶지 않다. 싫은데도 써야 한다는 부담감을 느끼기 싫다. 셋째, 가끔 너무 바쁠 때가 있다. 와인만 홀라당 마시고 아무것도 쓰지 않으면 나 자신이 너무 얌체 같다. 이런 감정을 느끼는 시간 자체가 너무 아깝다. 더 자세한 내용은 2030년쯤 나올지도 모르는 자기계발서에 마저 쓰도록 하겠다.) 다행히 나는 와인 사는 일이 전혀 귀찮지 않다. 오히려 너무 즐겁다.

나는 뮤지컬 배우처럼 경쾌한 발걸음으로 와인숍을 들어선다. 기대감으로 눈이 반짝이고, 가슴이 콩닥콩닥 뛴다. 오늘은 한 번도 보지 못한 거친 이탈리아 와인을 만날지도 모른다. 아니면 눈을 뗄 수 없이 강렬한 산호색의 발포성 와인이 나를 기다리고 있을지 모른다! 혹시 '장 포이야드 모르공 코트 뒤 피(Jean Foillard Morgon "Côte du Py")'가 새로 들어오지 않았을까? 다시는 못 볼 줄 알았던 옛사랑이 멋진 모습으로 짜잔 하고 눈앞에 다시 나타나는 것처럼 말이다. 와인을 사러 갈 때 느끼는 기분은 등교 첫날의 순수한 열정과 기대감이 뒤섞인 감정과 비슷하다. 그리고 오늘밤 우리 집에 가져갈 먹잇감을 찾아 배회하는 흥분을 안겨준다.

Chapter 8
와인 리스트를 정복하는 법

내가 와인을 사는 전략은 어떤 자리인지에 따라 달라진다. 하지만 평소에 개인적으로 마실 와인을 살 때는 버릇처럼 반드시 지키는 규칙이 있다. 이 책을 통틀어 이보다 간단한 규칙은 없을 것이다. 그러니까 힘들어서 못하겠다는 변명은 통하지 않는다. 그것은 바로 와인숍에 들어가서 일련의 질문을 던지는 것이다.

"새로 나온 게 있나요? 뭐가 좋나요?" 나는 와인을 살 때도 파머스 마켓에서 물건을 사는 것처럼 신선한 제철 상품을 원한다. 직원의 눈에도 최근에 들어온 물건이 가장 신선해 보일 것이다. 그리고 가장 최근에 시음한 제품이기 때문에 한껏 들떠서 신상 와인에 대한 이야기보따리를 술술 풀어낼 것이다. 와인숍에 갓 들어온 와인은 제철 상품일 가능성이 높다. 봄에는 로제 와인, 가을에는 보졸레 누보가 나오는 것처럼 말이다. 제철 와인은 그 계절의 날씨와도 잘 어울리고, 그 시기에 파머스 마켓에 나오는 제철 음식과도 잘 어울린다. 무엇보다 새로운 것에 도전함으로써 꾸준히 배워나갈 수 있다는 점이 가장 좋다.

"당신은 요새 어떤 와인을 마시나요?" 와인숍 직원처럼 매일같이 와인을 시음하는 사람이 집에서도 마시는 와인이라면 분명 특별할 것이다. 가격이나 희소성 면에서 특별하다는 게 아니라, 그 정도로 맛있을 거라는 의미다. 다른 사람이 좋아하는 와인을 마셔보면 당신의 미각도 넓어지고 타인의 미각에 대한 이해도 높아진다. '저 남자는 오렌지 와인에 푹 빠졌고, 이 아가씨는 자분거리는 스페인 와인만 찾는구나.' 이런 유용한 정보를 기억해뒀다가 나중에 그 와인에 대해 구체적인 조언을 받고 싶을 때 활용하면 좋다.

"저 와인은 어때요?" 누구나 최애 와인이 하나쯤 있다. 하지만 매일 똑같은 와인만 마시면 새로 배우는 게 없다. 당신이 좋아하는 와인과 비슷하지만, 생산자나 산지가 다른 와인을 찾아보자. 와인이 얼마나 다양한 면모를 가졌는지 확인할 수 있는 기회다. 그리고 산지, 발효 과정, 테루아르에 따라 와인의 특성이 어떻게 달라지는지 비교하기에도 좋다. 당신이 좋아하는 가메가 한 가지가 아니라 열두 가지로 늘어난다면 얼마나 좋겠는가!

"맛이 이상한 와인은 뭐가 있어요?" 모든 사람이 그런 건 아니지만, 나는 세상에서 가장 이상한 맛을 가진 와인을 원한다. 한 번도 들어본 적 없고, 상상할 수 없는 맛을 내는, 기이한 와인을 원한다. 지나친 호기심은 위험하다고들 하지만, 이상한 와인을 만나면 괜스레 마음이 들뜬다. 그리고 뭐가 다른지 원인을 찾는 데 심취해버린다. '이상하다'라는 표현이 적절한지 모르겠지만, 아무튼 당신의 호기심을 마구 자극하는 와인을 최대한 자주 접하면 좋다.

위의 질문들을 모두 던지고 나서 와인숍 직원이 추천해주는 와인 중 도전해보고 싶은 와인을 하나(또는 둘 이상) 고른다. 워낙 단순한 질문들이라서 수다처럼 느껴질 수도 있지만, 당신이 새로운 와인을 꾸준히 시도하고, 새로운 최애 와인을 만날 기회를 만드는 데 이만큼 효과적인 것도 없다. 나도 최근에 최애 와인이 하나 더 늘었다. 브렌던 트레이시(Brendan Tracey)가 만든 '와와(Wah-wah)'라는 와인이다. 루와르 계곡에서 생산된 이 레드 와

Chapter 8
와인 리스트를 정복하는 법

인의 매력에 그만 중독되어버렸다. 글을 쓰는 이 순간에도 와와만 생각하면 입에 침이 고이고 엉덩이가 들썩거린다. 시큼하고, 걸쭉하고, 약간의 기포감이 있고, 젊음이 넘친다. 내가 바라는 와인의 요소를 모두 갖췄다. 나는 와와를 물보다 더 자주 마신다. 내가 왜 와인에 대한 글을 쓰기 시작했는지, 초심으로 되돌아가게 만들기 때문이다. 나는 맛있는 와인을 마시면 행복해지기 때문에 글을 쓰기 시작했다. 하지만 루 와인숍에서 위의 질문들을 던지지 않았다면 결코 와와를 만나지 못했을 것이다. "새로 나온 게 있나요? 뭐가 좋나요?" 이 간단한 질문을 던지는 게 그리 어렵지 않듯, 최고의 와인도 의외로 쉽게 만날 수 있다.

부의 감각

혹시 이런 생각이 드는가? "마리사, 조언은 고맙지만, 그거 알아요? 나는 와인숍에 가서 처음 보는 '이상한' 와인에 수십 달러를 쓸 생각이 없어요." 괜찮다, 나도 그렇다.

와인을 살 때는 예산이 얼마인지 솔직히 밝히는 게 중요하다. 별로 내키지 않는다는 걸 나도 안다. 돈 이야기를 꺼내길 좋아하는 사람은 없다. 하지만 반드시 필요한 과정이다. 나도 와인숍에 가서 수중에 50달러밖에 없다는 이야기를 얼마나 자주 했는지 모른다. 창피하지 않았냐고? 조금 창피했다. 하지만 내가 금전적으로 칠칠맞지 못하다는 점 때문이었지, 200달러짜리 버건디를 살 돈이 없어서가 아니었다. 대부분의 와인 애호가도 예산을 정해두고 와인을 산다. 그건 전혀 이상한 일이 아니라, 당연히 그래야 하는 일이다.

당신이 와인숍을 방문했다고 가정해보자. 뭐가 새로 나왔고 뭐가 좋은지, 와인숍 직원은 뭘 좋아하는지 물었다. 만약 직원이 당신의 예산을 초과하는 와인을 추천한다면 솔직히 말해야 한다. 그렇지 않으면 모두의 시간을 낭비하게 된다. 직원은 당신이 사지도 않을 물건을 와르르 꺼내서 한참 설명하고, 당신은 결국 잘 알지도 못하는 저렴한 와인을 골라서 도망치듯 가게를 나온다면 그야말로 최악의 상황이다. 그러니까 직원한테 질문을 하거나 무엇을 찾는지 설명할 때, "50달러대의 와인을 찾는데요.", "30달러 이하로 추천해주세요." 또는 "금액은 신경쓰지 마세요. 오늘 월급날이거든요! 농담이에요, 그냥 50달러 선에서 찾아보죠."라며 예산을 짧게 덧붙이는 것이 좋다. 가격대별로 좋은 와인은 얼마든지 있다. 그러니까 돈을 얼마나 쓸 건지 솔직하게 말하면 적절한 가격의 맛 좋은 와인을 추천해줄 것이다.

광고를 믿지 말자

'피노 그리지오 부문 1위 수상!' 이런 광고를 본 적 있는가? 그렇다면 제발 무시하길 바란다. 와인업계 사람들이 한가득 모인 행사장에서 돈을 내고 대회에 참가한 수십 개의 상업용 와인을 빠르게 시음해서 우승자를 가리는 대회이기 때문이다. 그러니까 전 세계 와

Chapter 8
와인 리스트를 정복하는 법

인을 제치고 '1위'를 차지한 게 아니라, 대회에 참가할 만큼 돈이 많은 양조장 중에 1위인 것이다. 말 나온 김에 100점이 만점인 '와인 점수'에 대해서도 말해보자. 이 점수도 절대 믿지 마라. 모두 주관적인 결과일 뿐이다. 어떤 나이 많은 남자는 낮은 점수를 줬지만, 당신은 110점을 줄 수도 있다. 대표적인 예가 캘리포니아 와인제조자인 마이클 크루즈(Michael Cruse's)가 만든 울트라마린(Ultramarine) 스파클링 와인이다. 울트라마린의 점수는 84점이었다. 하지만 오늘날 미국에서 가장 사랑받는 스파클링 와인이며, 2016년에 샌프란시스코 크로니클(Chronicle)[43] 일간지는 크루즈를 '올해의 와인제조자'로 선정했다.

로우 인터벤션 와인 구매하기

이 와인을 믿고 마셔도 되는지, 무엇을 보고 판단하면 될까? 먼저 라벨을 살펴봐야 한다. 공공연하게 드러나진 않아도, 중요한 힌트를 얻을 수 있다. 보통 앞라벨에 '이산화황 무첨가'라고 적고, 뒷라벨에 농약 미사용, 수작업으로 포도 수확, 인간의 개입 최소화 등의 문구를 표기한다. 그런데 여기서 가장 중요한 정보는 수입자와 유통업자다. 대부분 많이 놓치는 부분인데, 보통

---

[43] 미국 캘리포니아주 샌프란시스코에서 발행되는 일간지. 캘리포니아 북부에서 첫 번째로, 미시시피 서부에서는 두 번째로 큰 신문이다.

병 뒷면에 적혀 있다. 별도의 스티커를 붙이거나, 라벨에 적혀 있지만 다른 내용에 묻혀서 잘 안 보일 수도 있다. 그러나 와인병 어딘가에는 반드시 적혀 있다.

수입자와 유통업자는 우리가 와인을 구매할 수 있게 시장에 와인을 들여오는 중요한 역할을 하는 와인계의 숨은 영웅이다. 수입자는 외국에서 국내로 와인을 들여오도록 허가를 받은 사람이고, 유통업자는 국내에서 와인을 판매하도록 허가를 받은 사람이다. 유통업자와 수입자가 함께 일하는 경우가 많고, 수입과 유통을 동시에 하는 수입자도 있다. 내가 좋아하고 신뢰하는 와인숍에서 와인을 사는 것이 가장 좋지만, 수입자와 유통업자를 알아두는 것도 괜찮은 차선책이다. 수입자와 유통업자는 저마다 특정 스타일에 전문화된 와인 포트폴리오를 갖고 있다. 로우 인터벤션 와인을 전문적으로 취급하는 경우, 포트폴리오에 있는 와인이 모두 유기농 또는 바이오다이내믹이 아닐지라도, 전반적으로 일관된 품질을 보장한다.

이 세상의 와인제조자를 모두 외울 수는 없지만, 좋아하는 수입자와 유통업자 몇 명쯤은 알아두면 좋다. 좋아하는 스타일의 와인들이 알고 보면 수입자/유통업자가 같은 경우가 많다. 조금만 주의를 기울이면 금세 발견할 수 있다. 이것을 알면 처음 가는 와입숍에서도 수입자/유통업자만 확인하면 되니까 매우 편리하다. 이 방법은 내추럴 와인뿐 아니라 일반 와인에도 통용된다. 수입자/유통업자를 알면 이 와인이 어떤 스타일인지 쉽게 예상된다.

Chapter 8
와인 리스트를 정복하는 법

'커밋 린치(Kermit Lynch)'라는 수입자를 예로 들어보겠다. 참고로 이 이름은 반드시 기억해두길 바란다. 나는 커밋 린치를 내 지인들보다 더 신뢰한다. 그는 전설적인 와인 수입자, 유통업자 겸 작가다(와인을 꾸준히 공부한 사람이라면 누구나 한 번쯤은 그가 쓴 책을 읽어봤을 것이다). 1970년대 초반부터 아무것도 첨가하지 않은, 테루아르 중심의 와인을 판매하기 시작했다. 또한 해상운송 중에 높은 온도 때문에 와인이 상하는 사태를 방지하기 위해 최초로 냉장 컨테이너 사용을 도입한 장본인이기도 하다. 내추럴 와인만 취급한다기보다는 포도가 어디서 자랐고 누가 와인을 만들었는지를 그대로 반영한 순수한 와인을 추구한다. 만약 커밋 린치가 진한 오크향의 카베르네 소비뇽을 유행시킨 '파커의 시대'를 견뎌내지 못했다면 편하게 즐길 수 있는 유럽 스타일의 와인을 지금처럼 많이 접하지 못했을 거라고 해도 과언이 아니다. 그의 이름을 건 와인이라면 12달러짜리 이탈리아 발포성 블렌드부터 고가의 프랑스 매그넘까지 믿고 마셔도 된다.

로우 인터벤션 와인을 찾는다면 다음의 수입자/유통업자를 주목하자

에이미 애투드 셀렉션(Amy Atwood Selections)

고트보이 셀렉션(Goatboy Selections)

제니 & 프랑수아 셀렉션(Jenny & François Selections)

커밋 린치(Kermit Lynch)

루이스/드레스너 셀렉션(Louis/Dressner Selections)

노마딕 디스트리뷰션(Nomadic Distribution)

퍼시 셀렉션(Percy Selections)

로젠탈(Rosenthal)

사비오 소아레스 셀렉시온(Savio Soares Selections)

셀렉시옹 마살(Seletion Massale)

셀렉시오나튀렐(SelectioNaturel)

실베스터/로빈(Sylvester/Rovine)

당신 자신을 위한 와인 사기

자신을 위해 와인을 살 핑계는 얼마든지 댈 수 있다. 중대한 프로젝트를 무사히 끝냈거나, 포근한 새 담요를 장만했거나, 누군가(망할 룸메이트)가 남은 와인을 다 마셔버렸을 수도 있다. 이유가 뭐든, 자신을 위해 와인숍에 갈 일이 생기기 마련이다. 직원에게 물어서 새로운 와인에 도전하는 것도 좋지만, 가끔 그날의 분위기에 어울리는 와인을 고르고 싶을 때가 있다. 그럴 때 참고하면 좋은 팁을 공유하겠다.

힘든 하루/일주일/한 달/삶을 보낸 후

힘든 하루를 보내고 육체적, 감정적으로 지칠 때는 운동복 차림으로 한없이 늘어지고 싶다. 먼저 수고한 당신에게 위로의 말을 전한다. 이럴 때 **시라**나 **진판델**처럼 향신료향의 레드 와인이 주는 따스함과 나른함에 젖어들고 싶다. 내 마음에 꼭 맞는 포근한 잠옷을 입은 느낌이다. 그리고 '사인필드' 드라마 중 가장 좋아하는 시즌을 정주행하면서 모든 게 괜찮아질 거라고 다짐한다.

크고 작은 성공을 축하할 때

이럴 때는 무조건 스파클링 와인이다. 기쁨이 펑 터져서 넘쳐 흐르는 듯한 시각적 효과도 뛰어나고, 성취감이라는 감각과도 기막히게 잘 어울린다. 만약 세금 신고나 옷장 정리처럼 지루한 일을 마침내 해치워서 기분이 좋다면 **카바**를 추천한다. 샴페인의 절반 가격에 비슷한 효과를 누릴 수 있으니, 금상첨화다. 만약 승진, 졸업, 사랑, 임신처럼 인생의 터닝 포인트를 맞이하는 순간이라면 **샴페인**을 준비하길 바란다. 이처럼 정당하게 사치를 부릴 기회는 많지 않다. 그러니까 과감하게 지르자. 카바든 샴페인이든 마음껏 터뜨리고, 스스로를 축하하자. 당신은 그럴 자격이 있다.

저녁 약속 전에 집에서 간단히 마실 때

저녁 약속을 가기 전에도 준비 과정이 필요하다. 샤워를 마치고 거울 앞에서 속옷 바람으로 춤추게 만드는 활력과 택시에 올라타기 전에 소파에 기대서 와인을 한잔 기울이는 느긋함이 필요하다. 이럴 때는 무조건 시원한 걸 골라야 한다. 이후에는 묵직한 레드 와인과 함께하는 뜨거운 밤이 기다리고 있으니 말이다. 나는 이럴 때 항상 **비뉴 베르데**를 마신다. 부담 없이 마시기 좋고, 가벼운 기포감 덕분에 금요일 밤의 파티 분위기가 적당히 무르익는다.

데이트가 끝난 후

"잠깐 들어올래요?"라는 암시적인 대사를 던진 후에는 그만큼 유혹적인 무언가가 뒤따라 와줘야 한다. 부드럽지만 퇴폐적인, 매혹적이면서 정열적인 무언가가 필요하다. 향긋한 흙내음과 과즙이 풍부한 **카리냥**은 홀로 마셔도, 같이 마셔도 좋을 만큼 섹시하다.

우울하고 슬플 때

와인은 우리에게 행복감을 주지만, 슬플 때는 별로 도움이 되지 않는다. 오히려 기분을 가라앉게 만들기 때문이다. 하지만 누구나 시원하게 한바탕 울고 싶을 때가 있다. 그런 날에는 잠옷 차림으로 라지 사이즈의 피자를 먹으면서 맛있는 와인을 홀짝이고 싶다. 나는 그런 날에 **바르베라**처럼 미디엄 바디의 와인에 의지한다. 바르베라처럼 좋은 친구도 없다. 나처럼 피자를 좋아하고, 정신 차리라고 설득하기보다는 내 말에 조용히 귀를 기울여준다(사람도 와인처럼 이해심이 많았으면 좋겠다. 제발 내 감정을 있는 그대로 느끼도록 내버려뒀으면 좋겠다!)

Chapter 8
와인 리스트를 정복하는 법

밤새 빈둥거리고 싶을 때

오늘 밤에? 하지만 너어무 바빠서 그럴 시간이 없다. 여러 남자와 데이트 약속을 연달아 잡아놔서, 그때마다 새로운 가면을 쓰고 다른 모습을 연기해야 한다. 좋아하는 텔레비전 프로그램도 챙겨봐야 하고, 온라인 쇼핑몰의 장바구니에 사지도 못한 물건들을 채워놓아야 한다. 마리화나 남은 것도 상하기 전에 피워버려야 한다. 유일하게 빈둥거리는 시간은 욕조에 누워서 **피노도니스**를 마시는 순간뿐이다.

편하게 한잔 마시고 싶을 때

아무 때나 편하게 마실 용도로 집에 사다놓는 와인은 무엇이든 함께하는 친구 같아야 한다. 따스한 오후에도, 밥을 먹을 때도, 잠자리에 들기 전에도 함께 어울릴 수 있어야 한다. 이럴 때는 **가메**가 제격이다. 냉장고에 처박아두어도 되고, 아무 음식에나 잘 어울리고, 여러 개를 쟁여두어도 파산할 염려가 없다.

가족을 위한 와인

가족을 위해 와인을 사는 일은 가족과 함께하는 다른 모든 일과 똑같다. 가장 무난한 선택을 하고, 정치 이야기는 피해야 한다. 목표는 모두의 행복과 만사태평이다. 당신은 가족과 화목한가? 가족 앞에서 자기 생각을 솔직히 말해도 아무런 파란이 일어나지 않는다면 정말 잘됐다! 극보수파 삼촌의 생일파티에 **샤르도네**를 가져가보자. 혹시 내 가족관계가 궁금한가? 나도 우리 가족을 사랑하고, 사이도 꽤 좋은 편이다(선거철만 빼고). 하지만 소변 냄새와 레드불 맛이 나는 바이오다이내믹 오렌지 와인이 왜 좋은지 설득하고 싶지는 않다. 그러다 보면 어느새 나는 예술가인 척하는 진보주의자가 된다. 그리고 가족들을 인종차별주의자라고 비난하다가, 결국 절연당하는 사태까지 벌어진다. 그렇게 싸우고 화해하는 데 에너지와 시간을 낭비하고 싶지 않다. 그래서 애초에 불똥이 튈 만한 요소를 없애고, 우리 가족이 좋아하고 나도 함께 즐길 수 있는 와인을 선택하는 것이 현명하다.

스테이크를 사랑하는 아버지를 위한 와인

만약 당신의 아버지가 스테이크 굽기 장인을 자처한다면 분명 **카베르네**를 좋아하실 거다. 이건 검증된 사실이다. 당신의 아버지라면 90년대를 겪었다는 말인데 스테이크만 좋아하고 카베르네를 싫어하는 사람이 1990년대를 무사히 살아냈을 리가 없다. 사실 카베르네는 스테이크와 궁합이 환상적이다. 그러므로 카베르네를 사랑까지는 아니더라도 꽤 좋아하실 거다. 만약 아버지가 토요일 오후마다 골프 채널을 보신다면(틀어놓고 주무신다면), 와인 평론가인 로버트 파커(Robert M. Parker Jr.)가 리뷰한 카베르네를 드리면 어떨까? 로버트 파커의 리뷰가 우리에게는 아무 의미 없지만, 골프를 사랑하는 아버지들에게는 큰 의미가 있다. 만약 골프를 좋아하지 않으신다면 캘리포니아 카베르네도 좋아하실 거다. 빌 클린턴 재임 시절의 스테이크하우스용 카베르네보다 조금 더 가볍다. 만약 시원시원하고 새로운 것에 도전하길 좋아하는 성격이라면 **무르베드르**를 추천한다.

'와인'을 사랑하는 어머니를 위한 와인

내 말이 무슨 뜻인지 알 것이다. 온갖 와인 용품을 수집하는 엄마들이 있다. '삶, 웃음 그리고 와인'이란 문구가 적힌 액자나 '여자와 와인은 나이가 들수록 좋다'는 농담이 적힌 냉장고 자석 등을 말이다. 이런 엄마들에겐 오후에 마시기 좋은 과일향의 라이트한 화이트 와인이 제격이다. **피노 그리지오**와 **슈냉 블랑**은 무조건 성공할 테고, 깜짝 선물을 드리고 싶다면 **비오니에**를 추천한다.

자유로운 영혼의 소유자인 언니/누나/여동생을 위한 와인

어느 집에나 이런 사람이 꼭 한 명씩은 있다. 버닝맨 행사[44]에 6년 연속으로 참석할 만큼 자유로운 영혼을 가진 사람 말이다 (사실 알고 보면 그냥 약쟁이다). 나는 개인적으로 이런 사람에게 와인을 사다 주는 게 가장 재밌다. 이상한 걸 먹고 축 처진 상태일 때가 많기 때문이다. 그들이 자신이 요새 가르치는 새로운 요가

---

44 미국 서부 네바다주 블랙록 사막에서 열리는 연중행사. 인간 모형을 태우기 때문에 버닝맨이란 이름이 붙었다. 모든 행사가 참여로 이루어지기 때문에 특별히 정해진 것은 없다. 모든 사람이 내키는 것, 원하는 것을 스스로 기획하도록 장려한다.

법이나 크리스털 구슬을 한 방향으로 닦아야 하는 이유에 대해 설명한다면 슬쩍 오렌지 와인을 권해보자. 아마 룸메이트가 만든 콤부차와 비슷한 맛이라며 반가워할 거다.

오빠/형/남동생을 위한 와인

남동생과 공항의 한 술집에 간 적이 있다. 동생은 아침 7시부터 맥주를 마셨고, 나는 미모사 칵테일을 주문했다. 한참 수다를 떨다가 갑자기 동생이 주위를 둘러보더니, 큰 비밀이라도 털어놓을 것처럼 속삭였다. "아무한테도 말하지 마. 사실 난 맛있는 **말벡**과 내가 직접 요리한 음식을 먹는 게 너무 좋아." 동생아, 미안하다. 이제 네 비밀을 만천하에 공개한다. 왜냐하면 말벡을 좋아하는 남자는 너 말고도 수두룩하게 많거든. 풀바디감에 볼드한 말벡은 양지머리 스테이크와 잘 어울린다. 또한 눈에 잘 띄고 트렌디해서, 연약한 남자의 자존심을 건드릴 일도 없다.

신앙심이 깊은 이모/고모를 위한 와인

일단 레드 와인은 종류 불문하고 피하는 편이 좋다. 예수님의 보혈을 마셨다는 이유로 낙태에 대한 설교를 듣게 될 테니 말이다. 술을 과하게 마시지 않을 테니, **모스카토**처럼 달달한 화이트 와인을 선택하자. 와인을 즐기지 않는 사람도 편하게 마시기 좋으며, 디저트 같은 맛도 살짝 난다. 다음 주에 게이 친구의 결혼식을 도와주기로 한 이야기는 쏙 빼고, 요즘 취미로 하는 베이킹 이야기로 화제를 돌리기에도 좋다.

Chapter 8
와인 리스트를 정복하는 법

친하지는 않지만, 좋아하는 사촌을 위한 와인

사촌이 무슨 영화를 좋아하고 키우는 반려견의 이름이 뭔지는 모르지만, 같은 피를 나눈 가족인데다 어린 시절에 좋았던 추억도 많다. **산지오베제**는 목 넘김이 좋고, 휴일 분위기를 내기 좋다. 추억을 회상하고, 수다를 떨고, 철없는 십대처럼 할머니 댁 차고에 숨어서 미리화나를 피우면서 유대감을 쌓는 데 이보다 완벽한 와인은 없다. 술에 취해서 앞으로 자주 보자고 약속해놓고, 다음 휴일이 올 때까지 못 만나겠지만 말이다.

정치적 성향이 강한 가족을 위한 와인

당신의 정치적 성향이 어떻든 당신과 정반대인 사람이 가족 중에 꼭 있다. 가족이니까 당연히 사랑하지만, 정치 이야기를 나누다 보면 한 대 치고 싶은 욕망을 억눌러야 할 때가 종종 있다. 그럴 땐 옅은 타닌감, 산미, 오크향을 가진 **피노 누아**를 준비해보자. 모두가 동의할 수밖에 없는 초당적 매력을 발산할 것이다.

친구나 잘 모르는 사람의 집에 초대받았을 때 센스 있게 보이려면 어떤 와인을 사가야 할까?

친구나 한 다리 건너서 아는 사람에게 와인을 선물하는 일은 내가 마실 와인을 사는 것보다 훨씬 즐겁다. 와인을 사 간 사람도 함께 즐길 수 있기 때문인 것 같다. 파티에 입고 갈 옷은 없더라도 좋은 와인이 있으니, 즐길 준비나 하시라!

오로지 피노만 마시는 베스트 프렌드를 위한 와인

내가 좋아하는 건 내가 제일 잘 안다는데 누가 뭐라고 하겠는가? 다만 이 경우만은 제외다. 한 종류의 와인만 고집하는 것은 터무니없는 짓이다. 게다가 당신의 베스트 프렌드 아닌가? 가장 친한 친구가 그렇게 살게 내버려둘 순 없다! 그건 굴러들어온 복을 걷어차는 꼴이다. 그 친구가 매번 고르는 데이트 상대처럼 말이다. 친구를 속여서라도 좋은 상대를 엮어주기 힘들다면 최소한 좋은 와인이라도 마시게 유도해보자. 친구 몰래 와인 잔에 **슈베르니**(Cheverny) 레드 블렌드 와인을 따라보자. 나도 평소에는 속임수를 권하지 않지만, 이건 당신 친구에게도 득이 되는 일이다. 슈베르니는 피노 누아, 가메, 카베르네 프랑, 코, 피노 도니스를 블렌드한 프랑스 레드 와인이다. 피노 누아와 비슷해서, 입에 넣자마자 거부하는 일은 없을 거다. 오히려 비슷하면서도 색다른 맛이 있어서 친구의 와인 영역이 확장되는 계기가 될 것이다.

새로운 친구와 어울릴 때

친구의 친구를 만났다. 둘 다 똑같은 밴드와 〈밥스 버거스〉[45] 애니메이션을 좋아한다. 이 사람을 아직 잘 모르지만, 술김에 다

---

45 밥스버거 햄버거 가게의 가족 이야기.

Chapter 8
와인 리스트를 정복하는 법

시 만날 약속을 잡은 건 기억이 난다. 당신이 좋아하는 와인 중 가격이 합리적인 것을 골라서 함께 마셔보자. 둘이 실제로도 공통점이 많은지 알게 될 것이다.

친한 친구들과 함께하는 작은 파티

항상 파티 주최자에게 무엇을 원하는지, 아니면 무엇이 필요한지 물어보자. 만약 "아무거나!"라고 대답한다면 무슨 음식을 준비하는지 물어보고 거기에 맞는 와인을 가져간다(페어링 챕터를 확인하라). 만약 음식이 아직 결정되지 않았다면 **람브루스코**를 가져가라. 다른 친구들이 레드 와인, 화이트 와인, 로제 와인을 가져올 텐데 아무도 예상하지 못한 람브루스코가 파티에 즉흥성을 더해줄 것이다. 와인의 보글거리는 탄산감은 언제나 환영이다. 특별한 이벤트가 아니라도 친구들과 함께 있다는 사실 자체가 축복처럼 느껴지는 순간에 더욱 빛을 발한다.

모르는 사람이 수두룩한 대규모 파티

파티 주최자는 알지만 참석자의 75%는 모르는 사람이다. 주최자에게 문자를 보냈지만, 답이 없어서 무슨 음식이 나오는지도 모른다. 이럴 땐 정말 답답하다. 하지만 **리슬링**을 안다면 스트레스받을 일도 없다. 모든 음식에 잘 어울리기 때문에 불확실한 상황에서 구세주처럼 당신을 구해줄 것이다. 거의 모든 사람이 리슬링을 좋아하겠지만, 불가피하게 "이런, 저는 됐어요. 리슬링은 저한테 너무 달거든요."라고 하는 사람도 있을 것이다.

그러면 즐거운 마음으로 드라이한 리슬링이 얼마나 많은지 설명해주면 된다. 그리고 살짝 맛보게 한 잔 따라주면 그들의 인생이 송두리째 바뀌는 순간을 목도하게 될 것이다.

친구의 친구의 생일파티
로제 와인을 가져가라. 로제 와인을 싫어하는 사람은 없다.

억지로 끌려간 하우스 파티
여기에는 아는 사람이 한 명도 없다. 당신이 아끼는 와인을 가져가서 함께 즐길 수 있을 거라는 기대는 버려라. 당신이 무얼 가져가든 아무도 관심이 없다. 아마 테카테 맥주를 마시던 남자가 여자 친구랑 마시려고 뒤뜰에 가져가버려서, 당신은 한 잔도 마시지 못할 가능성이 높다. 이런 자리에는 **그뤼너 펠트리너**를 가져가는 것이 좋다. 가격도 적당하고 대용량도 있어서 당신도 충분히 마실 수 있다.

소중한 사람과 함께 마실 와인 사기

먼저 소중한 사람이 좋아하는 와인을 사서 함께 즐긴다. 당신 취향의 와인도 준비해서 그 와인이 왜 좋은지 알려준다. 마지막으로 둘 다 처음 마셔보는 와인을 준비한다. 좋아하는 음악을 틀고, 서로의 눈을 사랑스럽게 쳐다본다. 와인을 마시고, 멋진 섹스를 즐긴다. 끝!

선물용 와인 사기

선물용 와인은 같이 마실 용도로 사는 와인과 조금 다르다. 후자는 "날 초대해줘서 고마운 마음에 이걸 가져왔어요. 빨리 이 와인을 함께 마시고 싶어요."라는 말을 멋있게 표현한 것이다. 반면 선물용 와인은 이런 뜻이다. "이건 선물이니까 당신이 원하는 대로 하세요. 나랑 마시고 싶다면 말리지는 않겠지만, 당신 선물이니까 꼭 그러지 않아도 돼요."

보통 선물을 살 때는 상대방이 좋아하는 물건을 산다. 하지만 와인을 선물할 때 상대방이 항상 마시는 것과 똑같은 걸 준비하면 재미도 없을 뿐더러 선물의 의미도 퇴색된다. 대신 상대방의 취향과 당신이 좋아하는 와인의 특징을 적절히 조합해서 고르는 건 어떨까? 그럼 당신도 즐겁고, 상대방도 새로운 와인을 경험할 수 있다. 상대방이 좋아하는 와인을 선물하면 상대방도 좋다는 감상평 말고 달리 할 말이 없다. 상대방이 평소 마시던 와인과 살짝 색다르면서, 당신이 열정적으로 사랑하는 와인의 특징까지 가미되어 있다면 둘 사이에 대화가 자연스럽게 이어질 것이다. 당신이 선호하는 생산자나 산지를 보고 와인을 고를 수도 있고, 둘이 같이 스트록스 록밴드의 공연을 봤던 추억을 되살리는 와인도 괜찮다. 무엇이 되었든지 간에 당신의 조각 일부를 다른 사람과 공유하는 셈이다.

선물용 와인은 반드시 포장해야 한다. 아니면 다른 와인과 헷갈릴 수 있다. 선물 받는 사람이 진심으로 기뻐할 수 있게 정성 들여 포장하자. 아니면 당신 친구 회사의 헤일리라는 인사과 직원이 만난 지 5분 만에 당신이 사 온 와인이 마트에서 대충 집어 온 건 줄 알고 마음대로 따서 마셔버릴지도 모른다. 포장은 화려한 포스트잇에 '함부로 손대면 가만두지 않겠어!'라고 써 붙이는 효과가 있다. 그러니까 포장용 리본도 좀 사고, 와인숍에서 준 갈색 쇼핑백도 버리지 말고 잘 보관해두자. 난 아예 서랍 한 칸을 비워서 와인용 쇼핑백과 리본을 모아두는 용도로 사용하고 있다. 내가 하는 행동 중에 가장 어른스러운 행동이다. 평소에 영수증도 제대로 보관하지 못하면서, 와인 병은 언제든 정성스럽게 포장할 준비가 되어 있다.

미학적 요소 말고도 포장을 해야 하는 이유가 따로 있다. 포장은 주최자에게 이 와인을 그 자리에서 다 같이 마시지 않아도 된다는 메시지를 담고 있다. 주최자도 여러 가지 이유로 선물 받은 와인을 파티에서 개봉하고 싶지 않을 수 있다. 헤일리가 다 마셔버리는 게 싫을 수도 있고, 파티에 어울리는 와인을 미리 준비해뒀기 때문일 수도 있다. 이유가 무엇이든 선물을 받은 당사자가 원하는 때에 마시면 된다는 인상을 줄 수 있어야 한다. 선물을 건네는 즉시 그런 인상을 줄 수 있다면 그게 최고다! 혹시

Chapter 8
와인 리스트를 정복하는 법

헤일리가 때와 장소를 가리지 않고 술을 들이붓는 스타일인 걸 미리 알았다면 주최자에게 "이건 나중을 위해서 남겨두세요."라고 귀띔해줘도 뭐라고 할 사람은 아무도 없다.

레스토랑에서
와인 주문하기

와인 리스트를 펼쳐드는 순간 심장이 콩닥콩닥 방망이질한다. 그러다 쿵 내려앉으면서 명치를 얻어맞은 기분이 든다. 심장이 점점 조여든다. 땀에 젖은 손으로 낯선 이름이 빼곡한 두툼한 가죽 메뉴판을 넘긴다. 양조장 이름이 아니라 웨스 앤더슨 영화에 나오는 사립학교 이름 같다. "특별히 찾으시는 와인이 있나요?" 소믈리에가 다가와서 묻는다. 상세르 와인도 주문하지 못할 것을 뻔히 알면서 말이다. 이제는 아예 뒤에 바짝 붙어서 메뉴판을 친히 읽어주면서 어떤 와인이 좋은지 추천해준다. 진심으로 도와주려는 마음은 고맙지만, 심장이 조이고 손에 땀이 흐른다. 차라리 두 눈을 감고 아무 와인이나 고르고 싶은 심정이다. 그리고 너무 비싸지 않길 바란다.

충분히 그럴 만한 상황이다. 와인 리스트는 그야말로 최악이다. 레스토랑마다 메뉴 배열도 제각각이고, 두서없이 나열해놓은 곳도 많다. 난생처음 보는 단어들의 향연이다. 와인을 제법 잘 아는 사람이 봐도, 처음 보는 단어가 수두룩하다. 나 역시도 와인 리스트가 '클루'라는 추리 보드게임의 힌트보다 아리송할 때가 많다.

일단 레스토랑에서 아는 와인만 주문하겠다는 생각을 버려야 한다. 대신 주문한 음식과 당신의 입맛에 가장 잘 어울리는 와인을 전략적으로 찾겠다는 자세로 접근하는 것이 좋다. 이제부터 와인 리스트를 정복할 수 있는 전략을 아낌없이 공개하겠다.

1 **먼저 어떤 음식을 주문할지 생각한다.** 그렇다, 나도 잘 안다. 이제 막 퇴근해서 일분일초라도 빨리 와인을 한잔하면서 긴장도 풀고 짜증나는 회의도 잊고 싶을 것이다. 하지만 주문을 서두르지 말자. 와인은 음식을 보완해주는 역할을 한다. 그러니까 메뉴를 고르기 전에 와인 리스트를 먼저 펼치지 말자. 이미 볼드한 레드 와인을 시켰는데 세비체[46]가 먹고 싶으면 어쩔 건가? 도저히 참기 힘들다면 산미가 있는 라이트한 와인을 주문해서 입맛을 돋우는 정도가 적당하다. 애피타이저가 나오기도 전에 미각이 지쳐버리면 곤란하다.

2 **미각이 압도되지 않게 주의한다.** 미각은 본능적으로 레드 와인을 찾는 경향이 있다. 하지만 무거운 타닌감, 오크향, 알코올의 레드 와인은 미각을 마비시킨다. 그러므로 음식의 맛을 제대로 즐기고 싶다면 카베르네, 프티트 시라, 말벡 등 묵직하고 볼드한 와인은 신중하게 주문하자.

---

46 해산물을 회처럼 얇게 잘라 레몬즙이나 라임즙에 재운 후 차갑게 먹는 중남미 지역의 대표적인 음식.

3 **특정한 와인 타입이나 산지에 특화된 레스토랑인지 확인한다.** 와인 리스트를 펼쳤는데 96%가 캘리포니아 와인인가? 그렇다면 캘리포니아 와인을 주문하는 편이 좋다. 프랑스 와인도 몇 개 갖다 놓았을지도 모른다. 어떤 커플이 자신들은 '르 베스트(le best 최고)'만 마신다며 거드름을 피울지 몰라서다. 마찬가지로 만약 와인 리스트에 리슬링이 많이 보인다면 리슬링을 주문하자. 레스토랑이 자신의 음식에 리슬링이 가장 잘 어울린다고 판단한 것이기 때문에 그대로 따라가길 권한다.

4 **선호하는 버라이어털과 산지를 찾는다.** 와인 리스트에 아는 와인이 하나도 없어도, 포도 품종이나 지역명은 아는 게 하나쯤은 있을 것이다. 원하는 와인이 없을 때는 그나마 친숙한 정보에 의지해서 결정하는 것이 현명하다. 그리고 다음의 경우에도 유용하다.

5 **소믈리에/웨이터에게 물어본다.** 반드시 물어봐야 한다! 여긴 라스베이거스 카지노가 아니다! 설령 카지노라고 해도 무작정 크랩스 테이블로 직행해서 80달러를 던지고, 무슨 뜻인지도 모르면서 '혼 하이 12'[47]를 외칠 수 있겠는가? 조금 겁이 나더라도 무조건 소믈리에/웨이터에게 물어봐야 한다. 그냥 무엇을 좋아하고 싫어하는지, 어떤 버라이어털과 산지를 선호하는지, 원하는 가격대는 무엇인지 말하면 된다. 꼭 그들이 추천하는 와인을 고르지 않아도 된다. 그들의 추천과 통찰력을 참고하는 편이 맹목적인 베팅보다 승률이 높다.

---

47 크랩스는 주사위 2개를 던져서 나오는 숫자에 배팅하는 카지노 게임이다. '혼 하이 12'라고 외치면 12에 2달러를 걸고, 2, 3, 11에 1달러씩 걸겠다는 의미다.

6 **구두쇠처럼 보일까봐 걱정하지 말자.** 불교에서 말하는 해탈의 경지에 올랐다면 모를까, 원하는 가격대를 말하는 건 언제나 민망한 감이 있다. 하지만 민망함은 잊어라. 매번 샴페인과 가리비 요리를 먹을 수는 없다. 고지서가 매달 날아오고, 고양이 모래도 사야 하는 게 인생이다! 소믈리에/웨이터에게 원하는 가격대의 와인을 추천받는 것은 전혀 창피한 일이 아니다. 파산할 걱정 없이 좋은 와인을 마실 수 있다는 뜻이다. 저렴하지만 너무 싸지 않은 와인을 성급하게 주문하는 것보다 훨씬 낫다.

만약 원하는 가격대를 일행에게 알리고 싶지 않다면 이런 식으로 돌려서 주문하는 방법도 있다. 와인 리스트를 펼치고 원하는 가격을 가리키며 "이거랑 비슷한 걸로 추천해주실래요?"라고 부탁하면 된다. 일행은 당신이 페삭 레오냥(Pessac-Léognan)을 발음하지 못한 걸로 생각하겠지만, 소믈리에/웨이터는 당신의 진짜 의도를 눈치챌 것이다.

글라스(BTG)로 주문해야 하는 경우

다음과 같은 경우에는 병 말고 글라스로 주문하자.
- 일행이 모두 칵테일을 마신다.
- 일행이 모두 맥주를 마신다.
- 일행이 모두 다이어트 중이라서 술을 안 마신다. 그런데 "맛만 보겠다."라며 치즈 플레이트의 3/4을 해치웠다.

- 레스토랑에 끝내주는 BTG 리스트가 있는데 모두 마셔보고 싶다.
- 이미 와인 한 병은 비운 상태다.

7 **두 번째로 저렴한 와인을 조심해라.** 레스토랑은 바보가 아니다. 데이팅 앱으로 만난 사람과 놀랍게도 벌써 세 번째 데이트다. 오늘만큼은 멋진 모습을 보여주고 싶어 하는 게 빤히 보인다. 구두쇠처럼 보이고 싶지는 않아서 두 번째로 저렴한 와인을 주문한다. 그냥 저렴한 와인으로 직행한 게 아니라, 고심해서 골랐다는 인상을 주고 싶다. 그런데 비밀을 하나 알려주겠다. 와인 리스트에서 두 번째로 저렴한 와인은 사실상 가치가 가장 낮은 상품이다. **레스토랑은 가장 싼 와인을 두 번째로 저렴한 상품처럼 배열한다. 소비자의 불안감을 이용해서 돈을 버는 상술이다.** 만약 와인 리스트에 아는 와인이 있는데 시세에 맞게 적절한 가격으로 책정되어 있다면 한시름 놓아도 된다. 하지만 식료품점에서 한 병에 4달러를 주고 흥청망청 마셨던 와인이 레스토랑에서 글라스 한 잔에 10달러에 팔린다면 다시 생각해봐야 한다.

8 **발음 때문에 주저하지 말자.** 만약 겁이 난다면 손가락으로 가리키면 된다. 용기가 있다면 요상한 프랑스어 발음을 당당하게 내뱉자. 그리고 웨이터와 함께 호탕하게 웃고 끝내면 그만이다. 이게 핵심이다. 틀려도 괜찮다. 웃어넘기면 된다. 와인 시키는 내내 그렇게 긴장할 필요가 전혀 없다. 웨이터가 제대로 된 발음을 알려주면 입에 붙게 여러 번 연습해도 좋다. 끊임없는 연습이 완벽함을 만든다고 했다!

한 병 더 시키기 전에 다시 한 번 생각하자

와인이 너무 맛있어서 한 병을 다 비웠는데 안주가 아직 남아 있다면? 똑같은 와인을 한 병 더 시키기 전에 와인 리스트를 살펴보자. 레스토랑에서 다양한 와인을 팔고 있으니까 새로운 와인에 도전하는 기회로 삼자.

하우스 와인은 가성비가 좋은 와인일까 아니면 싸구려일까?

많은 레스토랑에서 하우스 와인을 판다. 적당한 가격에 글라스, 카라페 그리고 가끔 병으로도 판다. 거창하게 '하우스 레드 와인' 또는 '하우스 화이트 와인'이라고 이름 붙여도 그다지 믿음이 가지 않지만, 그렇다고 나쁜 와인은 아니다. 보기 드문 품종이나 스태프가 선호하는 와인을 하우스 와인으로 선정하는 레스토랑도 많다. 그리고 직접 담그는 곳도 있다. 그러니까 하우스 와인이 무조건 나쁘다는 편견은 버리고, 웨이터한테 물어보는 것이 가장 좋다.

와인을 사거나 주문할 때 얼마나 스트레스받았는지 기억하는가? 그때는 왜 그랬는지 모르겠다. 와인숍에서 와인을 사는 일이 대중연설보다 떨리고, 와인 리스트가 손에 닿으면 옻독이라도 오른 듯 흠칫 놀라던 때가 엊그제 같은데 말이다. 그때는

Chapter 8
와인 리스트를 정복하는 법

아무런 전략이 없어서 그랬지만, 지금은 와인숍과 레스토랑을 어떻게 공략해야 할지 모든 전략을 전수받았다. 당신이 좋아하는 와인과 양조법에 대한 지식을 이 전략과 결합하면 아마존에서 프라임 서비스로 샴푸를 주문하는 것만큼 손쉽게 와인을 획득할 수 있을 것이다. 뭐, 와인을 사려면 집에서 나가야 한다는 점이 다르긴 하지만, 적어도 과호흡을 대비해서 종이봉투를 들고 다닐 필요가 없어졌으니 말이다. 와인을 사고 주문하는 일은 식은 죽 먹기다. 게다가 이건 죽이 아니라 와인이니, 훨씬 좋다!

To-Drink-List

1. 새로운 와인숍을 찾아서 직원과 대화를 시도한다.
2. 마음속으로 '난 와인을 좀 사야 하니까 긴장 따위는 개나 줘버려!' 라고 외친다.
3. 추천받은 와인을 산다. 새로워서, 좋아서, 이상해서, 주인이 마시는 거라서 등 이유는 다양하다.
4. 다음에 외식하러 나갔을 때 자진해서 와인을 주문한다.
5. 파이팅!

Chapter 9

와인의 진정한 즐거움

모임 주최
& 손님 접대

WINE, ALL THE TIME.

와인의 진정한 즐거움은 단순히 마시는 행위에 있지 않다고 하면 너무 충격적인가? 와인의 진정한 즐거움은 사랑하는 사람과 함께 마실 때 진가를 발휘하는 법이다. 함께 이야기할 사람이 없다면 지금까지 배운 게 다 무슨 소용이겠는가? 이번 챕터에서는 이제껏 배운 스킬을 실제 테이블에서 활용하는 법을 알려주겠다. 그러면 친구들을 초대해서 집에 있는 와인을 모조리 꺼내서 함께 즐길 수 있게 된다. 아, 내가 너무 앞서갔다고? 알았다, 모두 꺼낼 필요는 없다(결국 취해서 모두 꺼내게 될 거다).

만약 내가 래퍼라면 내가 세계 최고의 모임 주최자라는 내용이 가사의 절반을 차지할 것이다. 너무 뻔뻔하다고? 나도 안다. 하지만 맨정신에 이런 소리를 할 만큼 자신감이 넘친다. 왜냐하면 사실이기 때문이다. 나는 타고난 엔터테이너이자 색감, 구성 그리고 빈 잔을 알아차리는 센스가 뛰어난 완벽주의자다. 이 모든 재능은 어머니로부터 물려받았다.

내 어머니인 게일 여사는 역대 최고의 모임 주최자다. 감히 말하건대, 마사 스튜어트와 귀네스 팰트로를 합쳐도 우리 엄마 한테는 못 당한다. 어린 시절 우리 집은 끊임없이 손님을 초대했다. 본차이나 그릇에 차린 정찬 파티, 오스카 시상식에 가는 여배우보다 멋지게 꾸민 트리와 크리스마스 파티, 넘치도록 많은 소스와 '소프트볼 시즌이 끝나서 기쁘다' 파티 등 셀 수 없이 많다. 내가 중학교 때 인기가 조금 있었던 것도 모두 엄마 덕분이다. 내 생일과 핼러윈 파티 때마다 온갖 종류의 과자가 2미터 넘는 테이블 위에 쫙 깔렸고, 공기로 부풀린 '바운스 하우스'를 대여업체에서 가장 큰 걸로 빌려와서 설치했다. 그릇도 매번 파티 분위기에 맞는 걸로 준비했다.

우리 엄마는 어떤 파티든 똑같이 정성 들여 준비하고, 디테일에 신경쓰고, 재미에 집중했다. 항상 테마에 맞춰서 조명, 음식, 술을 준비했다. 그리고 시디플레이어에 시디 여섯 장을 모두 채워서 언제든 분위기를 바꿀 수 있게 만반의 준비를 해두었다. 엄마의 전염성 강한 웃음이 항상 부엌에서 울려 퍼졌고, 파티를 준비하는 내내 미소를 잃지 않았다. 손님들은 테이블 한쪽에 세심하게 배색해서 아름답게 휘감아 올린 냅킨 장식을 보고 감탄했지만, 아무도 이 파티에 얼마나 많은 노력과 정성이 들어갔는지 눈치채지 못했다. 엄마는 절대 손님이 부족함을 느끼게 하는 법이 없었다. 무언가 필요하다고 느끼기도 전에 모든 것을 완벽하게 준비해두었다.

그런 엄마 덕분에 나도 모임 주최에 일가견이 생겼다. 훌륭한

Chapter 9
와인의 진정한 즐거움

주최자는 깨끗한 집, 음악, 매력적인 성격과는 별로 상관없다. 나는 결코 손님의 잔이 비게 내버려두지 않았기 때문에 최고의 주최자로 거듭날 수 있었다. 식사 중에도, 소파에 편히 앉아 있을 때도, 즉흥적인 댄스파티 중에도 내가 사랑하는 와인을 손님과 함께 나누었다.

우리 엄마가 그러했듯, 사람들은 내가 평소에도 이런 삶을 사는 줄 안다. "와인, 와인 잔, 진귀한 치즈가 모두 어디서 났는지 궁금하다고요? 우리 집에는 이런 게 널려 있어요!"

아니, 절대 아니다. 손님을 초대하는 일은 시간, 노력, 연습 그리고 약간의 전략이 필요하다. 이번 챕터를 읽고 나면 정장을 차려입는 디너파티부터 친한 친구들과 소파에서 중국 음식을 배달시켜 먹는 편한 모임까지 모두 해낼 수 있다는 자신감으로 무장하게 될 것이다.

와인이 얼마나 필요한지 계산하는 방법

벽 한 면을 가득 메운 와인 코너 앞에서 손님이 몇 명인지 계산하다가 망연자실한 적이 있는가? 750ml가 도대체 뭐란 말인가? 나도 그렇다. 내가 수학을 못한다는 사실은 이미 알고 있을 거다. 심지어 750ml를 온스로 변환하는 간단한 계산도 못한다. 참고로 25점 몇몇 온스다.

일반적인 와인 병 용량은 약 750ml다. 한 잔당 150ml 정도 따르니까, 한 병에 다섯 잔이 나온다고 생각하면 된다. 이제 총 손님 수에 맞춰서 이 계산법을 적용하면 된다. 논리적이고 괜찮은 방법이다. 하지만 나는 개인적으로 이 계산법을 사용하지 않는다.

우선, 150ml가 웬 말인가! 와인을 150ml만 마신다는 것은 피자를 한 조각만 먹겠다는 소리와 같다. 원래 기본적으로 두 조각(아니면 여덟 조각)은 먹어줘야 하는데 말이다. 정확히 150ml를 따르는 데 집착하는 정신병자 같은 스타일도 있다. 그런 사람을 만나면 인색한 레스토랑처럼 의심스러운 '하우스 와인'을 단 한 방울의 오차도 없이 정량을 지켜 따르는 기술을 선보여야 한다. 하지만 정량을 지켜서 따르려고 마음먹어도, 나처럼 손이 큰 사람을 만나면 말짱 도루묵이다. 방의 반대편에 앉은 사람에게 큰소리로 농담을 던지느라 나도 모르게 습관적으로 잔을 가득 채우기 때문이다. 150ml를 원하는 사람은 없다. 사람들은 와인 한 잔을 즐기고 싶을 뿐, 와인의 양은 파티 분위기에 따라서 많을 수도, 적을 수도 있다.

내 말을 믿어라. 한 병당 다섯 잔으로 계산하면 분명 부족할 것이다. 그러기엔 변수가 너무 많다. 마지막 시라를 따르면서 스크루지 취급을 당하거나 준비성이 부족하다는 인상을 줄 게 뻔하다. 모임 주최자로서 절대로 피하고 싶은 두 가지 평가다. 모임 주최자는 기본적으로 ① 체계적이고 ② 관대해야 한다. 이는 다음 해 여름에 얼마나 많은 빛나는 밤을 계획하는지와 상관없이, 인생에서도 갖추고 싶은 요소일 것이다.

Chapter 9
와인의 진정한 즐거움

나는 개인적으로 한 병당 네 잔으로 계산하는 방법을 선호한다. 정확하게 표현하자면 '꽉 채운 네 잔과 원샷용 두 잔'이다. 우리 집에서는 '로스 네 잔과 로스 테스트 두 잔'이라고 표현한다. 이 비율을 선호하는 이유는 내 마음대로 잔에 따를 수 있는 자유가 주어지기 때문이다. 음악차트 1위를 차지한 힙합 가수가 클럽에서 자기 크루를 위해 샴페인을 터뜨리는 것처럼 천하태평하게 손님의 잔을 채우는 일은 몇 안 되는 나의 기쁨이다.

마음 같아서는 와인을 산처럼 쌓아두고 모든 손님의 잔을 끝없이 꽉꽉 채워주고 싶지만, 그건 완벽한 세상에서나 가능한 일이다. 불행히도 우리는 리얼리티 TV 스타가 대통령이 되고, 마리화나가 불법이고, 작가의 인세가 스포츠 스타의 연봉의 발끝에도 못 미치는 세상에 살고 있다. 다시 말해서 우리는 완벽하지 않은 세상에 살고 있기 때문에 손님 한 명당 몇 잔을 마시는지 계산할 수밖에 없는 처지다.

나는 디너파티의 경우 인당 넉넉하게 두세 잔을 할당한다. 만약 월급날과 가깝다면 인당 와인 한 병을 준비한다. 좀 과하게 들릴지도 모르겠다. 사실, 과하긴 하다. 하지만 와인은 내 인생이고, 그런 와인을 다른 이와 함께 나누는 일은 내게 무한한 행복을 안겨준다. 게다가 나는 와인 작가가 아닌가? 그만큼 기대에 부응해야 한다. 우리 집에 오는 손님들은 모든 걸 마셔보고 싶어 한다. 그래서 과하다 싶을 정도로 준비해놓지 않으면 5년간 숙성시키려고 아껴두었던 보졸레 크뤼를 어쩔 수 없이 개봉해야 하는 사태가 벌어진다.

하우스 파티를 주최하는 경우, 인당 와인 한 병은 절대 불가능하다. 내 핏속에 가메가 흐를지언정 내가 가메로 만들어진 건 아니니까 말이다. 이럴 때는 파티 규모에 따라 6~10병을 준비한다. 손님들이 내가 준비한 끝내주는 와인도 많이 마시겠지만, 평범한 맥주도 그만큼 인기 있다. 그러니까 아무 생각 없이 인당 한 병씩 들이켜고 마당에서 보체 골프[48]를 하러 갈 일은 없다.

손님 한 명당 와인 몇 잔을 대접할지는 전적으로 당신의 예산과 결정에 달려 있다. 내가 관대해지라고 말하긴 했지만, 그렇다고 친구들을 초대해서 있는 대로 다 퍼주고 빈털터리가 되라는 말은 아니다. 당신이 편하게 느끼는 선에서 솔직하게 행동하면 된다. 그리고 친구 좋다는 게 뭔가? 분명 친구들도 와인을 가져올 것이다. 손님에게 빈손으로 오지 말라는 메시지를 확실하게 전달하자. 마치 당신 고유의 서명처럼 문자 끝에 이렇게 덧붙이면 어떨까? '함께 즐기고 싶은 와인이 있다면 언제든 환영입니다.' 남에게 베풀고 싶은 마음은 누구에게나 있다. 베푸는 즐거움을 혼자 독차지하지 말고 손님에게 조금 양보하자. 그러면 파티용으로 준비한 와인을 모두 소진하고 개인적으로 마시려고 사둔 와인을 내놓는 상황을 피할 수 있다. 또는 고이 모셔뒀던 와인을 술김에 따버리는 최악의 사태도 면할 수 있다.

정리하자면 내가 유일하게 써먹는 수학식은 다음과 같다.

손님 수 × 인당 잔 수 ÷ 4 = 필요한 와인 병 수

---

[48] 작은 구역 안에서 골프공을 채로 쳐서 홀에 더 가까이 보내는 사람이 이기는 운동 경기.

Chapter 9
와인의 진정한 즐거움

와인은 '장비빨'

나는 청바지에 티셔츠를 즐겨 입는 타입이다. 취향은 다소 고상하지만, 삶의 많은 부분에서 허례허식을 따지지 않는 편이다. 그리고 가성비 좋고, 간편하고, 유용한 물건을 좋아한다. 그건 와인용품을 살 때도 마찬가지다. 우리 집에는 DIY 와인 잔 마커도, 글리터 가루로 장식한 메를로 전용 와인 잔도, 카우보이 부츠 모양의 와인 거치대도 없다. 다음처럼 최소한의 용품만 갖춰도 전문가처럼 와인을 대접할 수 있다.

기본 와인 잔

나도 소싯적에 온갖 종류의 와인 잔 세트를 모두 갖춰놓고 살았다. 레드 와인용, 화이트 와인용, 심지어 샴페인용 플루트 잔까지 있었다. 26세에 성인이 됐고, 27세에 레드 와인 잔 1세트, 화이트 와인 잔 2세트, 샴페인용 플루트 잔 반 세트를 구비했다. 종류별로 와인 잔 세트를 사는 건 부자 놀이다. 누가 실수로 깨뜨릴 때마다 부담 없이 새로 사서 채워 넣을 수 있을 정도로 부유하다면 사치를 마음껏 누려라! 나도 언젠가 그런 호사를 누릴 날이 오길 바란다. 하지만 현재는 '에치(Etsy)' 공예품 판매사이트에서 내가 찜한 판매자가 회사에 취업하는 바람에 피노 누아 전용 빈티지 와인 잔이 깨지기라도 하면 이제 어디서 똑같은 것을 구해야 하는지 걱정할 시간도, 돈도, 에너지도 없다.

그래서 모든 종류의 와인에 통용되는 기본 와인 잔 세트 하나만 사는 데 전적으로 찬성한다. 와인을 담을 수 있고 가느다란 다리(스템)가 있는 잔이라면 어떤 종류든 상관없다. 그래도 최소한 스템이 있는 잔이 좋다. 스템이 없는 잔은 레드 와인에만 좋기 때문이다(손의 온기가 와인에 스며들기 때문에 차갑게 마시는 와인에는 취약이다). 개인적으로 '크레이트 앤드 배럴' 브랜드에서 나온 '나티 레드 와인 글라스'를 추천한다. 레드 와인 잔을 기본 잔으로 선택한 이유는 화이트 와인 잔보다 조금 더 크기 때문이다. 그리고 크레이트 앤드 배럴을 좋아하는 이유는 항상 재고가 있고, 한 잔에 3.95달러, 한 세트(여덟 잔)에 28달러밖에 하지 않기 때문이다.

전문가의 팁을 공유하자면 공휴일에 선물을 주고받는 기회가 있으면 무조건 점찍어둔 와인 잔 세트를 받고 싶다고 알려라. 올 한해만 그러고 마는 게 아니라, 매년 말해야 한다. 그러면 세월이 흐르면서 와인 잔이 하나둘씩 사라져도, 선반만 열면 손쉽게 세트를 다시 채워 넣을 수 있다.

와인 오프너(소믈리에 나이프) 여러 개

와인 오프너로 와인을 개봉하는 순간은 와인을 즐기는 과정에서 빼놓을 수 없는 일종의 의식이다. 코르크 마개가 뿅 하고 경쾌하게 뽑히는 소리를 들으면 괜히 신이 난다. 와인 오프너는 종류가 다양하다. 부모님이 크리스마스 선물로 서로 주고받는 고급스러운 전동 와인 오프너, 낡은 망치로 벽에서 녹슨 못을 뽑

Chapter 9
와인의 진정한 즐거움

아내듯 코르크를 잡아 빼는 식의 식료품점에서 파는 저렴한 오프너, 구두로 와인 병을 여는 심정을 공감하게 만드는 호텔용 플라스틱 오프너 등 가지각색이다. 나는 개인적으로 소믈리에 나이프를 추천한다. 소믈리에 나이프는 지지대가 2단으로 되어 있어서 코르크를 잡아당길 때 더 많은 힘을 받는다. 그래서 헐크처럼 힘을 쓰지 않아도 코르크가 훨씬 부드럽게 뽑힌다.

손님을 초대하려면 와인 오프너를 최소한 두 개는 준비해두어야 한다. 툭하면 잃어버리기 십상이기 때문이다. 나는 가장 좋아하는 와인 오프너를 3개월 전에 열었던 파티에서 잃어버리고 아직까지 찾지 못하고 있다! 와인 오프너가 여러 개 있으면 파티 도중에 하나를 잃어버려도 술이 끊길 걱정이 없다. 앞으로도 와인 오프너는 계속해서 없어질 것이다. 인생은 잔인하고 가혹하므로.

와인 스토퍼

와인을 진심으로 아낀다면 와인 스토퍼가 필요하다. 그래야 나중에 또 마실 수 있게 보관할 수 있다. 무슨 생각을 하는지 나도 안다. 와인을 한 번 따면 무조건 끝까지 마셔야지! 나도 한때 그렇게 생각했다. 그리고 모공도 커지지 않을 거라고 생각했다. 하지만 어느 날 아침에 눈을 떴는데 모공이 어찌나 크고 얼굴이 늙어 보이는지, 전날 반쯤 남은 스페인 무르베드르를 스토퍼로 막아놓고 그만 마실 걸 하고 얼마나 후회했는지 모른다. 그랬다면 다음 날 오후에 완벽한 스낵 타임을 가졌을 텐데 말이다.

와인에서 뽑은 코르크를 사용해도 좋지만, 예상치 못한 변수가 너무 많다. 실수로 코르크를 버리면 어떻게 하나? 당신이 키우는 고양이가 툭 쳐서 침대 밑으로 쑥 들어가면? 아니면 코르크가 팽창해서 아무리 다시 끼우려고 애를 써도 안 들어가면? 비상시에는 쿠킹포일로 막아두고, 와인이 신선하게 보관되고 있다고 자위해도 되지만(초파리만 막을 뿐 전혀 그렇지 않다), 매번 그러기에는 무리가 있다.

디캔터 & 에어레이터

와인도 인간처럼 숨 쉴 공간을 필요로 하는 타입이 있다. 올드 와인이든 영 와인이든 병에 갇혀 있었기 때문에 다른 용기에 옮겨주면 상태가 훨씬 나아진다. 좁은 공간에 갇혀 있었기 때문에 풍미가 날카롭고 응축된 상태다. 당신이 옷장에 3년 동안 갇혀 있었다고 상상해보라. 매우 예민해져 있을 것이다. 옷장에서 나오면 달리거나, 뛰거나, 공중제비까지는 아니더라도 좀 걸어다녀야 마음이 진정되고 본모습을 되찾을 것이다. 와인도 마찬가지다. 디캔팅은 예민해진 와인을 진정시켜서 부드럽게 만든다. 톡 쏘는 맛과 향의 주범인 휘발성 물질이 증발해버리기 때문이다.

그런데 손님이 테이블에 이미 착석했는데 디캔팅이 필요한 와인인 줄 모르고 이제 막 개봉했다면? 이럴 때 필요한 게 바로 에어레이터다. 손님의 잔에 와인을 따를 때 빠르게 공기와 접촉시키는 작고 편리한 도구다. 모든 잔을 채우고 남은 와인은 에어레이터를 끼운 채로 디캔터에 붓는다. 사람들이 와인의 산미를 눈치채지 못하길 기도하면서 말이다(대부분 와인을 즐기느라 아무도 신경쓰지 않을 것이다).

디캔팅은 언제 해야 할까?

좋은 질문이다. 크게 두 파트로 나눠서 설명하겠다. 첫 번째는 좀 뻔한데, 장기간 숙성시킨 와인은 항상 디캔팅해서 침전물을 걸러내야 한다. 두 번째는 좀 애매한데, 디캔팅은 개인적 선호도에 따라 달라진다. 만약 개봉한 직후의 와인의 산도, 타닌감, 알코올 또는 기피하는 특징이 너무 강하게 느껴진다면 한 시간 정도 디캔팅한 이후에 다시 마셔보자. 어떤 와인은 이보다 짧게 디캔팅해도 이런 특성이 옅어지고 풍미가 살아나며, 어떤 와인은 디캔팅 시간이 더 길어야 한다. 결국 디캔팅에 정해진 공식은 없다. 와인을 살 때 판매자에게 디캔팅에 대한 조언을 구하고, 자신의 미각을 믿어라.

플라스틱 잔

나는 플라스틱 잔을 그다지 좋아하지 않는다. 왠지 모르게 일회용 컵에 얽힌 잘못된 선택들이 떠오르기 때문이다. 하지만 이런 감정은 제쳐두고, 야외에서 마실 때의 유용한 점을 인정할 만큼 어른스러워졌다. 공원으로 피크닉을 가거나 현관에서 편하게 마실 때 플라스틱 잔을 사용하면 실수로 발로 차거나 밟아서 와인 잔이 깨질 걱정을 덜 수 있다. 물론 이런 상황에 대비해서 여분의 세트를 준비해뒀겠지만, 마당에서 유리 조각을 줍는 일은 전혀 반갑지 않은 상황이다. 당신이 신뢰하는 사람만 소규모로 모였다든가 테이블이 충분히 있는 상황이 아니라면 야외에서는 항상 플라스틱 잔을 사용하자.

아이스 버킷

나는 아이스 버킷도 별로 좋아하지 않는다. 솔직히 말해서 손님을 접대할 때도 별 도움이 되지 않는다. 와인을 아이스 버킷에 넣어두면 너무 차가워지기 때문에 42초마다 테이블에서 일어나야 할 것이다. 그러니까 재량껏 사용하되, 와인에서 눈을 떼지 마라. 와인이 너무 차가워져서 한 가지 맛밖에 느껴지지 않는다면 아이스 버킷에서 꺼내어 온도를 높여줘야 한다. 이 정도로 차갑게 마시는 와인은 싸구려 피노 그리지오밖에 없다.

'와인 어웨이' 얼룩 제거제

내가 사람들한테 이 제품을 얼마나 많이 홍보하고 다니는지 모른다. 따로 협찬받는 것도 아닌데, 이 회사에 광고비라도 청구해야 할 판이다. 와인 어웨이는 시트러스를 주재료로 만든 스프레이형 얼룩 제거제로 웬만한 섬유에는 모두 사용할 수 있다. 와인 어웨이가 없었다면 내 옷, 침대 시트, 러그는 모조리 와인 얼룩에 점령당했을 것이다. 나는 화장실에도 와인 어웨이를 항상 비치해두는데, 손님에게 배려심이 많다는 인상을 심어주기 위해서이기도 하지만 무엇보다 내가 매일 사용하기 때문이다. 사용법은 매우 간단하다. 와인을 흘린 즉시 와인 어웨이를 뿌려주면 된다. 눈앞에서 얼룩이 사라지는 마법 같은 경험을 하게 될 것이다. 단, 드라이클리닝 제품에는 사용하지 말자. 옷감에는 아무런 영향도 끼치지 않지만, 세탁소 주인을 꽤나 열받게 할 수 있다.

스핏툰(선택사항)

와인 작가로서 대낮에 수십 개의 와인을 시음해야 할 때가 있다. 저녁때쯤 숙취로 고생하고 싶지 않을 때 스핏툰이 유용하게 쓰인다. 필수용품은 아니지만 만약 집에서 격식 있는 와인 시음회를 준비한다면 스핏툰이 필요할 것이다.

와인과
음식 페어링

이 세상에 균형이 깨져서 좋을 건 하나도 없다. 자연, 음악, 인간관계 등 세상만사는 서로 다른 요소의 조화를 중시한다. 와인과 음식의 페어링도 같은 맥락이다. 서로의 보완점을 찾아서 혼자서는 절대 낼 수 없는 새롭고 맛있는 경험을 재창조하는 것이다. 마치 호그와트 마법학교처럼 여러 재료를 섞어서 손님의 마음을 훔치는 물약을 만드는 황홀한 경험이다.

페어링은 물약 수업처럼 절대 쉽지 않다. 페어링에는 약간의 지식과 생각 그리고 수없이 많은 시도와 실패가 밑받침되어야 한다. 연습은 완벽함뿐만 아니라 먹고, 마시고, 즐길 구실도 만들어준다. 당장 오늘 저녁부터 와인 페어링을 연마할 수 있는 방법을 알려주겠다.

출발점

가장 먼저 무엇을 먹을지 알아야 한다. 요리의 풍미는 와인의 선택에 영향을 미친다. 음악에 비유하자면 음식은 비트고, 와인은 비트 위에 얹은 랩이다. 그런데 가사가 아무리 좋아도 비트와 어긋난다면 무용지물이다. 음식이 리치하고 버터리한가? 아니면 라이트하고 짠맛이 나는가? 향신료 맛? 흙냄새? 단맛? 기름지고 느끼한가? 음식의 지배적인 풍미와 특징을 잡아내면 반은 성공한 셈이다. 음식의 주된 요소를 파악하고 나면 균형을 맞추고 보완하려면 와인의 어떤 요소가 필요한지 알게 된다.

균형 맞추기

나는 요리를 잘 모른다. 이제껏 살면서 요리를 해본 경험이 열댓 번도 안 된다. 하지만 요리 경쟁 프로그램 〈탑 셰프〉는 많이 봤다. 여신인 파드마, 대머리독수리인 톰, 그리고 내 멘토인 게일에게 배운 것이 있다면 그건 바로 훌륭한 요리는 지방, 산미, 짠맛, 단맛의 균형이 잘 잡혀 있다는 점이다. 이것이 바로 당신이 찾는 음식과 와인의 균형점이다.

기름진 음식

이런 음식을 부를 때 좀 덜 모욕적인 명칭이 있었으면 좋겠다. 이런 음식을 창피해하지 않고, 치즈버거가 선사하는 삶의 즐거움을 축복하는 느낌을 주는 명칭이면 좋겠는데, 참 안타깝다. 기름진 음식은 모든 종류의 고기, 버터 또는 크림소스가 들어간 음식을 포함한다. 나는 기름진 음식을 색을 기준으로 '밝은 음식', '어두운 음식' 등 두 가지로 세분화한다. 나한테는 이 분류법이 기억하기 가장 쉬웠는데, 당신도 그랬으면 좋겠다. 산도가 높은 와인은 연어, 닭고기, 돼지고기처럼 밝은 음식과 잘 어울린다. 그리고 버터나 크림소스가 들어간 음식과도 궁합이 좋다. 와인의 산미가 기름기를 잡아줘서 입안이 개운해지기 때문에 음식을 계속 먹어도 질리지 않는다. 타닌이 많은 와인은 소고기 스테이크, 양고기, 기타 붉은 고기 등 어두운 음식과 잘 어울린다. 타닌은 지방의 느끼함을 줄여주고, 반대로 지방은 고함량 타닌 때문에 입안이 사하라사막처럼 마르는 걸 방지해주기 때문에 서로의 단점을 상쇄해준다.

이 조합으로 연습해보자.
그릴에 구운 연어 & 피노 누아
소고기 스테이크 & 카베르네 소비뇽
로스트치킨 & 그뤼너 펠트리너
기름진 음식과 상극인 와인: 스위트 와인(리슬링, 슈냉 블랑 등), 디저트 와인(포트와인)

생선요리와 레드 와인이 어울릴까?

물론이다! '레드 와인은 고기 요리, 화이트 와인은 생선 요리'라는 공식은 만고불변의 진리가 아니다. 레드 와인과 화이트 와인은 스펙트럼이 매우 넓어서 예상을 깨고 어떤 흥미로운 페어링이 나올지 아무도 모른다(로제 와인, 오렌지 와인도 마찬가지다). 그런데 공식에 갇혀서 무궁무진한 가능성을 절반이나 놓칠 셈인가?

다음의 조합을 시도해보자. 보졸레 & 굴 요리, 폭찹 스테이크 & 피노 그리(오렌지 와인), 소고기 스테이크 & 오크 숙성한 샤르도네

신 음식

신 음식은 스위트한 와인과 밸런스를 맞춰야 한다고 생각하겠지만, 사실 음식보다 더 신 와인과 페어링하는 게 좋다. 참으로 반직관적이지 않은가? 그런데 밝은 음식에 시트러스, 토마토, 샐러드드레싱(비네그레트소스 등)이 올라가면 와인보다 신맛이 강해져서 와인의 맛을 뭉개버린다. 그러면 와인이 생기를 잃고 상대적으로 밋밋하게 느껴지게 된다.

이 조합으로 연습해보자.
토마토소스 파스타 & 산지오베제
시트러스 샐러드 & 차콜리

판자넬라[49] & 베르멘티노

신 음식과 상극인 와인: 산도가 낮은 와인

짠 음식

굴 요리, 파르메산 치즈처럼 짠 음식, 기름에 볶거나 튀긴 모든 요리는 산미가 강한 와인과 잘 어울린다. 와인의 시큼한 산미가 음식의 짠맛을 누그러뜨린다. 마찬가지로 음식의 짠맛이 와인의 신맛을 중화시킨다. 와인 전문가들은 최고의 입가심용으로 스파클링 와인을 꼽는다. 스파클링 와인은 입안의 소금기를 없애준다. 그래서 배고픔과 목마름을 상기시켜서 더 많은 음식과 와인을 갈구하게 만든다. 스위트한 와인을 좋아하는 편이라면 짠 음식과 대비되는 단 와인을 매치해도 좋다. 프렌치프라이를 밀크셰이크에 찍어 먹는 것처럼 환상의 조합이 될 것이다.

이 조합으로 연습해보자.

닭튀김 요리 & 샴페인

중국 음식 & 슈냉 블랑

블루치즈 & 소테른(Sauternes)

짠 음식과 상극인 와인: 타닌이 많은 와인

---

[49] 빵, 토마토, 바질, 올리브유 등을 넣어 만든 이탈리아식 샐러드.

단 음식

단 음식에 관해서는 두 가지 주장이 팽팽하게 맞선다. 단 음식을 시다고 여기고 이보다 더 단 와인을 매치해야 한다는 주장이 있다. 이 말대로 했다간 와인의 맛이 밋밋해지는 위험을 감수해야 한다. 내 생각에 단맛을 심하게 좋아하는 부류인 것 같다. 하지만 나는 단 음식과 스위트 와인의 매치는 과잉이라고 배웠다. 나 같으면 당도가 살짝 있지만 디저트보다 달거나 라이트하지 않은 와인을 고를 것이다.

이 조합으로 연습해보자.

초콜릿케이크 & 포트와인

애플파이 & 부브레 모엘루(Vouvray Moelleux)

아무거나 & 아마로(Amaro)

단 음식과 상극인 와인: 드라이한 와인

매운 음식

어리석고 근거 없는 도시 괴담 중 내가 가장 싫어하는 괴담은 어떤 여자의 얼굴에 거미가 무더기로 알을 깠다는 소문과 매운 음식과 와인을 함께 마시면 안 된다는 이야기다. 터무니없는 소리다! 그래도 추파카브라[50]와는 달리, 이런 소문이 왜 퍼졌는지 짐작이 간다. 매운 음식은 와인과 페어링하기 어렵다. 매운맛은

---

50 아메리카 대륙에 사는 흡혈 괴물이라고 알려진 미확인 동물.

Chapter 9
와인의 진정한 즐거움

사실 맛이 아니라 감각이고, 알코올은 매운 감각을 극대화하기 때문이다. 하지만 나를 믿어봐라. 스위트하고 오프 드라이한 화이트 와인과 알코올 도수가 낮은 과일향의 레드 와인을 차갑게 마시면 통각이 잦아들 것이다.

이 조합으로 연습해보자.
생선 타코 & 리슬링
태국 그린 카레 & 가메
돼지고기 빈달루 카레 & 게뷔르츠트라미너
매운 음식과 상극인 와인: 알코올 도수가 높은 와인, 타닌이 많은 와인, 오크 숙성한 와인

흙냄새, 과일과 관련된 음식
버섯, 렌틸콩 등 흙냄새와 관련된 음식과 과일, 과일소스가 들어간 음식은 와인과 매치하기 쉽다. 이런 음식은 어떤 와인과도 잘 어울리기 때문이다.

이 조합으로 연습해보자.
버섯 요리 & 네비올로
사과와 함께 구운 돼지요리 & 비오니에

추가로 기억해두자
시간이 촉박하거나 압박감 때문에 와인을 고를 여유가 없을

때가 있다. 그러면 결국 알코올 도수만 보고 고르게 된다. 성공적인 페어링을 위해 이럴 때 써먹으면 좋은 간단한 팁을 알려주겠다.

유유상종이다. 와인과 음식은 무게감과 복합미가 비슷한 것끼리 궁합이 잘 맞는다. 라이트 바디 와인은 기름기 없는 음식과 어울리고, 풀바디 와인은 기름진 음식과 잘 맞는다. 풍미가 다차원적인 와인은 맛이 복합적인 음식과 매치하고, 풍미가 단순한 와인은 맛이 단조로운 음식과 매치해야 한다. 부엌 싱크대에 기대서 대충 챙겨 먹는 살라미 샌드위치가 시라의 정교한 맛을 향상시키지 못하며, 단조로운 피노 그라지오도 공들여 만든 코코뱅(coq au vin)[51] 요리에 별 도움이 되지 못한다.

콩 심은 데 콩 난다. 어느 나라 음식을 요리하든 그 나라의 와인과 매치하면 성공률이 높다. 이탈리아 와인은 이탈리아 음식과, 뉴질랜드 와인은 뉴질랜드 치즈와, 오리건 와인은 포틀랜드가 배경인 〈포틀랜디아〉 드라마를 정주행하면서 마셔야 한다. 그렇다고 백발백중은 아니다. 타닌감이 강하고 무거운 스페인 레드 와인을 나라가 같다는 이유 하나만으로 파에야에 매치하는 건 무리다.

타닌과 쓴맛은 견원지간이다. 타닌감이 강한 와인은 쓴 음식을 못 먹게 만들어버린다. 레드 와인과 초콜릿의 궁합도 그렇다.

---

51 닭고기와 야채에 포도주를 넣어 조린 프랑스 요리.

둘의 궁합이 좋다는 말은 사실이 아니라, 판매량을 높이려고 마케팅 회사에서 지어낸 매혹적인 거짓말이다.

사실상 페어링이 불가능한 음식

이런 음식은 당신이 소개팅을 시켜줘도 매번 실패하는 친구와 같다. 당신이 정말 좋아하는 멋진 친구지만, 번번이 소개팅에 실패한다. 음식과 친구 사이에 다른 점이 하나 있는데, 음식을 페어링하기 까다로운 이유는 유기황화합물 때문이다. 이 음식을 입에 넣고 와인을 조금만 마셔보라. 입안에 썩은 달걀 냄새가 진동할 것이다.

- 방울양배추, 아스파라거스, 브로콜리, 콜리플라워

페어링에서
가장 중요한 요소

지금까지 언급한 것들을 모두 제치고 페어링에서 가장 중요하다고 꼽히는 요소가 있다. 바로 와인과 음식을 당신의 입맛에 매치시키는 일이다.

지방, 산도를 따져가며 이미 검증된 페어링을 여러 번 준비하고 맛보다 보면 기존의 페어링이 습관화되어버린다. 하지만 이것 말고도 모든 가능성을 시도해봐야 한다. 당신이 좋아하는 와인과 음식을 매치해보자. 당신 생각에 조합이 괜찮을 것 같은 와인과 음식을 매치해보자. 어쩌다 운 좋게 들어온 와인과 음식을 매치해보자. 성공적인 페어링 비법은 고대 프랑스의 와인 저장실 벽에 '산미와 산미의 조합은 영원하다.'라는 식으로 새겨져 있는 게 아니다. 성공적인 페어링은 실험정신을 통해 태어나는 것이다.

여기서 '성공적'이라는 의미는 당신의 입맛에 성공적으로 맞췄다는 뜻이다. 규칙, 추천, 이성적인 사고는 모두 제쳐두고, 당신이 맛있다고 생각하는 조합을 찾는 것이 관건이다. 다른 사람의 입맛에도 맞으면 좋겠지만, 안 맞으면 뭐 어떤가? 다음 주 금요일에 온전히 당신만을 위한 저녁 식사에 어떤 와인을 내놓을지 확실히 알면 된 것 아닌가?

코스별 와인 대접하기

디너 코스별 요리에 맞춰서 와인을 다르게 내놓을 수도 있다. 레스토랑에서 테이스팅 메뉴를 본 적이 있다면 요리마다 와인 페어링 옵션이 다른 것을 알 수 있다. 한 입 거리도 안 되는 코스 요리를 줄줄이 내놓지 않아도, 와인을 코스별로 대접할 수 있다. 물론 꼭 그럴 필요는 없다(그냥 편하게 좋아하는 것 위주로 사서 식탁에 깔아놓으면 된다). 하지만 와인을 코스별로 준비하면 모임에 새롭고 신선한 즐거움을 더할 수 있다. 그래야 이 책을 산 보람이 있을 것 아닌가?

센스 있는 손님이 되는 법

이번에는 모임 주최자가 아니라 손님이다. 그런데 와인을 마시고 싶다. 그러면 어떻게 해야 할까? 최고로 멋진 손님이 되는 거다! 센스 있는 손님이 되는 법을 알아보자.

- 주최자에게 와인을 가져갈지 묻지 않는다, 항상 와인을 가져간다.
- 주최자가 준비한 음식과 어울릴 만한 특정한 와인이 있는지 물어본다.
- 만약 주최자가 특별히 생각해둔 와인이 없다고 대답하면 어떤 음식을 준비하는지 물어봐서 거기에 맞는 와인을 준비한다. 아니면 가메, 리슬링처럼 모든 음식에 무난하게 잘 어울리는 다재다능한 와인을 가져간다.
- 예산이 충분하다면 와인을 두 병 사 간다. 하나는 주최자가 원하는 것(또는 당신이 고른 것), 다른 하나는 당신이 개인적으로 너무 좋아해서 다른 사람과 공유하고 싶은 것으로 준비한다.
- 와인을 사 가는 이유는 그게 옳은 일이기 때문이기도 하지만, 모임에 당신이 원하는 와인이 없을 경우를 대비하기 위해서이기도 하다. 당신이 즐길 만한 와인을 직접 사 가는 편이, 주유소 마트에서 사 온 시라를 마시면서 구역질을 하는 것보다 낫지 않은가?

와인을 코스별로 대접하는 일은 궁극의 큐레이션 작업과 같다. 마치 음악 플레이리스트를 선정하는 일과 같다고 생각하면 된다. 잘 짜인 플레이리스트를 들으면 여행을 떠나는 기분이다. 첫 곡은 전체적인 분위기를 결정한다. 다음 곡들은 천천히 템포를 올려서 중반부를 향해 간다. 그리고 마침내 정점을 찍고 서서히 내려온다. 노래 하나하나가 앞뒤 곡을 서로 보완해주고 전반적인 분위기를 하나로 이어준다.

와인도 똑같다! 당신에게 필요한 건 음식 리스트와 새로운 페어링 지식이다. 그러면 한 번 시작해보자.

와인은 항상 가벼운 것부터 무거운 순서로 내놓는다. 음식과 음료수를 먹고 마실수록 미각이 피로함을 느껴서 미묘한 풍미를 잡아내지 못하게 된다. 음식을 입에 넣기도 전에 포트와인처럼 초대받지 않은 손님이 입안으로 성큼 들어와 혀를 압도해버리는 일은 바라지 않을 것이다. 와인 코스도 요리 코스와 똑같이 생각하면 된다. 애피타이저로는 보통 가벼운 요리를 먹는다. 체인 레스토랑에서 애피타이저로 블루밍 어니언을 먹을 만큼 몽롱하게 취한 상태가 아닌 이상 말이다. 하지만 집 지하에 아웃백 레스토랑을 차려놓고 직접 운영하는 것도 아니니, 애피타이저는 가볍게 먹도록 하자. 이후에도 샐러드, 수프, 메인 요리, 디저트 등 아직 많이 남아 있다.

와인의 색을 보고 가벼운 것부터 무거운 순서를 구분할 수 있으면 참 쉽겠지만, 사실상 순서는 색이 아니라 바디감을 보고 결정해야 한다. 섬세한 생선요리가 아닌 이상, 레드 와인으로 시작

Chapter 9
와인의 진정한 즐거움

하면 대부분 무난하게 넘어간다. 그러나 무게감만 맞는다면 스파클링 와인, 화이트 와인, 로제 와인, 오렌지 와인으로 대체해도 상관없다.

단, 요리와 어울리는 와인을 선택해야 한다. 가벼운 것부터 무거운 순서에 집중하다 보면 정작 음식과의 궁합을 잊을 때가 있다. 하지만 음식을 보완해주는 와인을 찾는 것이 주목적이다. 그러니까 와인을 사러 갈 때 아예 음식 리스트를 들고 가자.

웰컴 와인은 라이트한 걸로 준비한다. 영화에서 보면 파티가 열리는 대저택의 문을 열고 들어가면 고용인이 샴페인이 한가득 올려진 트레이를 들고 서 있다. 당신이 모임을 주최할 때, 이 장면을 꼭 기억하자. 턱시도를 차려입고 크루그 샴페인을 준비할 필요까지는 없지만, 웰컴 와인은 가볍고 마시기 쉬워야 한다. 그리고 입맛을 돋울 수 있게 산미가 있어야 한다. 무엇보다 웰컴 와인이 파티의 하이라이트가 되어서는 안 된다는 점을 염두에 두자. 만약 당신 친구들이 내 친구들과 비슷하다면 내가 다섯 시에 모이라고 말해도 절반은 여섯 시에 나타날 것이다. 그래놓고 자기가 오기 전에 좋은 걸 마셨다고 삐칠 것이다(솔직히 인과응보 아닌가? 하지만 똥 묻은 개가 겨 묻은 개 나무란다고 했다. 나는 시간 약속에 늦는 걸 싫어하는 성격이지만, 좋은 주최자란 모름지기 마음에 담아두지 말고 인자함을 베풀어야 한다).

똑같은 맛이 반복되지 않게 한다. 손님을 초대해서 오이 수프를 두 번 내놓거나, 플레이리스트의 절반 이상을 롤링스톤스의 〈렛 잇 블리드〉 앨범으로 도배하지 않을 것이다. 물론 언제나 예외는 있다. 예를 들어서 저녁 식사 테마가 단일 재료를 다양한 버전으로 요리하는 거라든지, '가메를 즐기는 다섯 가지 방법'(내 꿈의 테마다!)이라든지 말이다. 하지만 보통은 다양한 풍미를 선보이고 싶어 한다. 그렇다고 여러 종류의 스파클링 와인을 내놓거나, 두 종류의 샤르도네를 대접하면 안 된다는 말이 아니다. 다만, 같은 샤르도네라도 차이점이 분명히 느껴지는 와인으로 준비하자.

예비용 와인을 넉넉하게 준비한다. 코스 요리 중간에 마시거나 광음하는 경우를 대비하자. 아무리 코스 요리를 멋들어지게 준비하고 손님 시중을 완벽하게 들어도, 도중에 와인이 끊긴다면 말짱 도루묵이다. ① 가벼운 와인을 준비한다. 코스의 흐름을 방해하지 않으면서 핑거 푸드와 샐러드 사이에 살짝 끼워 넣기 좋다. ② 여러 음식에 두루 어울릴 수 있는 와인을 준비한다. 그러다 자연스럽게 메인 요리로 넘어가도 무방한 와인으로 선택한다. ③ 비싸지 않은 와인을 준비한다. 대학 친구가 디저트와 함께 한두 병을 홀라당 비워도 아까운 마음이 들지 않게 말이다.

복잡하게 만들지 않는다. 나도 자주 하는 실수다. 남편이 메뉴를 정하면 나는 재료에 대해 질문 공세를 퍼붓는다. 로즈마리는 향이 너무 강하지 않은가? 준비한 파를 모두 수프에 넣을 건가? 오렌지는 어디에 쓸 건가? 나는 레시피를 검색하고 '올바른' 와인을 고르려고 애쓴다. 남들은 인지하지 못하는, 오직 나만 생각해낼 수 있는 강렬한 경험을 창조하고, 강조하고, 미묘한 차이를 집어내는 데 집착한다. 하지만 손님들은 상세르 와인과 펜넬 요

Chapter 9
와인의 진정한 즐거움

리가 찰떡궁합이든 아니든 즐겁게 식사할 것이다. 그러니까 스트레스를 자처하지 말고 준비과정을 즐기자.

마리사의 이상적인 코스메뉴

내가 오늘 오후에 당신을 위해 디너파티를 준비한다면? 눈을 감고 상상하면 다음과 같은 코스메뉴가 머릿속에 펼쳐진다.

- 웰컴 와인: 드라이한 로제 와인
- 예비용 와인: 보졸레 빌라주(Beaujolais-Villages)
- 애피타이저: 샤르퀴트리(charcuterie)와 브뤼 스파클링 와인
- 샐러드: 우리 할머니의 비네그레트 소스를 뿌린 로메인 상추 샐러드와 비뉴 베르데
- 수프: 토마토수프와 바르베라 달바(Barbera d'Alba)
- 메인 요리: 로스트치킨 & 보졸레 모르공(Beaujolais Morgon)
- 디저트: 끝내주는 셰리주(디저트는 따로 없음)

와인과 음악 페어링

나는 와인 작가가 되기 전에 음악에 대한 글을 썼다. '피치포크' 온라인 음악잡지사에 돈을 주고 글을 기고한 경험을 제외하

고는 전문성과는 거리가 멀었다. 하지만 음악도 와인과 같은 이유로 글을 쓰게 되었다. 음악도 와인처럼 당신을 다른 곳으로 데려간다. 바쁘고 정신없이 살다가도 어느 순간 귀에 꽂히는 음악이 있다. 그 음악을 듣는 순간 다른 곳으로 이동한다. 해변에서 놀다가 오랜 친구의 집 거실에서 쉬던 순간, 금빛 햇살이 유난히 밝게 창가를 비추고 당신은 소파에 올라서서 한바탕 신나게 춤을 추고 하도 웃어서 눈물이 찔끔 났더니 짭짤한 선크림 향기가 느껴졌던 순간으로 돌아간다. 우리는 음악을 듣고 무수한 감정을 느낀다. 그런 음악과 와인이 합쳐지면 파티의 형태를 결정짓는 힘이 생긴다.

이건 내가 좋아하는 것들을 분리시키지 못하는 괴짜라서 하는 소리가 아니다. 이건 과학이다. 실제로 수많은 연구를 통해서 음악에 따라 와인의 맛이 달라진다는 주장이 제기됐다. 2010년, 헤리엇와트 대학교가 발표한 연구 결과를 살펴보자. '이 연구 결과는 독립된 집단이 음악을 들으면서 와인을 마셨을 때 느끼는 감정이 와인의 맛에 미치는 영향을 점수로 나타낸 것이다. 결과에 따르면 청각적 자극(이 경우에는 음악)에 따른 상징기능[52]이 다른 인지기능(이 경우에는 미각)에 영향을 미칠 수도 있다.' 다시 말하면 당신이 음악을 들으면서 느끼는 특성이 와인에 반영된다는 뜻이다. 예를 들어서 슬픈 포크송을 듣고 고향 집을 떠올리면

---

52 고등동물이 갖는 사상을 추상적인 의미로써 감수할 수 있는 심적 기능. 고등동물에서는 음성이나 표정, 몸짓 등이 분명히 추상적인 의미가 있다.

Chapter 9
와인의 진정한 즐거움

와인에서 나무향이 느껴지고, 서프 음악[53]을 들으면 와인에서 레모네이드의 신맛이 살짝 느껴진다.

몇 년 전에 한 양조장에서 개최한 블라인드 테이스팅에 참석한 적이 있다. 음악이 와인에 미치는 영향을 조명하는 자리였다. 시음회에는 양조장이 초대한 손님, 와인업계 전문가, 와인 거래상, 레스토랑 음료부 담당자 등 여러 사람이 섞여 있었다. 우리는 눈을 가리고 검은 잔에 온도를 동일하게 맞춘 와인을 마셨다. 그러니까 부정행위가 일어날 여지는 없었다. 와인이 바뀔 때마다 노래도 바뀌었다. 와인을 모두 시음한 후 우리는 방을 돌아다니면서 어떤 와인이 나왔는지 자유롭게 의견을 나누었다.

음악의 효과는 시음회 중반부에 극명하게 드러났다. 통통 튀는 경쾌한 음악, 플릿 폭시스(Fleet Foxes)[54]의 노래, 느리고 서글픈 음악이 차례로 흘러나왔고, 그때마다 다른 와인이 서빙됐다. 사람들이 추측한 와인은 노래마다 극과 극을 달렸다. 모두 경쾌한 음악은 산뜻한 화이트 와인, 플릿 폭시스 노래는 미디엄 바디의 레드 또는 화이트 와인이라고 추측했다. 그리고 서글픈 음악에 대해서는 다들 하나같이 입을 다물었다.

아무도 진판델을 맞추지 못했다.

석 잔 모두 진판델이었는데, 맞춘 사람은 단 한 명도 없었다.

---

53 1960년대 초반 캘리포니아주를 중심으로 인기를 끈 대중음악으로, 파도타기의 배경 음악으로 적당했다.
54 미국 시애틀 출신의 5인조 밴드.

자, 이제 당신이 영악한 주최자라고 상상해보자. 오늘밤 친구들과 함께 마실 좋은 와인을 준비했다. 당신과 친구들은 입맛이 비슷하기 때문에 차갑게 마셔도 좋은 산뜻한 과일향의 레드 와인은 탁월한 선택이었다. 당신은 이것이 친구들의 새로운 최애 와인이자 올여름의 주인공으로 등극할 거라고 100% 확신한다. "다들 이게 가메라고 생각할 거야. 모두 완벽하게 속아 넘어가겠지! 깔깔깔깔!" 당신은 의기양양한 웃음을 터뜨린다. 오늘밤은 당신과 당신의 와인이 승리할 것이다!

당신은 와인을 개봉해서 친구들의 잔에 따른다. 그리고 당신이 좋아하는 TV 프로그램을 틀어놓고 친구들이 웃는지 감시하는 이글이글한 눈초리로 친구들을 지켜본다. 그런데 와인이 '괜찮다'는 말뿐, 전혀 웃질 않는다.

괜찮다고?! 친구들의 새로운 최애 와인이 될 줄 알았는데? 어떻게 이런 사람들하고 친구가 됐지? 다들 제정신이 아니야. 당신은 믿을 수 없다는 표정으로 와인을 직접 마셔본다. 그리고 깨닫는다. 그들이 옳았다. 이 와인은 그렇게 환상적이지 않다. 〈못 말리는 패밀리〉 드라마의 오리지널 시즌이 출시된 이래 최고라고 할 정도는 아니다. 그냥 괜찮다.

같은 와인이라도 병마다, 또는 빈티지마다 맛이 다른 이유는 수없이 많다. 그러나 어쩌면 그때 브라이트 아이스의 노래 때문에 맛이 다르게 느껴졌을 수도 있다. 다들 이모코어[55] 장르의 신

---

55 하드코어 펑크에서 파생된 음악 장르. 줄여서 '이모'라고도 한다.

Chapter 9
와인의 진정한 즐거움

음 소리 같은 노래를 듣고 당장 끄라고 짜증을 냈는데도, 끄지 않아서일 수도 있다. 느릿하고 음울한 노래를 틀어놓곤 사람들한테 재밌고 생생한 와인을 마시게 한 것이다. 플릿 폭시스가 진판델을 비오니에로 둔갑시킨 것을 감안하면 브라이트 아이스(Bright Eyes)[56]가 당신의 와인을 망쳐놓았다는 추측도 마냥 실없는 소리는 아니다.

이 시나리오가 다소 실없다 하더라도, 음악과 와인을 매치시키는 건 좋은 생각이다. 무작위로 재생했다가 파티 분위기를 망칠 수도 있기 때문이다. 플레이리스트를 직접 고르든, 앨범 하나를 틀든, '스포티파이' 음원 스트리밍 서비스에서 추천하는 음악을 재생하든, 와인의 풍미를 살리고 모임의 분위기를 띄울 수 있는 음악을 선택하자. 나는 보통 이렇게 한다.

모임의 분위기를 파악한다. 어떤 종류의 모임인가? 디너파티 아니면 파자마 파티? 생일파티 아니며 마당에서의 바비큐 파티? 저녁 데이트 아니면 저녁 '데이트'? 사람들이 당신의 집에 모이는 이유를 제대로 알아야 한다. 만약 모른다면 그걸 알아내는 것이 급선무다.

분위기에 맞는 와인을 준비한다. 이건 이미 알고 있는 사실이다.

와인의 바디감과 산도를 염두에 둔다. 와인의 바디감은 스웨터, 산도는 에너지라고 생각하자. 스웨터를 두껍게 껴입을수록

---

56 미국의 록밴드.

안락한 느낌을 추구하게 되고, 에너지가 넘칠수록 춤추고 싶은 마음이 강해진다. 마찬가지로 와인이 가볍고 산도가 높을수록 활기찬 음악을 준비한다. 이런 음악은 와인의 산뜻함과 음용성을 높이고, 시큼한 과일향과 시트러스향도 강화시킨다. 반대로 와인이 무겁고 리치할수록 차분하고 느릿한 음악을 준비한다. 와인에 따스함과 무게감을 더하고, 향신료의 풍미와 당도를 높인다.

밖을 쳐다본다. 날씨와 계절을 고려한다. 봄, 여름, 화창한 날씨는 음악의 선택권이 넓고, 가을, 겨울, 비 내리는 날씨는 상대적으로 선택의 폭이 좁다. 개인적으로 따뜻한 계절에는 서프 음악, 록, 경쾌한 옛날 노래, 쟁쟁거리는 아마추어 밴드, 보사노바, 힙합, 이국적인 음악을 선호한다. 날씨가 추워지면 포크록, 어쿠스틱, 분위기 좋은 보컬, 쿨 재즈, 크리스마스 음악이 당긴다. 그리고 이때도 이국적인 음악을 듣는데, 다른 사람은 거슬려 할 수 있다. 그래서 다음에 이어지는 팁은 이거다.

당신이 듣고 싶은 음악을 들어라. 나는 이국적인 음악을 일 년 내내 듣는다. 다른 사람이 이국적인 분위기의 술집에 가거나 새 소리가 간간이 나오는 음악을 듣고, 계절과 어울리지 않는다고 핀잔을 줘도 전혀 개의치 않는다.

이 모든 요소를 고려해서 모임의 분위기를 띄우고, 와인을 보완하고, 계절에 맞는 음악을 선택한다. 아니면 나처럼 그냥 몬스터 랠리[57]를 틀어버리면 아무도 뭐라고 못한다.

---

57 클리블랜드 출신인 테드 페이건은 비주얼 & 뮤지컬 아티스트다. '몬스터 랠리'라는 가명으로 음악 활동을 한다.

Chapter 9
와인의 진정한 즐거움

히트 리스트

이미 눈치챘는지 모르겠지만, 나는 와인, 음악, 집 청소에 집착하는 편이다. 하지만 초대한 손님을 위해 세심하게 음악을 선정하고 코스별 와인을 준비할 시간이 없을 때가 있다. 급하게 음악을 골라야 할 때 필요한 계절별 리스트를 공유한다.

- 봄: 로제 & 드레이크(Drake)
- 여름: 비뉴 베르데 & 벤처스(the Ventures)
- 가을: 카베르네 프랑 & 리얼 에스테이트(Real Estate)
- 겨울: 시라 & 데이브 브루벡(Dave Brubeck)
- 365일: 가메 & 마틴 데니(Martin Denny)

모임을 주최하는 데 중요한 건 완벽한 페어링이 아니다. 특정한 와인 잔이나 심혈을 기울인 플레이리스트도 아니다. 이런 것도 좋지만 가장 중요한 것은 주최자가 관대해야 한다는 점이다. 돈을 펑펑 쓰거나 와인을 아낌없이 개봉하라는 말이 아니다. 자기 자신에게 관대해지라는 말이다. 최고의 주최자에게 필요한 건 두 가지뿐이다. 상대방과 함께 마시고 싶었던 와인을 한잔 기울이면서 나누는 정다운 대화와 친절함이다(덤으로 치즈도 있으면 좋다).

To-Drink-List

1. 새로운 페어링 지식을 적용해서 저녁 식사와 와인을 페어링해본다. 그리고 당신이 찾는 와인에 대한 아이디어를 얻는다(레드 와인 또는 화이트 와인, 드라이 또는 오프 드라이, 산미 또는 과일향). 와인숍에 가서 새로운 게 뭐가 있는지 묻는 대신 당신이 준비한 요리와 어울리는 와인을 달라고 한다. 예를 들어서 그릴에 구운 닭고기에 어울리는 드라이하고 산미가 강한 화이트 와인을 달라고 한다. 가끔씩 집에 있는 아무 와인을 음식과 페어링해보자.

2. 음악이 와인의 맛에 얼마나 큰 영향을 미치는지 직접 실험해본다. 눈을 감은 채 와인을 마시면서 대조적인 노래 세 곡을 듣는다. 더 자세하고 알고 싶다면 당신의 기분과 와인의 맛이 노래를 듣고 어떻게 달라졌는지 적는다. 단, 너무 슬픈 노래는 피하자. 와인을 마시고 괜히 우울해져서 헤어진 애인에게 문자를 보내지는 말자.

3. 소믈리에 나이프를 구비한다. 최근에 월급을 탔다면 두 개를 사도 좋다. '풀탭' 브랜드에서 만든 것이 좋다. 아마존에서 10달러에 판매된다. 이것만 있으면 와인을 훨씬 깔끔하게 딸 수 있다.

4. 작은 모임을 주최한다. 좋아하는 와인과 어울리는 음식과 와인도 함께 준비해보자. 손님과 와인에 대해 이야기를 나누며 왜 이 와인을 골랐는지, 어떤 점이 좋은지 이야기하고, 상대방은 어떻게 생각하는지 묻는다. 손님이 와인 테이스팅하는 법을 모른다면 몇 가지 팁을 알려주는 것도 좋다. 누군가 당신에게 와인 씹는 법을 배우고 인생이 달라질지 어찌 알겠는가?

Chapter 9
와인의 진정한 즐거움

10
Chapter

와인 잔을
들고
인생을
항해하는 법

실제 세계에서

와인 마시기

WINE. ALL THE TIME.

와인은 식사 모임이나 시음회처럼 격식을 갖춘 자리에서만 마시는 게 아니다. 경치가 좋은 야외에 놀러 갈 때 와인을 챙겨 갈 수도 있고, 상사한테 잘 보이려고 해피아워 시간대에 술집에 끌려갈 수도 있다. 부활절에 할머니 댁에서 메를로를 마시면서 자유의지론자 사촌을 공격하고 있을지도 모른다. 집에서 편하게 키안티를 개봉하는 것보다 통제하기 힘든 상황이지만, 실상에서 충분히 일어날 수 있는 시나리오다. 공공장소에서 마시든, 와인 한잔하면서 진솔한 대화를 나누기 위해 친목 모임을 갖는 자리이든, 이번 챕터에서는 와인 잔을 들고 인생을 항해하는 법을 알려주겠다.

장소와 상관없이 와인 마시는 법

나는 와인이 저녁 식사에만 어울린다고 생각하지 않는다. 와인의 향기는 당신을 아침에 이슬 맺힌 삼나무 숲으로 데려간다. 와인의 맛은 어린 시절에 엄마가 키운 장미가 만개한 어느 날, 수영장으로 풍덩 빠지기 직전에 다이빙대에서 공중으로 붕 떠올랐을 때의 순간으로 데려간다. 와인은 당신을 해외로 데려가고, 서곡을 떠올리게 하고, 오케스트라 연주를 연상시킨다. 그때 그 7월 4일 독립기념일 행사로 돌아가고, 그때 그 스키장 오두막으로 데려간다. 그런 와인을 어떻게 테이블 오른쪽의 버터나이프 위쪽에 놓는 유리잔 정도로 취급할 수 있단 말인가? 내 주장과 충돌하는 법률이 한두 가지가 아니겠지만, 그래도 나는 와인을 모든 곳에서 마실 수 있어야 한다고 생각한다. 와인은 모든 순간을 포착하는 힘이 있기 때문이다.

엄밀히 말하자면 '모든 곳'은 아니다. 자동차나 중장비 운전석에서는 절대 금지고, 면접이나 법정에 설 때도 피해야 한다. 가끔 섹스하고 곧바로 후회하는 사이인 친구와 소파에서 오붓하게 한잔하는 것도 안 좋다. 물론 학교에서도 절대 안 된다. 이런 문제는 제발 생각을 하고 행동하자! 우리처럼 반항적이지만, 책임감 있는 애주가들은 할리우드 대로와 바인 거리의 교차로에서 알코올 중독자를 위한 『호밀밭의 파수꾼』처럼 외투 주머니에 이 책을 넣고 와인을 벌컥벌컥 들이켜는 멍청이와는 다르다. 이번 기회에 분명하게 선언하겠다. 나는 당신의 어리석은 행동에 아무런 책임이 없다. 아무쪼록 각자의 행운을 빈다!

다시 본론으로 돌아가서, "지금 와인 한잔하면 정말 좋겠는데."라는 생각이 들 때가 있지 않은가? 일요일에 피크닉이 끝날

Chapter 10
와인 잔을 들고 인생을 항해하는 법

무렵, 하루 종일 산을 오른 끝에 드디어 정상에 올라서 멋진 풍경을 바라볼 때, 디즈니랜드에서 스플래시 마운틴[58]을 타려고 긴 줄을 서서 기다릴 때 말이다. 와인이 있으면 훨씬 유익해지는 순간이 참 많다. 극장에 앉아서 별로 보고 싶지 않은 영화를 끝까지 봐야 할 때나, 어느 여름 저녁에 퇴근하고 한가롭게 산책하는 행복한 순간은 말할 것도 없다. 물론 이럴 때 와인이 반드시 있어야 하는 건 아니다. 하지만 이런 순간에 와인이 어울리지 않는다고 말할 수도 없다. 약간의 준비성만 있으면 어느 곳에서나 와인을 마실 수 있다.

거리에서

미국의 여러 주에서 공공장소 음주를 법으로 금지하고 있다. 참 안타까운 현실이다. 개인적으로 이건 취미에 더 가깝다고 생각하기 때문이다. 하지만 치안 때문이라고 하니, 이해는 간다. 나는 대중을 선동하려는 의도는 전혀 없다. 하지만 여름철에는 삶이 좀 느슨해지지 않는가? 친구들과 당신 집에 모여서 함께 '아트 & 뮤직 페스티벌'에도 가고 말이다. 당신 집에서 몇 블록 떨어진 페스티벌 장소로 슬슬 걸어가면서 상큼한 로제 와인을 홀짝이면 얼마나 좋을까? 밖은 기온이 35℃가 넘는 데다 어차피 그곳에 가면 와인이라곤 말벡밖에 없어서 비싼 돈을 주고 버드라이트를 마실 수밖에 없으니 말이다.

---

58 롯데월드의 후룸라이드와 비슷한 놀이기구.

이럴 때 와인을 담는 데는 뚜껑이 달린 일회용 커피 컵이나 600ml 초록색 플라스틱 탄산음료 병이 제격이다. 휴대용 술병도 있지만, 개인적으로 이건 유리잔을 빌릴 수 있는 술집에 더 어울린다.

피크닉 갈 때

모처럼 화창한 날이다! 아니, 정확히 말하자면 이제야 펄펄 끓는 날씨가 끝났다! 날씨가 이렇게 좋은데 밖에 나가지 않는 것은 죄를 짓는 것과 다름없다. 왜 실내에서 와인을 마시고 있는가? 잔디밭에 다목적용 멕시코산 담요를 펼치기만 하면 되는데! 이런 날엔 피크닉이 답이다!

피크닉에는 아이스박스에 툭 던져놓기 좋은 라이트한 와인이 어울린다. 아이스박스에 넣어두어도 맛이 변질되지 않는 그런 와인 말이다. 예를 들어서 비뉴 베르데, 그뤼너 펠트리너, 차콜리, 가메, 스키아바, 츠바이겔트 등은 산뜻한 산미 덕분에 마시기 쉽다. 원하면 얼음을 동동 띄워서 마셔도 된다. 뜨거운 오후 햇살 아래 끝내주는 프티트 시라를 마신다고 뭐라고 할 사람도 없다. 반면 묵직한 풀바디감의 와인은 한낮에 야외에서 마시기에 적합하지 않으므로 피하는 것이 좋다.

보온병에 와인을 부어서 몰래 들고 다닐 수도 있다. 2ℓ짜리 보온병은 독특한 데이트를 준비하거나 신나는 파티에 들고 가기 좋다. 그래도 정도가 지나치면 안 된다. 알다시피 우리는 책임감 있는 성인이지 않은가. 그리고 근처의 피냐타[59] 파티에 아이도 있을 텐데, 우리가 그렇게 수준이 낮지는 않다.

유리용기를 주의하자

미국에서는 공공장소에서의 유리용기 소지를 허용하지 않는 주가 많다. 만약 허용되지 않은 장소에서 유리용기를 갖고 있다가 적발되면 경범죄로 처벌받는다. 그러므로 공공장소에 유리용기를 가져가기 전에 자신이 거주하는 지역의 법이 어떻게 되는지 반드시 확인하자.

해변에서

나는 항상 해변에 가기 전에 레드 와인과 코카콜라를 섞어서 칼리모초를 만든다. 엄마 쪽 핏줄인 바스크인의 섬세함을 담은 음료다. 말이 안 된다고? 나는 당신이 이걸 한 번도 마셔보지 못한 게 더 말이 안 된다고 생각한다. 이게 얼마나 맛있는데! 칼리모초는 싸구려 와인을 화려하게 둔갑시키는 최고의 방법이다. 그래도 개인적으로 당도가 너무 높은 와인은 피하는 게 좋다. 숙취가 "내가 왜 막판에 마가리타 네 잔을 연거푸 마셨을까?" 하고 후회하는 수준과 비슷하기 때문이다.

바닷가에 가기 전에 레드 와인과 코카콜라를 같은 비율로 섞어서 용기에 담는다. 나는 보통 600ml 콜라와 와인을 1대 2의 비

---

59 아이들이 파티 때 눈을 가리고 막대기로 쳐서 넘어뜨리는, 장난감과 사탕이 가득 든 통.

율로 섞는 걸 좋아한다. 하지만 이건 나의 개인적인 취향일 뿐이다. 와인은 집에 있는 아무 레드 와인을 사용해도 되지만, 과일 향이 짙은 와인이 가장 이상적이다. 예를 들어서 가르나차, 시라즈, 진판델, 카베르네 등이 가장 좋다. 여기에 얼음과 선크림만 챙기면 해변으로 나갈 준비 끝이다!

캔 와인의 유용성

혼자 또는 소그룹으로 휴대용 와인을 마실 때는 캔 와인만 한 게 없다. 피크닉, 해변, 영화관, 소프트볼 경기장 그리고 위스키 파티가 될 게 뻔한 친구의 생일파티에 갈 때도 가방에 쏙 챙겨 가면 그렇게 편할 수가 없다.

보안이 엄격한 장소에 갈 때

한편으로는 "이봐, 로스앤젤레스 다저스 경기장에 절대 와인을 가져갈 수 없어. 내 말을 믿어."라고 말하고 싶다. 다른 한편으로는 "이봐, 내가 다저스 경기장에 와인을 가져갔었잖아."라고 말하고 싶다. 딱 한 번이었지만, 진짜로 가져간 적이 있다. 비록 내 빈티지 가방의 안감을 찢은 다음 패션 테이프로 붙여야 했지만 말이다. 하지만 더럽게 맛없는 맥주를 18달러나 주고 사 먹지 않아도 돼서 얼마나 기분이 째졌는지 모른다! 하지만 당신의 소지품마저 망가뜨리고 싶지는 않다. 대신 다른 방법을 알려주겠다.

Chapter 10
와인 잔을 들고 인생을 항해하는 법

페스티벌, 스포츠 경기, 이벤트처럼 몸수색을 하고 가방을 뒤지는 경우, 와인을 몰래 들여가기란 쉽지 않다. 하지만 밀봉된 외부 음료수 반입을 허용하는 경우, 약간의 속임수를 쓸 수 있다. 화이트 와인과 초록색 탄산음료 병을 예로 들어보겠다. 꼭 초록색 병이 아니더라도 여느 플라스틱 병이면 모두 괜찮다. 몰래 들여가고 싶은 와인 한 병당 플라스틱 병이 두 개씩 필요하다. 플라스틱 병 하나를 평소처럼 개봉한 후 깔때기를 이용해서 화이트 와인을 안에 붓는다(손재주가 유별나게 뛰어난 경우 말고는 깔때기를 사용하길 권한다). 다음에는 두 번째 병을 꺼낸다. 이번에는 개봉하지 말고 뚜껑과 탄산음료 사이에 공기가 들어 있는 부분을 커터 칼로 둥글게 자른다. 그러면 윗부분을 뚜껑이 달린 채로 들어낼 수 있다. 윗부분을 끓는 물에 넣는다. 몇 분 있으면 뚜껑이 손상되지 않고 그대로 분리된다. 이 뚜껑을 와인이 담긴 첫 번째 플라스틱 병에 끼우면 완전히 새것처럼 보인다. 이 과정에서 남은 탄산음료로 스프리처[60]를 만들면 좋다.

이와 똑같은 방법을 레드 와인과 주스 병에 적용할 수 있다. 사실 이 방법은 나도 친구의 친구에게 들었다.

박스 와인의 유용성

박스 와인은 할머니만 마시는 게 아니다. 요새는 괜찮은 박스 와인

---

60 보통 백포도주에 소다수를 혼합한 음료.

이 많이 나온다. 동네 가게에서 한번 찾아보자. 박스 와인은 인원이 많은 모임에 적합하다. 한 팩에 많은 양이 들어 있기 때문에 병 와인보다 경제적이고, 신선도도 더 오래 유지된다.

야외로 놀러 갈 때

오지에 갈 때는 보통 물통에 스카치를 가득 채워 가지만, 대신 와인을 가져가는 것도 좋다. 나는 이럴 때 레드 와인을 추천한다. 와인이 과도하게 차가워지는 것을 걱정하지 않아도 되기 때문이다. 하지만 어떤 와인을 들고 갈지는 당신의 마음이다.

캠핑카를 타는 경우 와인을 어떻게 운반할지 걱정할 필요가 전혀 없다. 배낭을 메고 산을 타는 게 아니기 때문이다. 당신의 차를 몰고 캠핑장 주차장까지 가기 때문에 차 안의 공간이 허락하는 한 와인을 원하는 만큼 많이 가져갈 수 있다. 이럴 때 박스 와인을 가져가면 좋다. 양도 많고, 공간은 덜 차지하며, 쓰레기도 덜 배출된다.

하지만 백패킹을 간다면 이야기가 완전히 달라진다. 나도 이제껏 와인을 들고 백패킹을 간 적은 딱 두 번이다. 다른 때에 와인을 들고 가지 않았다는 말이 아니다. 업랜드 고등학교에서 배낭을 메고 교실을 왔다 갔다 '트레킹'한 것 말고는 백패킹 경험 자체가 두 번밖에 없기 때문이다.

나의 첫 백패킹은 요세미티 계곡에서 7일간 80킬로미터를 걷는 일정이었다. 고소공포증이 있는 아마추어에겐 무리한 강행군처럼 느껴지겠지만, 사실 산악 전문가를 따라다니는 그룹 트레킹이라서 무거운 장비나 식량을 지고 다닐 필요도 없었다. 암벽을 타고 내려갈 때 심장마비 걸릴 뻔한 순간만 빼고 전반적으로 굉장히 재밌었다. 당신에게도 강력하게 추천한다. 나는 그룹에서 백패킹 경험이 가장 부족했지만 명실상부한 와인 전문가였다. 이를 증명하듯, 모두가 매일 밤 사과주스를 쭉쭉 빨아 먹고 뜨끈한 배급용 위스키를 홀짝일 때, 나는 와인을 두 병씩 마셨다. 그 많은 와인을 어떻게 지고 다녔냐고? 내가 들고 간 게 아니라, '노새'에게 지게 했다.

만약 백패킹 장소에 캠핑장이 있다면 베이스캠프에 연락해서 노새로 물건을 운반해주는 서비스를 제공하는지 미리 확인한다. 나는 와인 한 병당 5달러를 지불하고 캠핑장까지 운반을 부탁했다. 서른아홉 개의 구불구불한 고개를 아슬아슬하게 지나서 꼭대기까지 올라온 것을 보니까, 그 돈이 전혀 아깝지 않았다(온종일 자신이 좋아하는 버건디에 대한 퀴즈를 내면서 잘난 척하던 머저리가 내 와인을 봤을 때의 표정은 정말 통쾌했다! 미시간에 사는 어떤 백인의 와인셀러에 있는 화이트 와인의 생산자를 다섯 이상 알지 못하면 와인 문외한이란다.)

두 번째 백패킹은 '진짜 쉬운 코스'라는 사전 설명을 듣고 갔다. 강가를 따라 걷기만 하면 된다며, 반려견을 꼭 데려오라고 했다. 참고로 우리 개는 포메라니안이다. 결론부터 말하면 1킬로미터를 쉬지 않고 올라가는 바람에 트레킹 내내 우리 개를 들고 다녀야 했다. 하지만 쉽지 않았다. 이번 백패킹은 쉬울 거라는 생각에 배낭에 와인 네 병을 챙겨갔기 때문이다. 그래서 얻은 교훈이 있다. 아무도 믿지 말자. 그리고 백패킹에는 절대 병 와인을 가져가지 말자. 더럽게 무겁기만 하고, 이거야말로 허리와 인생을 망치는 지름길이다.

그러니까 병 와인 말고 봉지에 담겨 있는 와인을 사자. 아니면 박스 와인을 열고 안에 와인이 든 봉지를 빼도 되고, 납작하게 접히는 휴대용 음료 파우치를 온라인으로 구매해도 좋다.

야외에서도 시원하게 마시자!

야외에서 와인을 마실 때는 멋진 풍경을 바라볼 수 있다는 장점이 있는 반면 냉장고의 편리함은 누리지 못한다. 그렇다고 뜨끈한 와인을 마셔야 하는 건 아니다. 만약 물가 근처에 있다면 와인을 물에 담가서 온도를 낮추면 된다. 이때 와인이 물살에 휩쓸려가지 않게 주의해야 한다. 그리고 라벨도 주시하자! 물속에 너무 오래 두면 라벨이 떨어져서 둥둥 떠내려가버릴 것이다. 나는 빈대 다음으로 쓰레기를 함부로 버리는 벌레 같은 사람을 제일 싫어한다. 주변에 물이 없는 경우에는 와인을 땅에 묻으면 된다.

딱 걸렸을 때

금주 구역에서 술을 마시다가 걸린 적이 있냐고? 그렇다, 딱 한 번 있었다. 샌 클레멘테 해변에서 럼을 마시고, 테카테 맥주 캔을 들고 에코파크 거리를 수없이 뛰어다닌 세월을 생각하면 한 번밖에 걸리지 않은 게 참 용하다. 한 번은 공연을 끝내고 선

Chapter 10
와인 잔을 들고 인생을 항해하는 법

셋 대로 한복판의 '오리가미 비닐' 음반 가게 앞에서 와인을 병째 들고 벌컥벌컥 마신 적도 있다. 아무튼 그날은 해변에서 책을 읽고 있었다. 지금 생각해보면 빨간 종이컵에 칼리모초를 마셨던 게 모든 일의 발단이었다. 아니, 발단이 뭐였는지는 상관없다. 나는 내 남편인 벤, 친구인 맥스, 브리와 함께 돗자리에서 조용히 책을 읽고 있었다. 칼리모초를 한 잔 마시면 이 평화로운 오후를 더욱 느긋하게 보낼 수 있을 것 같다는 생각이 들었다.

그런데 갑자기 시끌벅적한 십대 무리가 등장해서 우리의 느긋한 오후를 방해했다. 시끄러운 음악을 틀고, 모래를 차고, 작은 치토스 과자봉지를 획획 던졌다. 첫째, 대용량 치토스는 이럴 때 쓰라고 있는 거다. 둘째, 초등학생(그중 열 명 정도만 빼고)은 치토스를 이렇게 많이 먹으면 안 된다. 근처에 있는 어른이 '저래서 소아비만이 유행이구나!'라는 생각이 들게끔 만들어선 안 된다. 셋째, 쓰레기통이 바로 옆에 있지 않은가! 결국 내가 그 애들이 버린 쓰레기를 일일이 주우러 다녔다. 물론 사납게 째려봐주는 일도 잊지 않았다. 나는 대놓고 따지는 스타일이 아니라서, 이게 최선이었다.

그때 난데없이 말리부 경찰이 비치버기 여덟 대를 타고 나타났다. 그중 한 대에는 경찰 두 명이 타고 있었는데, 해변에서 말을 타고 결혼사진을 찍는 커플처럼 손을 맞잡고 있었다. 경찰이 급습한 이유를 알 것 같았다. 범죄 현장을 덮치려는 것이다. 쓰레기를 버린 아이들을 잡으러 온 것이다. '여자 혼자서 해변을 깨끗이 치우고 있는 모습을 보고 달려온 게 틀림없어.' 나는 이런 생각을 하며 의기양양한 미소를 지었다. 환경보호에 이바지하는 나 자신이 뿌듯했다. "경찰 아저씨, 저기 범인이 있어요!"라고 외치려는 순간, 경찰 아홉 명이 나를 둘러싸고 물었다. "실례합니다만, 지금 뭘 마시고 있었나요?"

나는 내 귀를 의심했다. 나는 체리 맛 콜라를 마셨다고 답했다. 그러자 경찰은 말없이 탐폰—어찌나 진짜 탐폰처럼 생겼던지! 진짜 탐폰이었을지도 모른다. 아직까지 내 인생 최대의 미스터리로 남아 있다.—처럼 생긴 알코올 탐지기를 내 컵에 넣었다. 체리 맛 콜라가 아니라는 사실이 바로 들통났다. 그중 한 명이 아이스박스를 압수해갔다. 벤은 마리화나 파이프를 슬그머니 깔고 앉았고, 맥스는 브리를 탓하기 시작했다. "여기 술이 있습니다!" 아이스박스를 가져간 경찰이 2달러짜리 퀘일 오크를 들고 소리쳤다. 그 뒤로는 모든 게 엉망진창이었다. 나는 가득 채워진 잔을 단숨에 마셔버렸고, 경찰은 이건 경범죄라며 내게 겁을 줬다. 경찰은 내 신상정보를 물었고, 나는 냉철한 어른이 싸구려 와인과 문학을 탐하는 게 범죄가 아니라 초등학교 식당의 휴지통을 가득 채우고도 남을 만큼 많은 쓰레기를 해변에 버리고 가는 게 진짜 범죄라고 반문했다. 그렇게 옥신각신한 끝에 경찰은 경범죄로 처벌하지 않기로 했다. 그의 말에 따르면 "내가 재수 없는 놈이 아니라서 그래요. 나는 '쿨'한 사람이거든요."라는 이유 덕분이었다. 나는 '해변에서 빨간 종이컵에 레드 와인과 콜라를 섞어서 마셨다'는 이유로 300달러의 벌금을 냈다. 그 경찰관과 나머지 쓸모없는 여덟 명은 다시 비치버기를 타고 가

Chapter 10
와인 잔을 들고 인생을 항해하는 법

버렸다. 우리는 아이들과 함께 먼지 속에 남겨졌다. 그 아이들은 아무 일도 없다는 듯이 과자를 먹으며 해변에 더 많은 쓰레기를 생산했다.

이 이야기의 교훈은 해변을 청소하는 선행을 베풀어도 벌을 받을 수 있다는 것이다.

그리고 빨간 컵을 쓰지 말자는 교훈 이외에도 술을 마시다가 걸리면 어떻게 대처해야 하는지도 배웠다.

1. 경찰이 묻지도 않았는데 자진해서 술을 마셨다고 고백할 필요는 없지만, 만약 경찰이 묻는다면 솔직하게 말한다.
2. 경찰에게 술을 바로 버리겠다고 말한다.
3. 경찰이 벌금을 물면 겸허하게 받아들여라. 리스크를 알고 시작한 일이니, 벌금도 감수해야 한다.

가족 행사에서 살아남는 법

누구나 가족 때문에 스트레스를 받는다. 아무리 사랑하고 피를 나눈 관계라도 말이다. 함께한 역사가 워낙 깊어서 어떻게든 앙금이 남기 마련이다. 정치적 견해가 달라서 충돌하기도 하고, 이모가 내 SNS를 팔로우한다는 사실을 뒤늦게 알아차리기도 하고, 언제 결혼하는지 들들 볶이기도 한다(그리고 결혼한 후에는 왜

집들이에 레니 작은할아버지를 초대하지 않았냐며 들들 볶는다. 지난 20년 간 다섯 번쯤 만난 것 같은데, 그것도 정확히 기억나지 않아서 누군지 기억해내려고 머리를 싸맨다).

눈치챘는지 모르겠지만, 나는 매우 끈끈한 관계를 자랑하는 대가족에서 태어났다. 아버지 쪽 직계 가족만 스물다섯 명이다. 사촌의 배우자와 자식까지 합치면 마흔 명이 넘어가니, 상상이 되는가? 이러니 가족 행사 때 얼마나 정신이 없겠는가? 만만치 않은 성격의 사람들이 대거 모여 있으니, 모임 자체가 만만치 않다. 솔직히 내 성격도 만만치 않아서 가족과 부딪히는 일이 종종 생긴다(특히 어릴 때부터 인터넷에 신랄하게 비꼬는 글을 써왔기 때문에 의절당한 적도 몇 번 있다). 다행히 요새는 행복한 대가족의 모습을 유지하고 있다. 그래도 위기의 순간은 간간이 찾아온다. 나는 그럴 때마다 올림픽 허들 선수처럼 위기를 뛰어넘는 법을 터득했다. 이민 문제로 싸우지 않고, 이모의 얼굴에 '피플스 엘보'—피플스 엘보는 '더 록'이라는 레슬링 선수의 대표적인 공격 기술이었다. 나는 더 록의 인스타그램을 보고 한눈에 반해버렸다. 당신도 그의 인스타그램을 팔로우했으면 좋겠다. 나는 당시 공항에서 취한 상태였는데, 내 평생 공항에서 취한 상태로 내린 결정 중에 단연코 가장 잘한 일이다.— 레슬링 기술을 시연하겠다고 씩씩댈 일을 만들지 않고 가족과 화기애애하게 와인을 마시는 법을 알려주겠다.

경고문: 다음 이야기에 등장하는 모든 이름, 인물, 사건은 모

Chapter 10
와인 잔을 들고 인생을 항해하는 법

두 지어낸 것이다. ○○이모, 이건 실제 사람, 장소, 건물, 물건과는 아무런 상관이 없으니 괜한 추측은 하지 말아주세요. ○○삼촌, 우리 아빠한테 전화해서 저랑 의절하겠다고 말하지 말아주세요. 다들 사랑해요. 크리스마스 때 봬요!

자신의 페이스를 조절한다. 가족 행사는 부담되고 걱정된다. 매번 50명이나 되는 사람과 일일이 인사하지 않더라도 말이다. 가족과 포옹하고 인사하고 나면 술집으로 직행해서 아무 와인이나 잔에 부어서 들이켜고 싶다. 그러면 안 된다며 당신을 말리진 않겠다. 나도 가식적으로 굴고 싶지 않다. 나 역시 앞으로 쭉 그럴 거라는 사실을 하늘도 알고, 나도 안다. 하지만 페이스를 조절할 필요는 있다. 지금 막 도착하지 않았는가? 그러면 케이크를 자르려면 적어도 몇 시간을 기다려야 한다. 아직 감자샐러드를 다 먹지도 않았는데 가족한테 상호교차성 페미니즘[61]을 설교하려 들면 안 된다.

가벼운 대화 주제에 머문다. 나는 어릴 때부터 정치나 종교 이야기는 금물이라고 배웠다. 특히 자기 주관이 뚜렷한 친척과 술을 마실 때 반드시 필요한 규칙이다. 왜냐하면 이런 대화는 사람이 사람과 이야기한다기보다는 불난 테이블에 휘발유와 성냥을 던지는 것에 가깝기 때문이다. 당신이 이민 문제에 있어서 생각

---

61 상호교차성은 성별, 젠더, 성정체성, 인종, 민족, 계급 따위의 정체성이 결합되었을 때 원래 없던 차별이나 특권이 생기는 경우를 말하는 개념이다. 상호교차성 이론에 기반한 여성주의를 상호교차성 페미니즘이라고 한다.

이 확고하듯, 당신 삼촌도 확고하기 때문에 와인을 몇 잔 걸치고 말해봤자 아무도 설득할 수 없다. 신앙이 깊은 이모도 마찬가지다. 낙태 문제에 있어서 당신을 버터나이프로 찌를지언정 절대 의견을 굽히지 않을 것이다. 당신이 어떤 말을 해도 진솔한 대화가 이루어지지 않는다. 그러므로 도화선이 될 만한 이야기는 접어두고, 당신이 지금 피노 그리지오가 얼마나 절실한지 상대방에게 알리고, 정중하게 자리에서 일어나자.

나는 진심으로 가족과 진지한 대화가 가능하다고 믿는다. 단 맨정신에서 해야 한다. 나는 우리 아빠와 아침 6시 30분에 '흑인의 목숨도 중요하다'라는 주제에 대해 대대적인 토론을 벌인 적이 있다. 내가 이 운동을 왜 지지하는지 설득하려고 필사적으로 싸웠다. 정말 진지한 대화였다. 결국 나의 설교로 마무리됐지만 말이다. 어쨌든 아빠는 이 운동의 의미와 내가 지지하는 이유를 이해하게 됐다. 나는 다른 사람이 가족, 친구와 중요한 문제에 대해 이야기하는 것을 말릴 생각이 없다. 왜냐하면 우리 주변 사람들이 정치와 사회문제에 관심을 갖는 것을 긍정적으로 생각하기 때문이다. 하지만 술을 마시면서 이런 이야기를 한다면 본격적으로 시작도 하기 전에 가족을 화나게 만들거나 사이가 멀어질 것이다.

어떤 상황에서도 페이스북을 열지 않는다. 처음에는 누군가의 아이가 얼마나 사랑스러운지 수다를 떨다가, 나중에는 가짜뉴스를 두고 제3차 세계대전을 벌인다. 결국 누군가는 인종차별주의자가 되고, 어색한 분위기가 오랫동안 지속될 것이다.

Chapter 10
와인 잔을 들고 인생을 항해하는 법

드라마는 엄마를 위해 아껴두자. 당신은 술에 살짝 취한 상태다. 그런데 캐리라는 사촌이 자꾸 신경을 건드린다. 어릴 때부터 그랬다. 항상 당신보다 잘나야 직성이 풀렸고, 언제나 자기중심적이었다. 그리고 이번에 취업한 바보 같은 영업직에 대해서 얼마나 떠들어대는지…. 그만, 이제 멈춰야 한다. 그 사람이 몇 년 전에 했던 바보 같은 짓에 더는 집착하지 말자. 캐리가 일곱 살 때 했던 말을 기억하는 사람은 당신밖에 없다. 그때는 너무 어렸고, 당신의 기억도 왜곡됐을 것이다. 캐리한테 뭐라고 하지 말고, 다른 사촌한테 캐리의 험담도 하지 말자. 그리고 집에 가는 길에 엄마한테 전화해서 교양 있는 사람답게 불평을 늘어놓아라. 어차피 교양 있는 사람도 과민반응하기 마련이다.

사촌과 양주를 샷으로 마시지 않는다. 동지애는 거부하기 힘든 매력이 있다. 특히 사촌인 알렉의 가방에서 꺼낸 패트론 테킬라까지 가세한다면 더욱 거부하기 힘들어진다. 하지만 지금 마시고 있는 와인이 석 잔째(솔직히 네 잔째 아닌가?)라면 어린 사촌과 양주를 샷으로 획획 들이켜는 것은 좋은 생각이 아니다. 알았다, 알았다. 그럼 딱 한 잔만 마시는 거다. 어쩌면 두 잔까지도 괜찮을지 모르겠다. 그만, 그만! 더 이상은 진짜 안 된다.

집중 사격을 당하지 않게 조심하자. 이제까지 취하지 않고 잘 버티고 있다. 이 좋은 분위기를 깨뜨리지 말자. 자칫하면 아이는 언제 낳을 거냐고 질문 공세를 받게 된다. 가족들이 아이 문제로 몰아세우면 결국 날을 세우고 가족들에게 덤벼들게 된다. 내 경험상 좋게 끝난 적이 한 번도 없다.

과음하기 전에 그곳을 떠난다. 어떤 방법을 사용하든 상관없다. 거짓말이라도 해라. 일이 있다, 시험 준비를 해야 한다, 반려견을 치과에 데려가야 한다 등 어떤 핑계든 상관없다. 중요한 건 너무 취해서 내가 알려준 유용한 팁을 모두 잊어버리기 전에 빠져나와야 한다는 것이다. 의절당할 위험을 무릅쓰지 말고, 집에 무사히 돌아가자. 그리고 가족들이 저녁 내내 무수한 빌미를 제공했음에도 불구하고 광분하지 않고 얌전히 집에 돌아온 자신을 칭찬하라.

술주정의 원인은 츠바이겔트(또는 다른 와인)가 아니다

사람들은 항상 내게 이런 질문을 한다. 가족 행사에서 어떤 와인을 마셔야 술주정을 하지 않나요? 사실 술주정의 원인은 와인이 아니다. 당신이 해결하지 못한 문제가 바로 술주정의 범인이다. 그래도 괜찮다! 만약 가족과 와인의 조합을 버티기 힘들다면 가족 행사에서는 와인을 마시지 않는 게 좋겠다. 당신 자신에게 솔직해지자. 술주정을 뭐 때문에 하는 것 같은가? 그냥 잊고 넘기지 못한 문제 때문인가? 가족과 (맨정신에) 이야기해서 해결할 수 있는 문제인가? 어떤 문제든 가족과 다시 술자리를 하기 전에 깔끔하게 해결하는 것이 상책이다. '당신이 일의 주도권을 잡아라. 그렇지 않으면 일이 당신을 주도한다.'라는 옛말을 기억하자.

Chapter 10
와인 잔을 들고 인생을 항해하는 법

상사와의 술자리에서
해고당하지 않는 법

해피아워, 연휴 모임, 컨퍼런스 이후 호텔 바 등 상사와 술을 마실 일은 언제든 생길 수 있다. 어쩌면 상사와 보내는 가장 유익한 시간이 될 수도 있다. 사무실 칸막이를 벗어나서 긴장을 풀고 서로를 알아가면서 유대감을 쌓을 기회다. 이럴 때 와인 지식도 약간 풀어내면 좋다. 하지만 상사와 친분이 있다거나 성격이 아무리 좋은 사람이라도 상사와의 술자리는 항상 위태롭다. 그래서 신중하게 접근해야 한다. 엉덩이에 관한 악의 없는 농담도 직장 동료는 좋아해도, 이메일만 몇 번 주고받았지 직접 마주친 적은 별로 없어서 잘 모르는 임원은 모욕적인 공격으로 받아들일 수 있다. 오늘 하루가 끝나도 그는 여전히 당신의 상사이고, 내일도 그러길 당신도 바랄 것이다.

음주량을 미리 정하고, 그대로 지킨다. 자신의 주량을 알 것이다. 와인 두 잔을 마시면 취기가 돈다. 그러면 두 잔만 마시겠다고 자신과 약속한다. 물론 두 잔이 금세 다섯 잔이 되기 쉽다는 걸 나도 잘 안다. 하지만 평소에 친구들이 '토쟁이'라고 부르는 모습을 굳이 상사에게 보여줄 필요가 있을까? 아니면 두 시간 후에 알람이 울리게 설정하는 방법도 있다. 알람 이름을 '창피한 짓 하기 전에 빨리 그곳에서 빠져나와!'라고 쓰고, 알람이 울리면 그대로 따른다.

험담을 하지 않는다. 누구나 직장에 마음에 들지 않는 동료가 하나쯤은 있다. 그런데 상사와 한잔하다 보면 마음이 풀어져서 회계부서의 제시카가 요새 얼마나 못되게 구는지 말하고 싶어진다. 하지만 그러면 안 된다. 상사와 제시카가 어떤 관계일지 모르기 때문에 당신에게 득보다 실이 될 가능성이 높다. 둘이 친하지 않더라도 험담은 당신을 프로페셔널하지 않게 보이게 만든다. 실제 업무상의 문제는 사무실에서 이야기하는 게 맞다. 로제 와인을 사이에 두고 꺼낼 이야기는 아니다. 그리고 상사가 부하직원의 험담을 즐기는 타입이라면 그 상사를 믿지 않는 것이 좋다. 만약 상사가 디자인부서의 더그에 대한 험담을 늘어놓는다면 다른 자리에서 당신을 욕할 수도 있다는 말이다.

연봉 협상은 사무실에서 하자. 상사와의 술자리는 연봉 인상이나 승진에 대한 이야기를 꺼내기에 적합한 자리가 아니다. 이런 이야기는 사무실에서 하는 게 상사와 당신 모두의 신상을 위해서 좋다. 상사가 술을 몇 잔 걸치고 칭찬을 쏟아낼 수 있다. 하지만 취한 상태에서 당신의 미래가 걸린 중요한 이야기를 나누고 싶지 않을 것이다. 취해서 한 약속은 쉽게 잊히기 마련이다.

너무 사적인 이야기는 피한다. 상대방을 알아가는 것과 사생활을 까발리는 것은 다르다. 나도 이런 문제가 있다. 스탠드업 코미디쇼 출신인 데다 글로 벌어 먹고사는 사람인지라, 자체 검열이 잘 안 된다. 하지만 코미디쇼 무대에 섰을 때나 친구에게 하는 말은 상사에게 하는 말과 다르다. 내가 어떤 남자를 꾀려다 발을 헛디뎌서 침대 모서리에 찍히는 바람에 코가 부러질 뻔했다는 이야기를 상사에게 할 필요가 없다. 내가 열 살 때부터 상담 치료를 받으러 다녔다는 이야기도 하지 않는다. 흔히 사람들은 자신을 공과 사를 구별할 줄 아는 사람이라고 생각하지만, 그렇지 않은 경우가 대부분이다. 상사가 복도에서 당신과 마주쳤는데, 좀 전에 프레젠테이션을 멋지게 끝낸 모습이 아니라 〈쥬라기 공원〉을 보면서 남자친구에게 펠라티오 해주는 장면을 상상하길 바라지는 않을 것 아닌가?

집에 가자. 내가 뭐라고 했는가? 벌써 두 잔이나 마셨다. 오, 이런…. 이제 석 잔째다. 알람이 아직도 울리고 있다. 이제 그만 집에 가서 푹 쉬고, 다음 날 산뜻한 기분으로 일어나자. 상사에게 좋은 인상을 심어주고 싶다면 술자리를 깔끔하게 마무리하고 다음 날 제시간에 일어나서 출근하는 것만큼 효과적인 방법이 없다. 연봉이 인상될 날이 머지않았다.

진솔한 술자리를 성공적으로 만드는 법

가끔 친구와 한잔하고 싶을 때가 있다. 와인 한 병을 열고 잔을 기울이며 서로 껴안고, 가끔 시원하게 울고 싶을 때도 있다. 친구는 미리 약속을 잡지 않아도 만날 수 있다. 누구나 가끔 정신적 지지가 필요할 때가 있다. 하지만 취해서 무너지는 모습은 아무도 원하지 않는다. 친구와의 술자리에서도 조심하지 않으면 쉽게 이런 꼴이 될 수 있다. 누구에게나 이런 경험이 있다. 처음에는 분명 즐겁고 정겨운 분위기로 시작했다. 그러나 와인을 여덟 병 비우고 나니, "너는 우리 관계를 비난할 자격이 없다!"라며 고래고래 소리를 지르게 된다. 그 소중한 관계의 대상이 아무리 형편없고, 애초에 이 진솔한 술자리를 갖게 만든 장본인임에도 불구하고 말이다. 그리고 술자리에서 실수했던 일을 만회하기 위해 또 다른 진솔한 술자리를 가지게 된다.

와인과 감정을 섞는 일은 초콜릿 수플레를 만드는 일만큼 민감하고 변덕스럽다. 좋을 때는 더할 나위 없이 좋다. 하지만 나쁠 때는 모두의 기분을 상하게 만들 만큼 나쁘다. 진솔한 술자리를 성공적으로 만드는 법을 공유하겠다.

오늘 밤에 얼마나 마실지 구체적으로 정해놓는다. 술을 마시다 보면 마시고 또 마시고, 계속 마시게 된다. 하지만 감정적인 문제가 있을 때 과음은 쥐약이다. 긴장을 풀고 늘어지고 싶은 심정은 알겠다. 하지만 한편으로는 침착하고, 다정하고, 건설적인 상태를 유지하고 싶을 것이다. 이 세 가지 표현은 술에 잔뜩 취한 사람한테는 어울리지 않는 표현이다. 술을 몇 병 시켜놓고, 딱 그것만 마시고 헤어져라. 다들 그렇게 열정적으로 와인을 사랑한다면 앞으로 얼마든지 또 모여서 마시면 된다. 그러니 토요일 밤을 조금만 덜 격정적으로 보내자.

음식을 먹는다. 술자리에서 가장 먼저 성질을 부리는 사람이 누구인지 아는가? 빈속에 와인 두 병을 들이붓는 사람이다. 빈

Chapter 10
와인 잔을 들고 인생을 항해하는 법

속에 술을 마시는 건 별로 좋은 생각이 아니다. 절대로!

항상 긍정적인 태도를 유지한다. 사람은 감정적으로 스트레스를 받으면 쉽게 부정적으로 변한다. 알코올은 기본적으로 억제제이기 때문에(이런 밤에 잔뜩 취하면 안 되는 또 다른 이유다), 당신은 대화를 긍정적인 방향으로 이끌어 가려고 노력해야 한다. 신세 한탄만 하는 술자리는 언제나 뒤끝이 안 좋다. 그러니까 상대편이 부정적인 이야기를 할 때 무조건 받아주면 안 된다. 긍정적인 면을 제시하고, 힘이 되는 이야기를 해주고, 용기를 북돋아주어야 한다. 하지만 당신이 긍정적으로 이야기하는데 상대방이 도리어 화를 내며 우울 모드를 자처한다면 이해심을 갖고 상대방의 말을 조용히 들어주자. 단, 부정적인 태도를 부채질하면 안 된다. 부정적인 감정이 순식간에 확산돼서 우정을 다지는 희망적인 시간을 영원히 잊고 싶은 순간으로 전락시킬 수 있다.

술을 섞어 마시지 않는다. 와인을 이미 두 병이나 마셨는데 갑자기 친구가 위스키를 시킨다면 무조건 말려야 한다. 나도 와인 몇 잔과 위스키를 섞어 마신 적이 있긴 하다. 하지만 와인 몇 병을 비우고 나서 양주를 샷으로 마신다면 봉변을 면치 못할 것이다. 당장 그 순간은 괜찮을지 몰라도 한 시간 후, 아니면 다음 날 아침에 장난 아니게 괴로울 것이다. 꼭 그 이유가 아니더라도, 술을 인생 문제의 도피처로 삼고 싶지는 않을 것이다. 술을 몇 잔 마시고 분통을 터뜨리는 것과 슬픈 이별을 잊으려고 일부러 필름이 끊길 정도로 마시는 건 완전히 다르다. 감정적인 문제 때문에 과음하려는 사람이 있으면 취하지 않게 잘 지켜보고 건강한 해결방안을 함께 고민해주자.

배경 잡음을 틀어놓는다. 당신과 친구들이 좋아하는 TV 프로그램을 스트리밍으로 재생하거나, 요즘 아이들이 좋아하는 블루레이 디스크나 DVD를 틀어놓는다. 그러면 소파에서 담소를 나누는 동안 밤새 배경 잡음이 흘러나온다. 만약 분위기가 무거워지거나 부정적으로 흘러가는 대화를 긍정적인 방향으로 틀기 어렵다면 TV로 잠시 시선을 돌린다. 그러면 잠시 웃고 나서 주제를 바꾸면 된다. '사인펠드' 드라마에 나오는 크레이머처럼 집안에 계단을 만들고 싶다, 캐리가 카우보이모자를 쓰고 반다나 스카프로 만든 드레스를 입은 모습이 끝내줬다는 등 가벼운 주제로 말이다.

좋은 친구가 되어준다. 참 간단해 보이지 않는가? 정말 그렇게 간단했으면 좋겠다. 하지만 항상 친구의 곁에 있어주거나, 당신이 친구에게 기대하는 만큼의 애정을 받기란 절대 쉽지 않다. 당신이 안아주는 쪽일 수도 있고 상처받는 쪽일 수도 있지만(또는 양쪽 다이거나), 항상 친절하고 다정하게 대하자. 그리고 '와인을 가져가라'는 황금률도 잊지 말자. 그러니까 내 말은, 내가 대접받고 싶은 대로 남을 대접하라는 것이다.

와인을 마시면서
절대 해서는 안 되는 일

당신을 와인의 세계로 인도하는 현명한 가이드로서 반드시

Chapter 10
와인 잔을 들고 인생을 항해하는 법

해야 할 일과 동시에 절대 해서는 안 될 일을 가르치는 게 내 의무라고 생각한다. 내가 잔뜩 취해서 저지른 실수를 다른 사람에게 알려서 그 사람이 와인 두 병을 마시고 똑같은 바보짓을 되풀이하지 않게 막을 수 있다면 내 실수가 헛되지 않을 것이다.

음주운전은 금물이다. 절대, 절대, 절대 술을 마시고 운전하지 말자. 지금은 예전보다 훨씬 상황이 좋아졌다. 옛날에는 로스앤젤레스에서 택시를 잡으려면 몇 시간이 걸렸다. 그런데 지금은 주머니에 넣고 다니는 휴대폰을 세 번만 톡톡 두드리면 택시가 바로 코앞까지 찾아온다. 술자리에서 "오늘은 내가 대표로 술을 마시지 않고 운전대를 잡겠다."라고 말해놓고선, 어느새 석 잔째 마시면서 괜찮다고 굳게 믿는다. 하지만 당신의 생각이 어떻든, 이건 실제 감옥에 들어갈 수도 있는 문제다. 나는 단 한 번도 음주운전으로 걸린 적이 없다. 절대 음주운전을 하지 않기 때문이다. 나는 수중에 50달러밖에 없어도, 술이 조금이라도 들어가면 절대 운전대를 잡지 않는다. 내가 술을 두 잔 마시고 로스앤젤레스 교도소에 갇힌 사람을 몇이나 본 줄 아는가? 다섯이다! 음주운전으로 체포돼서 이후 뒤따라오는 모든 곤경과 1만 달러의 벌금을 내는 것보다 지금 잠깐 빈털터리가 되는 편이 훨씬 낫다. 제발 택시비 20달러를 아까워하지 말고 집에 조심히 들어가자.

줌바 수업에 가지 말자. 특히 줌바 수업이 처음이라면 더더욱 가지 말자. 3달러짜리 카베르네 한 병을 절반이나 마시고 줌바 수업을 가다니, 나도 내가 무슨 생각이었는지 모르겠다. 즐거우면 뭐든 할 수 있다는 스물네 살의 호기였던 것 같다. 스스로 결정을 내릴 수 있을 만큼 성숙했지만, 나 자신이 절대 쓰러질 리 없다고 자신만만해하던 어린 나이였다. 원래 나는 술을 마시면 춤을 더 잘 추는데, 줌바는 전혀 아니었다. 나는 허우적대는 영장류처럼 팔다리를 휘적거렸다. 술에 취해서 땀을 뻘뻘 흘리며 헉헉대는 나 자신을 보니, 곧 죽을 것처럼 보였다. 굳이 말 안 해도 알겠지만, 그 후로 줌바 수업에 단 한 번도 가지 않았다(아직도 줌바 수업의 이메일 리스트에 들어가 있는데, 다시는 바보짓을 하지 말라는 리마인더로 활용하고 있다).

반려견의 털을 깎지 말자. 애당초 왜 반려견의 털을 직접 깎느냐고 묻는다면 우리 집에 털이 복슬복슬한 개가 살고 있기 때문이다. 그래서 정기적으로 털을 다듬어주지 않으면 집이 난리가 난다. 내가 반려인인 '지수'의 털을 직접 깎기 시작한 게 벌써 십 년이 다 됐다. 그래서 지금은 거의 전문가 수준이다. 하지만 딱 한 번 와인을 얼마나 마셨는지 알 수 없을 정도로 취한 날이 있었다. 다음 날 일어나보니 지수의 등이 가위손 '에드워드'가 정교하게 다듬은 토피어리의 한쪽 면을 프레디 크루거가 전기톱으로 쓸고 간 것처럼 털이 밀려 있었다. 그 후 한동안 우리는 마주칠 때마다 어색함을 감추지 못했다.

자신의 머리카락도 자르지 말자. 나는 십오 년간 앞머리가 있었다. 그걸 내 손으로 직접 잘라버렸다. 그 앞머리는 정말 예뻤다! 심지어 온라인상에서도 꽤 유명했다. 2010년대 초반에 칠웨이브 음악을 다루던 블로그계 출신 아무한테나 물어보라! 나

Chapter 10
와인 잔을 들고 인생을 항해하는 법

와 남편이 데이트를 시작한 지 얼마 안 되었을 때의 일이다. 남편은 7월 4일 행사 때문에 교외로 나갔고, 나는 로스앤젤레스에 홀로 남아 있었다. 벤이 돌아왔을 때 내 앞머리는 눈썹으로부터 5센티미터 위로 싹둑 잘려 있었다. 벤이 없는 동안 혼자서 와인을 진탕 마시고 하루 밤새에 싹둑 잘라버린 것이다. 나는 완벽주의자다! 앞머리는 무조건 일자여야 한다! 여기서 '일자'란 자르고, 자르고, 또 잘라서 나한테 어울리지도 않는 베티 페이지 스타일의 앞머리가 될 때까지 자르는 것을 의미한다. 벤이 나중에 고백하길, 우리가 계속 만날 수 있을지 고민했다고 한다.

<왕좌의 게임>이 얼마나 성차별적인지에 대해 싸우지 말자.
처음 <왕좌의 게임>이 나왔을 때 나는 내내 졸다가 여자가 강간을 당하거나 억지로 말의 심장을 먹이는 장면이 나올 때만 눈을 떴다. 솔직히 내 취향은 아니었다. 어느 날 우리 집에서 작은 디너파티를 열었다. 와인을 꽤 많이 마셨을 때쯤 <왕좌의 게임>이 나왔다. 다들 너어어무 좋아했다. 나는 등장하는 여자마다 강간당하고, 성차별적이라서 싫다고 말했다. 그러자 벤이 이런 말을 했다. "당신이 볼 때마다 잠들어서 모르나 본데, 그렇게 나쁘진 않아. 게다가 강한 여성 캐릭터도 등장한다고." 나는 이 말에 거부 반응을 일으키며 결국 평정심을 잃고 폭발해버렸다. 그리고 벤이, 저널리즘과 윤리학을 복수전공하고 여성학 학위가 있으며 운동가로 오랫동안 활동한 역사를 자랑하는 그 벤이 여성혐오자인 줄 몰랐다며 길길이 날뛰었다. 나는 그날 내 행동에 대해 파티에 참석했던 누구에게도 사과하지 않았다. 그리고 이후로

도 〈왕좌의 게임〉을 단 한 편도 보지 않았다. 2011년 그날, 내가 취해서 그때 딱 한 번 틀렸을지도 모른다는 사실을 인정하기엔, 내 자존심이 너무 강했다. 그런데 만나는 사람마다 〈왕좌의 게임〉을 이야기할 정도로 화제의 중심이 되자, 내가 내 고집 때문에 재밌는 드라마를 놓친 건 아닌가 하는 아쉬움이 조금 들기도 했던 것 같다(아니면 우리 집에 놀러 온 친구들이 〈왕좌의 게임〉만 본다고 내가 샐쭉해져서 혼자 방에서 한 시간 동안 핀터레스트만 들여다보는 게 싫어서일지도 모른다).

온라인 쇼핑을 하지 말자. 솔직히 이건 쉽지 않다. 어느 날 리슬링을 한 병 비우고 잤는데 이틀 후 아마존에서 니플밴드 한 상자, 〈파도 속으로〉 영화 포스터가 그려진 샤워커튼, 100달러짜리 머리빗이 배송됐다. 다들 이런 적 있지 않은가? 이건 지극히 정상이다. 일반 전화선도 없는데 빈티지 전화선을 구매해서 결국 쓰지도 못하고 돈만 날리는 사태가 벌어지기 때문에 술을 마시고 온라인 쇼핑을 하지 말라는 거다. 그런데 다른 이유가 또 있다. 한번은 무지하게 비싼 팔찌를 산 적이 있다. 변명하자면 나는 취해 있었고 그건 내가 좋아하는 '코케트'라는 블로거가 디자인한 리미티드 에디션이었다! 문제는 내가 너무 취해서 페이팔에 남아 있던 부모님의 옛 집 주소를 배송지로 지정해버렸다는 거다. 그것도 무려 5년 전에 이사 나간 주소로 말이다! 나는 도저히 그냥 넘길 수가 없었다. 그렇게 팔찌도 못 받고 돈만 버릴 수는 없었다. 결국 나는 할머니한테 전화해서 그 집에 찾아가달라고 애원했다. 그리고 술김에 감당하지도 못할 액수의 물건

Chapter 10
와인 잔을 들고 인생을 항해하는 법

을 샀다고 털어놓을 수밖에 없었다. 할머니는 내게 크게 실망하셨다. 할머니 할아버지를 실망시키는 건 부모님을 실망시키는 것보다 훨씬 안 좋다. 그러니까 내 실수를 교훈 삼아서 책임감 있는 쇼핑을 하자.

배우자와 금전 문제를 이야기하지 않는다. 절대 좋게 끝나는 법이 없다. 결국 거실 소파에 홀로 누워서 배우자가 당신을 데리러 방에서 나오기만을 기다리게 된다. 하지만 배우자는 이미 곯아떨어진 상태다. 별로 큰 문제라고 생각하지 않기 때문이다. 결국 당신은 머리끝까지 화가 난다. 이제 뭐 때문에 화가 났는지도 모른다.

아껴둔 와인을 개봉하지 말자. 남은 와인이 이것밖에 없더라도 열지 말아야 한다. 첫째, 당신은 이미 만취한 상태다. 그러지 않았다면 애초에 이런 대화를 나눌 필요도 없었을 것이다. 나중에 맛은커녕 이걸 마신 것조차 기억하지 못할 것이다. 다음 날 아침에 일어나서 라크르와 맥주캔 옆에 빈 와인 병이 널브러져 있는 모습을 보면 얼마나 속이 쓰리겠는가? 게다가 똑같은 와인을 또 살 돈도 없다! 그러니까 애초에 개봉하지 말자. 다음에 "에라, 모르겠다! 이 귀하디 귀한 구트오가와 와인을 지금 까버릴 테다!"라며 같은 실수를 반복하지 않기 위한 전문가의 팁을 알려주겠다. 포스트잇에 다음과 같이 적어서 병에 붙여놓는 거다. '절대 개봉 금지! 너는 지금 취했다. 이걸 마시면 분명 후회할 거다. 돈이 없어서 이걸 다시 살 수도 없다!' 대부분 이 방법이 통한다. 만약 당신이 심신미약 상태라도, 옆에 있던 친구가 메모의

심각성을 깨닫고 당신을 말릴 것이다.

너무 걱정하지 말자. 이건 와인이다! 와인은 마시라고 있는 거다! 포스트잇은 원래 마이클 조던처럼 슛 던져서 쓰레기통에 골인시켜야 제맛이다!

당연한 말이지만, 나는 항상 와인이 마시고 싶다. 즐겁고 행복한 시간을 만끽하고 싶다. 되돌아갈 수 없는 젊음의 찰나를 잠시라도 붙잡고 싶다. 와인을 마시는 순간만큼은 시간이 나를 기다려준다. 내가 진정으로 자유롭다는 사실을 깨달을 때까지 기다려준다. 하지만 "나 지금 코첼라 페스티벌에서 몰리(엑스터시)를 했어!"라는 식은 절대 아니다. 이건 스테이지코치 페스티벌에서 몰리를 하는 것만큼 세상에서 가장 하기 싫은 일이다. 나는 현재에 오롯이 집중하고 싶은 거다. 찰나의 순간이라도 '현재를 살고 있다.'고 느끼고 싶다. 중요한 건 나와 함께 있는 사람들, 내 앞에 놓인 잔, 그리고 그 순간에 느끼는 무한한 행복감이다.

현실 세계에서 와인을 마실 때는 즐거운 시간과 책임감 있는 행동의 균형을 유지해야 한다. 와인은 세상에서 가장 큰 즐거움을 선사하는 존재지만, 가족 행사에서 갈등의 불씨를 던지거나, 다른 가족이 공원에서 피냐타 파티를 여는데 옆에서 술을 진탕 마시다가 결국 경찰을 출동하게 만들면 곤란하다. 항상 주위 사람과 주변 환경을 살피고, 자신의 건강에 유의해야 한다. 와인을 마실 때 이를 항상 염두에 둔다면 와인과 함께하는 지속 가능한 라이프스타일을 만들 수 있다. 그러다 보면 노년에는 충분한 경험이 쌓여서 마음이 원하는 대로 해도 도를 넘지 않게 될 것이다.

To-Drink-List

1. 당신에게 법을 어기라고 부추길 생각은 추호도 없다. 하지만 와인을 가져가고 싶은 마음이 조금이라도 든다면 무조건 가져가라! 단, 책임감 있게 행동하자.
2. 자신이 정한 한도를 지키는 연습을 하자. 술자리에 상사가 있든 누가 있든 상관없다. 이제 집에 갈 시간이라고 말하고 술자리에서 일어서는 게 얼마나 유익한지 모른다. 아무리 술자리가 즐겁고 친구들이 2차를 가자고 붙잡아도, 결연하게 일어서자.
3. 주말에 칼리모초를 만들어보자. 맹세하는데 진짜 맛있다!

끝맺는 말

음악이 흐르는 무대에 서서 15분짜리 발표문을 30초 만에 서둘러 끝낸 기분이다. 이제 막 시작했는데, 아직 할 말이 산더미처럼 남았는데, 벌써 끝나다니….

그런데 실제로 그렇다.

와인은 깊고 광활한 바다와 같다.

당신은 그 바다에 하루 놀러 와서 스노클링을 한 셈이다.

즐거운 시간이었길 바란다.

부디 이 책을 읽고 새로운 와인에 도전하고 싶은 마음이 샘솟길 바란다. 그래서 두려움 없이 와인을 구매하고, 주문하고, 도전했으면 좋겠다. 친구를 초대해서 함께 마시고, 이야기를 나누고, 새로운 지식을 공유하길 바란다. 내가 약속한 대로 어느새 자신감 넘치는 와인 애호가가 되어 있길 바란다.

당신은 이미 그 수준에 이르렀다.

당신에게 필요한 건 모두 갖췄다.

이제 자신을 믿고,

세상 밖으로 나가서 와인을 마음껏 즐기자!

건배!

추신: 숙취에는 물, 코카콜라, 피자, 부리토를 차례로 반복해서 먹으면 좋다. 그럼 행운을 빈다! 사랑을 담아서.

감사의 말

아이 한 명을 키우는 데 마을 전체의 도움이 필요하다고 했다. 책 한 권을 쓰는 일도 마찬가지다. 이번 기회에 이 책을 쓰는 데 도움을 준 모든 분께 감사의 말을 전하고 싶다.

먼저 나의 친구이자 최고의 에이전트인 왁스먼 리벨 에이전시의 레이철 보겔에게 감사드린다. 로스앤젤레스에서 '에이전트'와 '친구'가 한 문장에 담기는 일은 극히 드물다. 하지만 레이철은 두 단어를 능가하는 우정을 보여주었다. 우리가 처음 전화 통화를 했을 때 나는 차 안에 있었다. 그런데 하필 민디 칼리의 주차지정석에 차를 세웠다. 아니나 다를까 다이렉 TV 방송국 직원이 비켜달라고 창문을 두드렸다. 나는 내 인생이 걸린 중대한 전화라며 제발 기다려달라고 사정했다. 레이철도 전화선 너머로 모든 대화를 듣고 있었다. 그녀는 이 일을 계기로 나를 진지하게 대하기 시작했다. 아무도 내게 기회조차 주지 않을 때 나를 믿어주었고, 따뜻한 관심과 배려로 내 인생에서 가장 복잡한 시기를 헤쳐나가게 인도해주었다. 그리고 내 존재론적 위기를 극복하는 데 그 누구보다 많은 도움을 주었다. 나랑 금전적 관계가 없는 사람이나 같이 자는 사람보다 더 적극적으로 말이다. 한마디로 레이철은 최고다.

  다음은 플룸 출판사의 매력 넘치는 케이트 나폴리타노 편집장에게 감사의 말을 전한다. 내가 제안서를 준비하고 있을 무렵부터 두어 번 만남을 시도했지만, 서로 일정이 어긋나는 바람에 모두 불발됐다. 그리고 세 번의 시도 끝에 겨우 만나서, 진심으로 즐거운 시간을 보냈다. 함께 와인을 마시고 재밌는 이야기도 나누었다. 만약 이게 데이트였으면 첫눈에 이 사람과 결혼해야겠다고 결심했을 것이다. 그녀는 그냥, 나를 이해했다. 이 책을 조각할 때도 내 목소리나 비전을 조금도 깎아내지 않고 고스란히 담아냈다. 놀라운 통찰력으로 노고와 지원을 아끼지 않았다. 그 고마움을 영원히 잊지 못할 거다.

  내 주변에는 운 좋게도 와인에 재능 있는 지인이 매우 많다. 그들에게도 감사의 마음을 전하고 싶다. 나파의 애시 & 다이아몬드 와인양조장 주인인 카시 칼레디는 내가 2011년에 〈와인 타임〉을 시작할 때부터 '명예 오빠직'을 수행했다. 내게 와인, 와인의 역사, 와인 감상법을 처음으로 알려준 장본인이자 내가 성장을 멈추지 않게 밀어주고 끌어준 사람이다. 도메인 엘에이 와인숍의 질 베른하임, 루 와인숍의 루 암두르, 실버레이크 와인숍 그리고 그곳의 모든 직원, 다들 오랜 세월 동안 내가 와인 애호가 겸 작가로 성장하는 데 반드시 필요한 양분을 아낌없이 내어주었다. 그들의 와인숍, 지식, 친절이 없었다면 지금 내가 마시는 수준의 발끝에도 미치지 못했을 것이다. 에이미 애투드 셀렉션의 에이미 애투드, 셀렉시옹 마살의 코리 카트라이트와 같은 수입자와 유통업자도 내 와인 인생에서 큰 부분을 차지한다. 그들이 소개해준, 따뜻한 마음을 가진 와인제조자들도 물론 빼놓을 수 없다. 블로그를 한답시고 무작정 찾아온 이름 모를 여자에게 그렇게 잘해줄 필요도 없었는데, 다들 나를 따뜻하게 맞아줬다. 특히 나의 고향 캘리포니아의 와인제조자들에게 특별히 감사의 말을 전한다.

내 여동생 발레리는 내 전부다. 그녀의 무한한 사랑과 격려가 아니었다면 나는 이 자리에 있지 못했다. 발레리가 내게 얼마나 소중한 존재인지 책 한 권을 써도 턱없이 모자라다. 발레리는 내가 어릴 때 가족 앞에서 코미디쇼를 진행할 때부터 나를 응원해줬다(인내해줬다). 그녀는 내 기반이자 조언자이며, 가장 친한 친구이자 사랑스러운 여동생이다. 내가 찍은 프로필 사진을 모두 보고도 여전히 나를 사랑하는 '찐 사랑'을 보여준 소중한 존재이다.

이 책을 기획하기 전부터(그리고 쓰는 내내) 내 곁을 지켜준 가족과 친구에게도 감사드린다. 특히 우리 부모님, 데이브와 게일에게 고맙다는 말을 전하고 싶다. 아빠는 내게 포부를 심어주었고, 엄마는 내 꿈을 단 한 번도 말리지 않았다. 모두가 안 된다고 말할 때도 우직하게 열정을 추구할 수 있는 힘과 자신감을 물려주셨다. 그리고 이 책을 읽고도 나를 죽이려 들지 않을 유일한 소믈리에이자 죽마고우인 아담 부르불리스에게도 고마움을 전한다. 그리고 가장 친한 '남자 사람 친구'이자 연구원 조교인 E. 라이언 엘리스에게도 인사를 건넨다.

마지막으로 최고의 남편이자 가장 고마운 사람인 벤자민 블라스코에게 감사드린다. 이 책을 이미 그에게 헌정했지만, 다시 한 번 고맙다는 말을 전하고 싶다. 그는 내가 거창한 꿈을 좇아 구체적인 계획도 없이 대학을 때려치우고 콧대만 내세울 때도 나를 믿어줬다. 내가 일을 하루에 세 탕 뛰고, 아무도 읽지 않는 블로그를 쓰는 가난한 작가였을 때도 나를 믿어줬다. 결정적으로 내게 반 헤일런의 '점프'를 들려주며, 일을 때려치우고 이 책의 제안서를 써보라고 권한 사람이 바로 남편이다.

우리가 처음 만난 순간, 나는 약속했죠. 나는 반드시 해낼 거라고.

그런데 지금 이 자리에 와보니, 그게 아니었네요.

'우리'가 함께 해낸 거였어요.

옮긴이의 말

"프랑스어 전공했으면 와인도 잘 알겠네?" 이런 말을 들으면 참 난감하다. 와인을 좋아하지만, 주로 마트에서 와인을 사고 레스토랑에서 글라스와인을 주문하는 수준에 불과하다. 그래서 모임에서 저런 대사와 함께 와인리스트를 건네받으면, 등줄기에 땀이 흐른다.

이 책의 번역을 끝내고 오랜만에 지인을 만났다. 내가 와인 책을 번역했다고 하니, 지인이 대뜸 "저렴한 와인은 나쁜 거야?"라고 물었다. 평소라면 "나도 비싼 와인은 안 마셔봐서 잘 몰라."라고 했을 텐데, 의외로 내 입에서 대답이 술술 나왔다. "나쁘다기보다는 저렴한 상업용 와인에는 동물 사체가 섞여 들어갈 수 있고 또……." 솔직히 놀라웠다. 이전에도 와인 책은 서너 권 읽어봤지만, 기억에 남는 단어라곤 카베르네, 샤토, 드라이가 전부였다. 그랬던 내가 이렇게 번듯한 대답을 내놓다니, 기분이 꽤 좋았다.

이 책은 쉽고 재밌다. 좀 놀아본 언니가 술자리에서 썰을 푸는 느낌이라서 머리에 쏙쏙 들어온다. 그리고 불필요한 내용과 허세가 없다. '내가 소믈리에가 될 것도 아닌데 이런 것까지 알아야 해?'라는 불만이 생기지 않는다. 오히려 '와인을 좋아하는 사람으로서 이 정도는 알아두면 쓸모가 많겠다'라는 생각이 든다. 게다가 무엇을 해야 하는지 상당히 구체적으로 알려준다. 와인을 마실 때 어떤 음악을 틀지, 플레이리스트까지 읊어주는 식이다.

한마디로 쉽고 재밌고 유용하고 구체적이라서, 직접 따라하고 싶게 만든다. 나도 이 책을 읽고 개인적인 목표가 몇 가지 생겼다. 먼저 단골 와인숍을 뚫어보고 싶다. 직원에게 말을 거는 방법까지 친절하게 적혀 있으니, 그대로 따라 하면 된다. 그리고 마리사가 추천한 와인 수입상인 '커밋 린치'란 이름도 기억해둘 것이다. 이건 정말 유용한 팁이다. 처음 보는 와인이라도 뒷라벨에 이 이름이 적혀 있다면, 무조건 믿고 마셔도 된단다. 와인 동호회도 가보고 싶다. 예전에는 이런 모임이 허세라고 생각했다. 심지어 와인 잔을 돌리는 행동마저 눈꼴시었다. 하지만 이런 모임을 통해 전문가와 대화를 나누고픈 욕심이 생겼다.

　마지막으로 주변 사람들에게 와인을 전파하고 싶다. 내 주변에는 와인을 좋아하는 사람이 없어서, 병째 사면 항상 남긴다. 남은 와인으로 야심차게 상그리아나 뱅쇼를 만들겠다고 냉장고에 넣어두곤, 결국 싱크대에 흘려버리는 일이 다반사다. 레스토랑에 가도 글라스와인밖에 못 시킨다(언제 개봉한 건지 의심될 정도로 시큼할 때가 많다). 이런 소소한 불편함은 차치하더라도, 내가 좋아하는 사람들과 함께 와인을 즐기는 즐거움을 제대로 누려보고 싶다. 마리사가 그랬다. 와인의 진정한 즐거움은 단순히 마시는 행위에서 오는 게 아니라, 사랑하는 사람과 함께 마실 때 그 진가를 발휘하는 거라고.

이보미

색인

ㄱ

가당 27, 132
가메 82, 145, 148~49, 152, 159, 169, 174, 182, 206, 214, 220, 242, 251, 256, 276, 289, 293, 296, 300, 303, 310
가메 레드 160
가메 로제 160
게뷔르츠트라미너 155, 170, 178, 188, 205, 236, 289
고데요 142, 162
그랑 크뤼 178
그뤼너 펠트리너 155~156, 170, 190, 258, 285, 310
그르나슈 77, 146, 160~61, 169, 174, 180, 182, 187, 197, 205
글루 글루 33, 178

ㄴ

나파 가메 152
내추럴 와인 27, 29, 97, 99~103, 111~13, 121~22, 216, 246

ㄷ

네로 다볼라 148, 169
네부카드네자르 89
네비올로 137, 148, 169, 186~87, 289
논 빈티지 와인 214
뉴월드 와인 193, 202, 217

ㄷ

당도 24~25, 76, 132, 155, 166, 174, 288, 302, 311
더블 매그넘 88
데고르주멍 30, 87
도자주 87~88
드미 세크 29, 166
디캔터 21, 280~81
디캔트 29
디캔팅 280~81

ㄹ

라이트 바디 35, 66, 133, 142, 145, 151
라이트 바디 와인 98, 133, 290
람브루스코 146, 169, 257

랑그독 루시옹 181
래킹 38, 82~84
레그 34~35, 124
로스 테스트 8, 135, 137, 275
로우 인터벤션 와인 102, 245, 247
로제 와인 62, 79, 84~85, 144~45, 159, 161, 182, 241, 257~58, 286, 295, 297, 309
리베라 델 두에로 193
리스(효모 찌꺼기) 30, 39, 87
리슬링 25, 62, 78, 156, 170, 178, 183~84, 190, 197, 201, 205~6, 257~58, 263, 285, 289, 293
리저브 와인 39

ㅁ

마우스필(구조감) 35, 133
마카베오/비우라 163, 192~93
말벡 147, 179, 194~196, 204, 254, 262, 309
매그넘 88, 247
머스트 35, 80, 83~84
몬테풀치아노 147, 186
무르베드르 85, 147, 161, 169, 192, 253, 279
뮈스카데/믈롱 드 부르고뉴 155~56, 170, 181
미디엄 바디 와인 133

ㅂ

바르베라 143, 169, 187, 250, 297
바이오다이내믹 와인 63, 101, 103, 121
박스 와인 154, 313~14, 316
발디귀에 152, 169
발타자르 89
뱅 드 프랑스/뱅 드 타블르 213, 220
버건디(부르고뉴) 154, 179, 315
벌크 와인 26
베르멘티노 158, 170, 187, 287
병 숙성 25
보르도 109, 179, 197, 201, 213
보졸레 27, 82, 98, 145, 174, 178, 214, 286
보졸레 누보 220, 241
보졸레 모르공 297
보졸레 빌라주 221, 297
보졸레 크뤼 221, 275
보트리티스 시네레아(귀부병) 25
부레풀 34, 108
부케(노즈) 8, 25, 36
부피당 알코올 함량(ABV) 22, 214
브뤼 26, 166, 297
브릭스 25
블렌드 24, 78, 149, 161, 177, 179, 188, 197, 247, 256
블렌딩 85, 144, 218
비뉴 베르데 158, 164, 170, 189, 250, 297, 303, 310
비소 107
비오니에 159, 180~82, 253, 289, 301
비티스 비니페라 42
빈트너 42
빈티지 42, 143, 214~15, 228, 277, 300, 312, 334

색인

ㅅ

산지오베제 147, 149~50, 169, 186, 188, 222~23, 255, 286

살마나자르 89

상업용 와인 97, 103~4, 105, 106, 108~9, 111~12, 244, 344

샹파뉴 22, 85, 180

생로랑 150, 169

생소 144, 161, 169, 180, 198

샤르도네 11, 35, 54, 63, 66, 90~92, 154, 157, 162, 164, 170, 174, 179, 180~182, 186, 188, 192, 195, 197, 199, 201~2, 204~6, 212, 224, 252, 296

샤르마 방식 27

샤블리 98, 154, 170, 179

샴페인 26, 36, 86, 142, 164~65, 175, 249, 264, 275, 277, 287, 295

선물용 와인 259~60

세니에 84~85

세미용 7, 77, 157, 170, 179, 182, 197

세틀링 40

소믈리에 6~7, 11~12, 41, 47, 118, 232, 261, 263~64, 278~79, 304, 343, 345

소비뇽 블랑 7, 33, 50~51, 65, 157, 170, 179, 181~82, 186, 188, 198, 201~2, 204, 214

슈냉 블랑 154, 170, 182, 197, 199, 253, 285, 287

스모키 40

스월링 31, 122~24, 136

스키아바 151, 169, 188, 312

스킨 콘택트 40, 85

스토퍼 279

스파클링 와인 11, 27, 30, 39~40, 85~86, 89, 111, 163, 165~66, 197, 245, 249, 287, 296~97

스핏툰 64, 283

시라 85, 150, 161, 169, 180~82, 195, 196, 201, 205~6, 236, 249, 274, 290, 293, 303

시라즈 196~99, 314

ㅇ

아로마 7, 28, 33, 64, 80, 113, 124~25, 131~32, 163, 166

아로마틱 23, 178, 192, 194

아스트린젠트 23, 41, 63

아시르티코 153, 170, 191

아이스 버킷 282

아펠라시옹 도리진 콩트롤레(AOC) 23

아펠라시옹 도리진 프로테제(AOP) 219

알바리뇨 153, 170, 189, 192

알자스 178

에스테르 31

에스테이트 보틀드 31

에어레이션 21

에어레이터 280

엑스트라 드라이 31, 166

오렌지 와인 79, 85, 162~63, 241, 252, 254, 286, 295

오크향 36, 91~93, 204, 247, 255, 262

오프 드라이 36, 155, 157, 164, 289, 304

올드월드 와인 176, 214
와인 라벨 11, 22~23, 211~13, 216, 222
와인 어웨이 282~83
와인양조학 30
와인제조자 21, 22, 38~40, 42~43, 78, 80~83, 86, 88~90, 100, 102~3, 111~12, 215, 216, 224, 245~46, 342
유기농 와인 101
유산 발효 27, 35, 82
유황 41~42, 127
이산화탄소 27, 31, 80~81, 84, 89, 111
이산화황 20, 101~3, 108, 216, 245
이탈리아 와인 147, 149, 165, 185, 221~22, 224, 240, 290
임피리얼 89

ㅈ

잔당 31, 39, 274
저온 발효 28
정제 28, 32
제로보암 88
주정강화 와인 32
쥐라 181, 233
진판델 48, 77, 152, 169, 204, 249, 299, 312

ㅊ

차콜리 157, 170, 286
츠바이겔트 19, 152, 169, 310, 324

ㅋ

카리냥 63, 93, 144, 169, 187, 205, 250
카바 86, 163, 165, 192, 249
카베르네 소비뇽 61~62, 77, 120, 169, 179, 181~82, 186~88, 192~93, 195~97, 199, 201, 204~6, 214, 224~25, 247, 285
카베르네 프랑 10, 47, 66, 77, 144, 159, 169, 179, 182, 186, 205, 256, 303
캔 와인 314
코르크 냄새 28
코리 카트라이트 342
코트 뒤 론 180
쿠누아즈 145, 169, 180, 205
퀘일 오크 카베르네 49, 320
퀴베 86
크레망 164~65, 181

ㅌ

타닌 21, 23~24, 28, 40, 78, 80, 124, 134, 143, 285, 287, 289, 290
타닌감 30, 63, 85, 134, 191, 255, 262, 281, 290
탄산 침용 27, 81
테루아르 42, 154, 173, 175, 177~78, 200, 204, 207, 242, 247
트랜스퍼 공법 88
트렌티노 알토 아디제 187
트롤링거/스키아바 151, 169
트루소 65, 151, 169, 181
트리클로로아니솔(TCA) 28

색인

트릴링 131
티라주 87~88

ㅍ

팰럿 53, 130
펀치 다운 38, 81
펌프 오버 38, 81
페티앙 나튀렐(펫낫) 89, 165
풀냄새 33
풀바디 28, 31, 33, 157, 190, 196, 254, 312
풀바디 와인 133, 147, 216, 290
풀잎향 33
프라이빗 리저브 38
프란지아 화이트 진판델 48
프란치아코르타 86, 165
프랑스 와인 212, 218~19, 224, 226, 263
프로방살 로제 161
프로방스 85, 182
프로세코 166, 189
프리런 32
플라스틱 잔 281~82
피노 그리지오 156, 170, 186, 188~89, 244, 253, 282, 324
피노 누아 8, 50, 58, 60, 120, 149~50, 160, 164, 169, 179~84, 190, 195, 197~98, 201~2, 255~56, 277, 285
피노 도니스 148, 169, 182, 240, 256
피노타주 198~99
피니시 32, 49, 65, 134, 147, 149, 151~52, 161
필록세라 20, 37

ㅎ

흙냄새 30, 125~26, 144, 148, 152, 284, 289

기타

1차향 125
2차 발효 27, 39, 40~41, 87
2차향 127
3차향 127
American Viticultural Area(AVA) 23
AOC/AOP 219
BTB (by the bottle) 26
BTG (by the glass) 26, 264~65
Denominazione di Origine Controllata e Garantita(DOCG) 224
Denominazione di Origine Controllata(DOC) 등급 223~24
IGP(Indication Géographique Protégée) 219
IGT(Indicazione Geografica Tipica) 224

재미있고 섹시하고 똑똑한 미친 와인 입문서
와인 올 더 타임

초판 1쇄 발행 2022년 1월 31일

지 은 이	마리사 A. 로스
옮 긴 이	이보미
펴 낸 이	한승수
펴 낸 곳	티나

편 집	이상실
디 자 인	박소윤
마 케 팅	박건원, 김지윤

등록번호	제2016-000080호
등록일자	2016년 3월 11일
주 소	서울특별시 마포구 동교로27길 53 지남빌딩 309호
전 화	02 338 0084
팩 스	02 338 0087
메 일	moonchusa@naver.com

I S B N   979-11-88417-48-3 13590

* 이 책에 대한 번역 · 출판 · 판매 등의 모든 권한은 티나에 있습니다.
  간단한 서평을 제외하고는 티나의 서면 허락 없이 이 책의 내용을
  인용 · 촬영 · 녹음 · 재편집하거나 전자문서 등으로 변환할 수 없습니다.
* 책값은 뒤표지에 있습니다.
* 잘못된 책은 구입처에서 교환해 드립니다.